edition suhrkamp

Redaktion: Günther Busch

Stanley Cohen ist Professor für Soziologie an der University of Essex; Laurie Taylor ist Professor für Soziologie an der University of York. Veröffentlichungen: *Images of Deviance* (1971); *Deviance and Society* (1971); *The Experience of Long Term Imprisonment* (1972); *Politics and Deviance* (1973) u. a. m.

Was die beiden englischen Sozialwissenschaftler, ausgewiesen durch Untersuchungen zum abweichenden Verhalten, mit ihrem neuen Buch sich vorgenommen haben, ist nichts Geringeres als die zeitgenössische Einlösung des Programms der »Psychopathologie des Alltagslebens« (Freud), freilich – und dies unterscheidet ihren Ansatz sowohl methodisch als auch in den Erkenntnisabsichten von ähnlichen Vorhaben – mit dem Blick auf die Mikrowelt der vielfältigen alltäglichen Flucht-, Täuschungs- und Selbstfindungsprozesse, auf die »innere Bühne der Akteure«, die »Alpträume der Wiederholung«, die Phantasiefreiräume, in denen die Individuen den »Gesetzmäßigkeiten« der Arbeit, der Entfremdung, den sie ängstigenden Zwängen der Industriegesellschaft zu entkommen suchen oder ihnen ein Stück Identität abringen, abtrotzen. Cohens und Taylors Thema ist das Gewöhnliche, das Routinefeld der Kommunikation oder Nichtkommunikation, die Banalität und Zwanghaftigkeit der Erfahrungswirklichkeit. Und sie schließen sich von dieser Wirklichkeit nicht aus, grenzen sich nicht ab gegen sie; sie beobachten, verstehen, analysieren selber im brüchigen Alltagszusammenhang, immanent, konkret. – Seit den Studien von Goffman und Lefebvre ist dies der erste neuere Versuch, das Identitätsproblem, die Krise der Alltagserfahrung und das Elend menschlichen Selbstbewußtseins in der modernen Lebenswelt zu erfassen.

Stanley Cohen, Laurie Taylor

Ausbruchsversuche

Identität und Widerstand in der modernen Lebenswelt

Suhrkamp Verlag

Titel der Originalausgabe: *Escape Attempts. The Theory and Practice of Resistance to Everyday Life.* Aus dem Englischen übersetzt von Thomas Lindquist.

edition suhrkamp 898
Erste Auflage 1977
 Satz Otto Gutfreund & Sohn, Darmstadt, in Linotype Garamond, Druck und Bindung bei Georg Wagner, Nördlingen. Gesamtausstattung Willy Fleckhaus.

Inhalt

Vorwort

Ein Vorwort ist der Ort für genealogische Hinweise, Entschuldigungen und die Anerkennung von Dankesschulden.

Zuerst zur Genealogie. Dieses Buch wurde vor beinah zehn Jahren geboren, als Text zur Soziologie abweichenden Verhaltens, mit dem Titel *The Defiant and the Defeated.* Unser heutiges Interesse für das Alltagsleben – das Banale, Triviale, Allerweltliche – lag unserem wissenschaftlichen Denken damals fern. Als Soziologen der Abweichung standen wir sogar per definitionem an einem Punkt, der diesem Interesse direkt entgegengesetzt war.

Jahrelang hatten wir ausschließlich über Abweichende und Kriminelle geschrieben und relativ einseitig Menschengruppen erforscht, die sich schon durch ihr Verhalten von den anderen absonderten – die erklärten, anders zu sein. Nicht jedermanns Verhalten interessierte uns, sondern vielmehr die exotischen Taten von Industriesaboteuren, Sexualtätern, Vandalen, Mods und Rockern und lang einsitzenden Häftlingen. Dies waren die Leute, von denen wir bedeutsamen Aufschluß über die Realität und unser Verhältnis zu ihr erwarteten. Sie waren berufene Kenner des menschlichen Dilemmas – Leute, deren Verhalten auf ein besonders sensitives, einsichtiges Denken über die Welt schließen ließ.

In unserem entschiedenen Interesse für die Ansichten dieser Gruppen wurden wir noch durch die Verachtung bestärkt, mit der diese Aspekte ihres Lebens von ihren Beobachtern und Wärtern bedacht werden. Anders als diese interessierten wir uns für das Bewußtsein des Abweichenden und Kriminellen. Wir fragten nach dem Sinn hinter seinem Verhalten, wir wollten wissen, wie *er* es betrachtet, wie er seine kriminelle Erfahrung mit anderen Elementen seines Denkens verbindet. Heute ist eine solche Fragestellung kaum noch originell. Aber vor zehn Jahren, als wir uns erstmals mit diesen Dingen befaßten, befanden wir uns in offenem Widerspruch zu den konventionellen Kriminologen.

Diese Kriminologen schienen die Motive jenes Verhaltens zu ›kennen‹. Es sei, so erklärten sie, irrational und unbedacht, es sei keine sinnvolle Reaktion auf die Dinge, mit denen das Bewußtsein des modernen Menschen sich vernünftigerweise zu befassen hat. Wir nahmen uns vor, diesem Zustand abzuhelfen, indem wir ausdrücklich fragten, wie der Abweichende selbst dachte. Wir konnten uns nicht mit der Auskunft abfinden, daß er eben ein unzulängliches oder getrübtes oder unentwickeltes Bewußtsein hätte, sondern glaubten vielmehr, daß die Dinge, mit denen er sich befaßte, und vielleicht auch die Art, wie er sich mit ihnen befaßte, Bekundungen seiner Existenz in einer ganz anderen Lebenswelt waren.

Zu unserer Methode, mit der wir diese Auffassung begründen wollten, gehörten das Studium des Abweichenden in seinem Milieu, die Beobachtung seines Verhaltens, Gespräche mit ihm und mit seinen Freunden. Im Bestreben, die Dinge im Kontext zu erkennen, reisten wir mit Schlachtenbummlern zu auswärtigen Fußballspielen, schritten mit Industriesaboteuren durch Betriebe, schliefen mit Mods und Rockern am Strand von Clacton und führten zugleich Tagebuch über unsere eigene ›normale‹ Abweichung: Haschrauchen mit unseren Studenten, Organisieren von Vietnam-Demonstrationen, Besuch von Pornofilmen.

Bei dieser Arbeit hatten wir immerhin einigen Erfolg. In Zusammenarbeit mit vielen Freunden und Kollegen, denen wir bei diesen Ausflügen in so unterschiedliche Realitäten begegneten, konnten wir den Sinn vieler Verhaltensweisen aufdecken, die vordem als irrational, als bloße Anzeichen irgend eines pathologischen Schadens, einer psychischen Störung galten.

Doch wir wollten mehr als nur aufzeigen, daß Abweichung und Verbrechen »Sinn« haben können; wir wollten auch das Bewußtsein des Abweichenden nachzeichnen, nachweisen, daß es vielleicht eine homogene Weltsicht gab, die die einzelnen Gruppen, die wir untersucht hatten, miteinander verband. Vor allem aber wollten wir zeigen, daß der Abweichende die Welt als einen Ort der Repression empfindet. Sein Handeln wäre demnach Kampf gegen diese Repression. Er wäre also ein Sozialkritiker, ein Rebell, ja, ein Revolutionär.

Diese Auffassung war nicht leicht zu begründen. Die Abweichenden selbst halfen uns kaum. Anscheinend wenig beeindruckt von der neuen radikalen Rolle, die wir ihnen zudachten, gaben sie unbeirrt Schilderungen von der Welt und von ihrem Verhalten, die sich schwerlich in unseren theoretischen Rahmen zwängen ließen. Wir gaben uns nicht geschlagen. Dem Schweigen der Kriminellen war beizukommen, indem wir die absichtsvollen und sinnvollen Äußerungen anderer zu Hilfe nahmen, deren Verhalten ähnlich aussah. Wir versuchten, Parallelen zwischen unserer armseligen, verachteten Gruppe von ›Abweichenden‹ (die ›Geschlagenen‹ – the ›defeated‹) und den glorreichen Romantikern, Ideologen, Radikalen und Außenseitern zu finden, denen die Gesellschaft Achtung und Anerkennung, wenn schon nicht Beifall zollte (die ›Aufsässigen‹ – the ›defiant‹). Wenn unser Abweichender nicht sprechen konnte oder wollte, hielten wir uns an die Worte anderer, die anscheinend Ähnliches getan hatten. Wir bemühten uns, Ähnlichkeiten zwischen Vandalen, Industriesaboteuren, Fußballrowdies und Sexualtätern einerseits und Gruppen mit ausgefeilten ideologischen Systemen andrerseits zu entdecken. Dies führte mitunter dazu, daß wir der ›gewöhnlichen‹ Abweichung politische Bedeutung beimaßen, in der Annahme, daß der eingestanden politische wie der eingestanden unpolitische Abweichende auf ähnliche Merkmale der modernen kapitalistischen Gesellschaft reagierten.

Für diesen Ansatz gab es gute historische Gründe. Doch trotz der offenkundigen Tatsache, daß abweichende Gruppen militant wurden und sich politisierten (um jene in keinem Seminarpapier entbehrlichen Wörter zu gebrauchen), bemerkten wir allmählich eine gewisse Trübung unserer ›romantischen‹ Auffassung vom abweichenden Verhalten. Unser erstes, romantisches Verlangen, der ganzen Skala abweichender Lebensweisen einen ideologischen, politischen und ästhetischen Sinn zu unterlegen, begann zu schwinden. Statt dessen wurde uns zunehmend die Komplexität dieses Verhaltens und der dahinter stehenden Intentionen bewußt.

Während wir ursprünglich mit Durkheim und Freud angenommen hatten, daß wir abnorme, extreme oder psychopathologische Phänomene nutzen könnten, um die ›normalen‹ Merkmale des Verhältnisses zwischen Individuum und Gesellschaft zu ermitteln, kamen uns jetzt Zweifel an der Tauglichkeit unseres Samples von Abweichenden zu diesem Zweck. Die Bedeutung ihres Verhaltens nötigt uns noch immer hohes Interesse ab, doch ihre Kämpfe haben uns kein adäquates Modell zur Beschreibung der Formen geliefert, in denen Menschen sich den Forderungen der Gesellschaft widersetzen können. Ihr Verhalten blieb entschieden ›abnorm‹ – trotz unseres relativen Erfolgs beim Aufzeigen seiner Bedeutung. Und wenn wir mitunter versuchten, es in einen ›normalen‹ Kontext einzuordnen, z. B. zu behaupten, daß ihr Verhalten sich aus so alltäglichen Problemen wie Langeweile oder Überdruß an der Routine erklären ließ, dann stellten wir fest, daß unsere Zuhörer erwiderten, sie hätten genau die gleichen Probleme. Warum suchten sie aber keine abweichenden Lösungen? Und wenn wir meinten, sie hätten eben andere Lösungen gefunden, dann fragten sie schlicht, warum wir nicht über diese sprächen und schrieben.

Etwa um diese Zeit begannen wir, eine Gruppe von Verurteilten mit langen Haftstrafen ernsthaft in unsere Forschung einzubeziehen. Und ziemlich unerwartet stellten wir fest, daß gerade von ihnen – der extremsten Gruppe von Abweichenden – unser Weg zum Alltagsleben führte. Diesen Schritt erläutern wir im ersten Kapitel.

In aufeinander folgenden Fassungen wandelte das Buch sich bis zur Unkenntlichkeit; ein ganzes Buch über abweichendes Verhalten schrumpfte allmählich zu einem Kapitel und einem Vorwort. Die Bücher über Vergewaltigung, Mord und Revolution legten wir beiseite und begannen mit der Lektüre von Ferienprospekten, Gartenzeitschriften und Heimwerker-Handbüchern. Eingehend untersuchten wir den einfachen Tageslauf der Menschen ringsum.

Immer, wenn uns der anscheinend triviale Charakter unseres Themas beunruhigen wollte, hielten wir uns unbescheiden vor Augen, welche allgemeinen Einsichten anderen Sozialwissenschaftlern gelungen waren, indem sie sich mit ähnlich banalen Dingen befaßten. In Freuds beharrlicher Beschäftigung mit Versprechern und Gedächtnislücken erkannten wir ein Gegenstück zu unserem Interesse für geringfügige Ärgernisse und Unzufriedenheiten. Wir erinnerten uns an die differenzierte Theorie, die Erving Goffman aus seinen Beobachtungen scheinbar so belangloser Verhaltensrituale wie Tischsitten und Grußformeln abgeleitet hatte. Sein neugieriges Fragen – es spricht auch aus Buchtiteln wie *Die Psychopathologie des Alltagslebens* und *The Presentation of Self in Everyday Life* – verlieh der Entwicklung unserer Interessen eine gewisse Berechtigung.

Wenn unser Buch einer Entschuldigung (oder Rechtfertigung) bedarf, so betrifft dies hauptsächlich die Natur des empirischen Stoffs, auf den wir unsere Schilderungen des Alltagslebens stützen, sowie den Umfang, in dem diese Schilderungen Geltung für andere Gruppen als jene beanspruchen, die wir aus intimer Nähe kennen (ja, überhaupt für andere Menschen als uns beide). Wo soziologische Literatur fehlte, mußten wir manchmal zwangsläufig auf Anekdoten, literarische Berichte und persönliche Beobachtungen zurückgreifen. Wir hätten es gern anders gehabt, und wir trösten uns damit, daß einige unserer Studenten manche über das Buch verstreute Annahmen inzwischen in strikterer Weise überprüfen. Die autobiographischen Elemente des Buches sind allerdings offenkundig, und anderen fallen sie natürlich noch stärker auf als uns selbst. Sein historischer Rahmen ist der fortgeschrittene Kapitalismus des Westens, und viele seiner Themen sind die der intellektuellen Mittelschicht dieser Gesellschaft, mehr noch, der männlichen Intellektuellen der Mittelschicht. (Wenn wir dauernd von ›Männern‹ und ›jedermann‹ sprechen, so hat dies nicht nur stilistische Gründe.) Wenn aber Kritiker einwenden, daß unsere Ausbruchsversuche ziemlich komisch und idiosynkratisch sind und daß sie ganz andere kennen, dann können wir darauf nur antworten, indem wir zeigen, wie ihre neuen Beispiele unserem allgemeinen Modell entsprechen.

Mithin ist dieses Buch in mancher Hinsicht eitel-selbstgefällig (wenigstens im Blick auf die etablierte soziologische Konvention). In all den Jahren geriet es uns zum Hobby, zum eifersüchtig gehüteten Besitz. Die geistige Landschaft, in der wir es ansiedelten, bildete das, was wir im fünften Kapitel als ›Freiraum‹ beschreiben. Es ist, wie Freunde uns sagten, unser eigener Ausbruchsversuch.

Nach diesen genealogischen und apologetischen Anmerkungen müssen wir denjenigen unseren Dank abstatten, die uns halfen, diesen Freiraum zu schaffen. Intellektuell orientierten wir uns an zwei überragenden Gestalten: Georg Simmel, jenem sträflich vernachlässigten ›Gründervater‹ der Soziologie, und – ein halbes Jahrhundert später – Erving Goffman, diesem phantasievollsten und originellsten unter den modernen Soziologen. Wenn wir sie nicht immer an angemessener Stelle zitieren, dann nur, weil sie in unserem Denken so andauernd gegenwärtig sind, daß es vergebliche Mühe wäre, alle Hinweise zu verzeichnen, die wir ihrem Gesamtwerk verdanken. Wir können nur hoffen, daß wir dem zentralen Gegenstand ihres intellektuellen Interesses gerecht werden: der Spannung zwischen Individuum und Gesellschaft.

Auch andere Einflüsse sind hier dankbar zu erwähnen, denn uns war daran gelegen, den Text nicht mit zu vielen akademischen Anmerkungen und Fußnoten zu befrachten. Unter vielen anderen seien hier wenigstens genannt: William James, Gregory Bateson, Aldous Huxley, Saul Bellow, John Gagnon, Luke Rhinehart, Hunter Thompson, Norman O. Brown, Charles Bukowski, Antonin Artaud.

Dank schulden wir auch denen, die sich die Skizzen zu unserem Buch anhörten oder sie lasen und wertvolle Kommentare beisteuerten: Andrew Tudor, Roland Robertson, Brian Stapleford, Ken Plummer, Basil Bernstein, Herbie Butterfield, Howard Becker. Und schließlich widmen wir dieses Buch – in kaum hinreichender Anerkennung dessen, was sie uns intellektuell und moralisch geschenkt haben – all denen, die uns halfen, Freiräume zu schaffen, und die uns bei unseren Ausbruchsversuchen begleiteten; vor allem Ruth Cohen, Kate Leigh, Mario Simondi, Harry Ree, Paul Corrigan, Vic Lockwood, Cecile Toutant, Thérèse Encieu, Anna Coote, Jock Young, Roy Bailey, Stuart Hall, Tom Baker und anderen.

Stan Cohen, Laurie Taylor
Holiday Inn, Leicester, 1975

1 Das offene Gefängnis

Dies ist ein Buch über das Alltagsleben, über die Ungewißheit dieses Lebens und über die Zerbrechlichkeit der Identitäten, die wir uns darin aufbauen. Es will den Leuten nachspüren, ihnen in ihre Wohnungen, Arbeitsstätten, Ferienorte folgen, sie ins Kino, ins Wirtshaus, zum Fußballplatz begleiten, ihre Liebesaffären, Mußestunden und Tagträume teilen.

Weiß der Kuckuck, wie viele Soziologen schon verkündet haben, daß es ihnen um nichts anderes ging als um das Alltagsleben. Und doch, in ihren eleganten Theorien und sorgfältigen Forschungsberichten über Familie, Industrie, Erziehung, Massenmedien, Adoleszenz, psychische Krankheit, Abweichung, Organisation, soziale Wohlfahrt, Religion tritt dieses Alltagsleben kaum je in Erscheinung. Nun ja, ein paar Berichte über Langeweile oder freudige Erregung, über Verzweiflung, Glück oder Enttäuschung – doch keine Spur von jenem einen, bohrenden Problem, das uns Menschen, wie wir wissen, seit jeher plagt (wovon die Soziologen, sofern es andere betraf, uns aber nichts erzählt haben): wie den Tag überstehen.

Wie jedermann, den wir kennen, und jeder, von dem wir gelesen haben, erwägen auch wir immer aufs neue, wie zufrieden oder unzufrieden wir mit dem Alltagsleben sind. Es vergeht kaum ein Tag, an dem wir nicht bedenken, um wieviel besser oder schlechter das Leben gestern oder letztes Jahr noch war. Manchen Morgen finden wir die Welt noch in Ordnung, sind glücklich mit den Verhältnissen in ihr und zufrieden mit unseren Beziehungen zu ihr, nur um schon mittags festzustellen, daß die Welt nicht hält, was sie versprochen hat, daß sie uns Unannehmlichkeiten bereitet, daß wir uns etwas einfallen lassen müssen, um ihren Forderungen zu gehorchen oder auszuweichen. Unsere Tage stehen im Zeichen von Zufriedenheit und Unzufriedenheit, sie sind gezeichnet von Gefühlen der Erfüllung und Enttäuschung, Befriedigung und Resignation. Jeden Morgen beim Erwachen treten wir in eine vertraute Welt ein. Überdenken wir den vor uns liegenden Tag, so scheiden wir das, was angenehm zu werden verspricht, von dem, was Angst, Unruhe, Langeweile oder Depression verursachen könnte. Das tägliche Erleben setzt sich zusammen aus einer Folge von Projekten, bei denen wir entweder die Gegebenheiten, die uns erwarten, akzeptieren oder aber sie so zu manipulieren suchen, daß sie angenehmer und besser mit unserem Bild von uns selbst vereinbar sind.

In diesem Buch sprechen wir davon, wie Leute sich in ihrer Welt zurechtfinden, über die schrulligen, armseligen, verzweifelten, aufsässigen Formen, in denen sie deren Anforderungen manipulieren. Die Schwierigkeiten, auf die sie dabei stoßen und die sie überwinden müssen, wurden von Philosophen, Dichtern und Soziologen in die abstrakte Sprache von Entfremdung, Anomie, Fremdheit, Angst, Grauen, Furcht und Zittern – und die These von der Krankheit zum Tode – übersetzt. Wir möchten konkreter sein, Saul Bellows Ratschlag befolgend:

»Heute werden Romane veröffentlicht, die gänzlich aus Abstraktionen und Sinnbedeutungen bestehen, und während wir gewiß ein großes Bedürfnis nach Sinnbedeutungen haben, ist unser Bedürfnis nach Konkretheit, nach Einzelheiten noch größer. Wir wollen sehen, wie wirkliche Menschen handeln, nachdem sie sich Bedeutungen angeeignet oder sich ihnen angepaßt haben. Bedeutungen an sich gibt's zehn auf einen Cent.«[1]

Sehen wir daher zu, wie Menschen im Alltagsleben handeln, untersuchen wir die praktischen Philosophien, die sie vom Frühstückstisch an den Schreibtisch im Büro und bis ins Ehebett begleiten, und die spontane Weisheit, mit der sie die konkreten Probleme des Lebens aufnehmen.

Das geschlossene Gefängnis

Die Geburtsstätte dieses Buches hätte kaum weiter von diesem prinzipiellen Interesse für jedermanns Tage und Nächte entfernt sein können: Es waren stundenlange Gespräche mit einer Gruppe von langjährig einsitzenden Häftlingen in der zweckentfremdeten Kapelle des Sicherheitstrakts im Zuchthaus von Durham. Diese Leute waren mitnichten jedermann: Mörder, Sexualverbrecher, Bankräuber, Mafiabosse. Und als wir erstmals 1967 in diesen Trakt kamen, um soziologische Kurse zu halten, konnten wir uns kaum der Faszination erwehren, die von der Kriminalität, der Besonderheit der dort lebenden Männer ausging.

Nach diesen Kursen hockten wir oft in einer Kneipe neben dem Gefängnis beisammen und bemühten uns, derlei unpersönliche

Dinge wie den Inhalt unserer Vorlesungen, ihre Aufnahme bei den inhaftierten Hörern und das Wesen der Gefangenschaft überhaupt zu diskutieren; meist aber kehrte das Gespräch bald zu den Eigenheiten einzelner Häftlinge zurück. Manche unserer Gespräche unterschieden sich kaum von den Redensarten über notorische Kriminelle, wie man sie in der Boulevardpresse lesen kann; wie jedermann interessierten auch wir uns dafür, wie berühmte Kriminelle »aussahen«, und versuchten, ihre ›Unterwelt‹-Stereotypen mit ihrem tatsächlichen Verhalten zu vergleichen. Konnte jener liebenswürdige Mann, der so gelehrt über Plato redete, wirklich der ›gefährlichste Mann von ganz England‹ sein? Derlei Gespräche rechtfertigten wir mit unserem kriminologischen Interesse. Immerhin war unser Thema die Soziologie der Abweichung, und im Lauf der Jahre fühlten wir uns verpflichtet, abnormes Verhalten zu verstehen und vor allem solchen Handlungen Sinn und Verstand zu unterstellen, die anderen Kriminologen als irrational oder psychopathisch galten.

Damals neigten wir dazu, unsere inhaftierten Hörer als primitive Sozialkritiker anzusehen. Wir hegten einigermaßen romantische Vorstellungen darüber, wie ihre ungeheuren Verbrechen als Angriff auf die kapitalistische Gesellschaft aufzufassen wären. Natürlich machten wir uns nicht vor, daß solche Aktivitäten der Häftlinge explizit politisch seien. Oberflächlich betrachtet, ging es bei ihren Verbrechen wohl eher um die Befriedigung egoistischer persönlicher Bedürfnisse als um die Befolgung einer revolutionären Ideologie. Und doch gab es da Parallelen, die einer ernsteren Prüfung wert schienen; Motivationen, die auch die unseren waren.

Allmählich begannen wir unsere Biertischgespräche auch in unseren Vorlesungen fortzusetzen. Die Häftlinge aber waren nicht eben darauf erpicht, unsere vorsichtigen Hypothesen zu bestätigen. Höflich lauschten sie unseren Ausführungen über Anarchismus, Banditentum, Guerillakrieg und sexuelle Abweichung, doch sie wollten keinerlei Verbindung zwischen ihrem Tun und dem unserer romantischen Helden erkennen. Einige waren bereit, den Kapitalismus usw. pauschal zu verurteilen, aber solche Verurteilung hatte im Grunde nichts mit ihrer eigenen kriminellen Laufbahn zu tun. Diese betrachteten sie eher als Mittel, sich in der Welt durchzuschlagen, denn als radikale Technik, sich gegen sie durchzusetzen.

Unser Problem war, daß wir unsere Aufmerksamkeit nicht von

ihren Verbrechen ablenken konnten. Was diese Männer von anderen unterschied, war ihre anstößige Abweichung; uns ging es vor allem darum, dieses Verhalten als sinnvoll zu verstehen. Wir sprachen so viel über die Welt jenseits der Mauern – über die Anarchisten in Spanien, die Hippies in Haight Ashbury, Hemingways Paris –, daß wir wenig Aufmerksamkeit für das tägliche Dilemma der Männer im Knast übrighatten. Die Leute selbst redeten kaum darüber, und in der üblichen soziologischen Literatur über die ›Leiden der Gefangenschaft‹ und die ›Insassen-Subkultur‹ war davon so gut wie keine Spur zu entdecken.

Unsere sorglose Auffassung von der relativ unproblematischen Art ihres Lebens im Gefängnis – unsere Meinung, daß es im großen und ganzen dasselbe wie das anderer Insassen auch und zudem von soziologischen Untersuchungen hinlänglich erfaßt sei – wurde schließlich durch die Ankunft eines Forschungsteams erschüttert, das sich vorgenommen hatte, die ›psychologischen Effekte langjähriger Haft‹ zu studieren. Die Männer im Sicherheitstrakt protestierten sofort gegen den beschränkten Katalog der zu untersuchenden Effekte – Veränderungen der Reaktionszeit; Persönlichkeitsmerkmale wie Extraversion und Introversion. ›Aber was ist mit den wirklichen Problemen, den wirklichen Effekten?‹ fragten sie. Wir horchten auf. Dabei waren wir in einer eigenartigen Position: Die Männer betrachteten uns wohl als Sympathisanten bei ihrem Bemühen, dem Forschungsteam ein besseres Verständnis zu vermitteln, aber wir hatten kaum eine Vorstellung von jenen ›wirklichen Problemen‹, die, wie sie meinten, mehr Aufmerksamkeit verdienten. Daher wandten wir uns an die Häftlinge selbst, versuchten, unser voyeuristisches Interesse an ihnen als Kriminellen zu überwinden.

Die Sache lief langsam an. Keiner wollte als erster sprechen. Wie uns später klar wurde, fiel es den Gefangenen schwer, diese Probleme öffentlich zu diskutieren. Denn dadurch wurden sie ihnen mit erneuter Gewalt bewußt, dadurch mußten sie sich abermals mit ihnen auseinandersetzen. Allmählich jedoch fanden wir einen Weg, miteinander zu sprechen; nicht über die offenkundigen physischen Probleme des Lebens im Sicherheitstrakt – die verschlossenen Türen, die Korridore, die Wächter an jeder Ecke, die drückende Hitze, die mangelnde Frischluft –, sondern über jene Formen des subjektiven Lebens, die sich als Reaktion auf die bedrückenden Verhältnisse entwickelten. Wir erkannten allmählich, daß all dies: jeden Tag, jeden Monat, jedes Jahr oder Jahrzehnt tatsächlich zu überstehen, eine viel gefährlichere und problematischere Reise war, als wir gemeint hatten. Die zentrale Frage lautete: Wie paßt man sich an das Gefängnisleben an? Wie soll man seinen Anforderungen widerstehen oder nachgeben, um das Leben einigermaßen erträglich zu machen, um sich eine gewisse Identität zu bewahren?

Und hinter dieser Frage lag die größte Angst der Männer – sozusagen die Konsequenz eines Versagens bei der Lösung des Anpassungsproblems: das Gefühl des drohenden Persönlichkeitszerfalls. Außerhalb des Gefängnisses ist dies kaum ein Problem. Die meisten von uns leben einfach drauflos und fühlen sich relativ sicher in dem Wissen, daß wir stets derselbe Mensch mit denselben Interessen und Ideen, dem selben Verstand und Selbstbewußtsein sind. Doch im Sicherheitstrakt mußte das Bewußtsein vor heimtückischen Prozessen bewahrt und beschützt werden, die die persönliche Identität bedrohten. Wenn man nicht dauernd auf seine ›geistige Verfassung‹ achtete, konnte man unversehens in jenen Zustand geraten, der manche Insassen kennzeichnete, die bereits lange Strafen hinter sich hatten – Männer, die jetzt mehr tot als lebendig erschienen, ›Golems‹, ›Katatoniker‹, ›vegetabile Geschöpfe‹. Die Männer, mit denen wir zu tun hatten, waren entschlossen, dieser Zerstörung zu entrinnen. Daher mußte jeder wichtige Aspekt des Lebens stets aufs neue überprüft werden, wie er vielleicht – im Denken oder im Tun – zu manipulieren wäre, um bessere Chancen zu bieten, die eigene Identität in dieser ungewöhnlichen Welt zu wahren. Dies war ein Kampf, in den alle verwickelt waren, und er war nicht minder real, weil er sich statt in dramatischen oder revolutionären Gesten in der subtilen Manipulation des Alltagslebens bekundete. Diese Angst vor dem Persönlichkeitszerfall kennzeichnete als allgemeine Grundstimmung das Verständnis der Männer für ihre Welt; doch sie war nicht die einzige, die ihnen zu schaffen machte. Bei unserer Untersuchung stießen wir noch auf andere Sorgen, die ihr Denken beherrschten. Viele dieser Dinge fänden außerhalb des Gefängnisses kaum Beachtung; aber sobald man sich für zwanzig Jahre ›eingemacht‹ sah, traten sie aus dem vertrauten Rahmen des Alltagslebens heraus, normalerweise selbstverständliche Dinge wie Zeit, Freundschaft und Privatsphäre. So fanden wir z.B., daß die Gefangenen eine zeitlich terminierte Erörterung der Jahre, die sie im Knast verbringen mußten, überhaupt zu vermeiden trachteten. Dies gefährdete die Anpassung an die herrschende Ordnung. Anders als Häftlinge mit kurzen Strafen, die wohl einmal Kalender anlegten oder Striche an die Wand machten, um sich die Zeit zu veranschaulichen, die sie noch absitzen mußten, lag die Freiheit für diese Leute in zu weiter Ferne, um Gegenstand dauernder Reflexion sein zu können. Ihr innerer Zeitplan arbeitete nicht mit Tagen oder Monaten ihrer Haft, sondern baute auf Intervallen auf wie dem Wechsel der Jahreszeiten, den Abständen zwischen Besuchen oder Briefen, der Zeit, die sie in diesem oder jenem Sicherheitstrakt verbrachten.

Problematisch waren auch die Mittel, die helfen sollten, die Zeit verstreichen zu lassen. Bediente man sich gewisser Routinen, dann bestand die Gefahr, daß diese zur Obsession ausarten konnten; statt die Zeit verstreichen zu lassen, konnten sie den Zerfall beschleunigen. Auch das Engagement für die Arbeit war nicht unproblematisch. Was bedeutete Arbeit eigentlich in diesem Kontext, wo das, was im einen Knast Arbeit war, nämlich das Herstellen von Kinderspielzeug, im anderen als vorbildliches Hobby galt, das den Häftlingen als besondere Vergünstigung zugestanden wurde? Was sollte man also von der Arbeit halten? Was war die richtige Einstellung zu ihr? Die Männer wählten ganz unterschiedliche Lösungen, doch für sie alle war es – auch wenn es ihnen in unterschiedlichem Maß explizit bewußt wurde – ein Problem, das gelöst werden mußte. Manche Gefangene beschlossen für sich, daß die Arbeit, so absurd sie im Gefängnis sein mochte, nicht ignoriert werden konnte: sie war ein Element, das Beachtung verlangte. Daraus folgte aber nicht, daß sie in der Arbeit aufgingen, sich dafür engagierten oder spontan begeisterten. Statt dessen verrichteten sie diese mit zynischer Einstellung – einer Verhaltensweise gegenüber der Realität, die es ihnen erlaubte, von ihrem Tun Abstand zu halten, ihre Identität gegen eine Infektion zu schützen, die daraus resultieren konnte, daß man solche absurden Dinge ernst nahm. Andere wiederum meinten, daß spontanes Interesse für die Arbeit die einzige Möglichkeit sei, die Zeit verstreichen zu lassen; sie hofften dadurch ihre Selbstbewußtheit zu suspendieren und versuchten, sich der Aufgabe hinzugeben, während sie sich doch wachsam beobachteten, damit die einmal gewählte Form des Zeitvertreibs sich bei ihnen nicht zur Obsession verdichtete.

Arbeit, Zeit, Persönlichkeitszerfall – das waren einige der alltäglichen Fragen, die ins Bewußtsein drangen und besondere Selbstkontrolle und -beobachtung verlangten. Aber nicht nur die Gedanken an die Außenwelt mußten überwacht werden – auch innere Reflexionen mußten kontrolliert werden. Manchen Vorstellungen und Phantasien durfte man sich überlassen, andere waren abzulehnen; manche konnten gefährliche Depressionen auslösen und so obsessiv werden, daß sie einen bereits beschädigten Realitätskontakt vollends unterbrachen. Die Versuchung, sich in die Phantasie davonzustehlen, mußte aktiv bekämpft werden. Nur durch dauernde Beachtung kognitiver Techniken konnte das Bewußtsein so eingestellt werden, daß das Leben erträglich blieb.

So wandelte sich unser Interesse für diese Männer, die ihre totale Enttäuschung durch die Gesellschaft überaus dramatisch zum Ausdruck gebracht hatten. Jetzt fesselten uns die eher routinemäßigen Gesten, mit denen sie sich periodisch von einer Welt distanzierten, die sie überforderte. Und statt diese Distanzierung damit erklären zu wollen, daß diese Männer kraß antisozial seien, suchten wir nunmehr nach anderen Formen von Bewußtheit, anderen vorstellbaren Denkweisen, die eine solche Distanzierung leiteten.

Von solchen Fragen handelt das Buch, das wir über unsere Gefängnisforschung geschrieben haben[2], und wir hatten die Hoffnung, sie durch nachfolgende Interviews mit langjährig einsitzenden Häftlingen weiterzuentwickeln, aber der Sicherheitstrakt in Durham wurde geschlossen, und das Innenministerium verweigerte uns die Erlaubnis, unsere Interviews in anderen Anstalten fortzusetzen. Daher schlossen wir unser Buch mit einer Attacke auf die Metapher vom ›Leben als Gefängnis‹: Aussagen über die menschliche Kondition am Beispiel von Gefängnissen, Sanatorien, Asylen, Arbeitslagern usw. Solche Metaphern, so meinten wir, zielten an den einzigartigen phänomenalen Eigenschaften der Gefängnissituation vorbei. Aber erst als wir die Knastwelt hinter uns ließen und zu unseren Familien, Arbeitsplätzen, Freunden, Freizeitaktivitäten zurückkehrten, sollten uns allmählich die allgemeinen soziologischen – und keineswegs metaphorischen – Konsequenzen der singulären Gefängniserfahrung aufgehen.

Die Häftlinge selbst waren für uns nicht mehr da; es blieben uns die Fragen, die sie aufgeworfen hatten. Die Ahnung von den komplizierten kognitiven Techniken, die sie brauchten, um den Tag zu überstehen; von den subtilen Manövern, durch die sie den Unterschied zwischen sich selbst und der Gefängniswelt zum Ausdruck brachten; von den Strategien der Absonderung, mit denen sie die

Alltagsprobleme bewältigten. All dies schien uns auch für das Leben außerhalb der Gefängnismauern bedeutsam.

Das Alltagsleben

Wir wußten ja, daß in der Außenwelt ganz andere Probleme unser Bewußtsein in Anspruch nehmen als im Gefängnis. Fragen wie Zeit, Arbeit, Privatsphäre und Persönlichkeitszerfall beschäftigen uns auch draußen, aber hier fehlt ihnen jene Dringlichkeit, die sie für die Männer im Sicherheitstrakt gewinnen. Nicht daß derlei Fragen uns gleichgültig ließen, doch wir haben feste Vorstellungen und Einstellungen zu ihnen entwickelt. Der Ablauf der Zeit z. B. ist kein Thema, das sich dauernd in unser Bewußtsein drängt. Dann und wann denken wir darüber nach – aber meist lassen wir die Zeit ›einfach vergehen‹. Wer versuchen wollte, uns Tatsachen wie Verfall und Tod nahezubringen, träfe auf eigenartig ›verstockte‹ Geister, die sich solche Vorstellungen lieber vom Leibe halten. Die Botschaft der Straßenprediger, daß ›der Tod nahe‹ ist, mag am Rand unseres Bewußtseins bleiben, weil unser Hauptinteresse der Verfolgung von Lebensplänen gilt, die jegliche Vorstellung, es könnte alles plötzlich enden, Lügen strafen. Die Kluft zwischen unserer Gegenwart und unserem Ende überbrücken wir in der Weise, daß wir uns an die Bedeutung unserer gegenwärtigen Interessen klammern. Wir halten uns an der Gegenwart und an der unmittelbaren Zukunft fest, und unser Denken bewegt sich in den beschränkten Fristen, die mit spezifischen Projekten verbunden sind. Wie Philip Larkin schreibt:

»Wahrlich, wiewohl die Zeit unser Element,
Sind wir nicht zum Ausblick in die Ferne bereit,
Der uns offen in jedem Moment unsres Lebens
Mit unserem Ende verknüpft ...«[3]

Gefangenen, die eine dreißigjährige Haftstrafe vor sich hatten, war der Ausblick in die Zukunft nicht durch ein unmittelbar gegenwärtiges Netz verfolgter Pläne verstellt; sie blickten über die Unermeßlichkeit ihrer Haft hinweg – direkt ins Antlitz des Todes. Für sie wurden Tod und Verfall plötzlich zentrale Fragen, und sie kämpften um Mittel und Wege, sie wieder an die Peripherie des Bewußtseins zu drängen.

Unser Alltagsbewußtsein ist gekennzeichnet durch eine Dichte, die uns das Gefühl gibt, daß ›das Leben weitergeht‹, daß ›die Dinge sich erwartungsgemäß entwickeln‹. Es mag Augenblicke geben, wo wir uns umschauen und fragen, wo wir eigentlich sind oder was wir tun; bald aber nehmen wir den Faden wieder auf und kehren ins reiche Gewebe des Lebens zurück. Meist treiben uns Rituale und Konventionen voran; erscheint uns der Tag einmal schal, zähflüssig und sinnlos, so fesselt alsbald wieder ein kleiner Flirt, eine gute Mahlzeit, eine Reise, ein Familienbesuch unsere Aufmerksamkeit. Nicht daß das Leben nur als zwanghafte Folge von Ritualen und Konventionen erträglich wäre. Solch ein Leben unterschiede sich kaum von jenem, das langjährig Verurteilte führen. In der Regel jedoch empfinden wir unser Leben nicht als bloße Abfolge unverbundener Ereignisse, sondern wir erkennen, daß unsere Aktivitäten, Rituale und Konventionen durch ein System von strukturierten Ideen fest miteinander verbunden sind. Besonders wichtig sind hier die Zeitpläne und Laufbahnen, die unser Leben regeln.

So etwa stehen wir an einem bestimmten Punkt unserer beruflichen Laufbahn und kennen unsere Chancen auf Beförderung oder Pensionierung: ›Wird Meyer wohl endlich nach Australien gehen und uns seinen Job und seine Sekretärin überlassen?‹ Auch unsere Ehe ist in Entwicklung begriffen. Wir geben uns Rechenschaft über ihre augenblickliche Verfassung, über ihre Aussichten auf Bestand: ›Meinte Ellen es wirklich ernst, als sie gestern abend von Scheidung sprach?‹ Wir kümmern uns um den Ausbildungsgang unserer Kinder, um die Entfaltung unserer Freizeitinteressen, um unsere Fertigkeiten im Golf oder im Laienschauspiel. Manchmal hängen wir einen Moment Gedanken über den Stand unserer sexuellen Laufbahn nach – ›Bekommen wir eigentlich unser Teil? Nimmt unsere Potenz ab oder zu?‹ – und damit verwandten Gedanken über die Entwicklung unseres Körpers, das Zurücktreten alter Mängel, das Auftreten neuer: Unsere Jugendakne ist der Paradontose der mittleren Jahre gewichen. Auch ökonomische Zeitpläne motivieren unser Bewußtsein: der gegenwärtige Stand unseres Bankkontos, der heutige Marktwert unseres Hauses. Wer 569 Seiten solcher Grübeleien verkraften kann, sei auf Joseph Hellers Roman *Something happened* hingewiesen.

Gewiß können wir auch – aber wir zweifeln daran – einmal einen Tag überstehen, ohne daß uns solche Fragen zu Bewußtsein kommen; aber sobald auch nur eine geringfügige Veränderung oder

Entwicklung in unserem Leben eintritt, meinetwegen etwas so Banales wie eine harmlose Krankheit, drängen Elemente all dieser Laufbahn-Zeitpläne in unser Denken. Auch wenn ihr Zusammenhang uns vielleicht nie ganz bewußt wird, bilden sie doch den Hintergrund, vor dem wir unser Alltagsleben verstehen, vor dem seine Routinen und Konventionen uns sinnvoll erscheinen. In ihrer Gesamtheit nennen wir diese Dinge vielleicht unsere ›Lebenspläne‹. »Der Lebensplan ist [...] die Totalisierung aller relevanten Zeitpläne, ihre Summe und ihr integrierender Sinn [...], der Lebensplan ist der fundamentale Kontext, in dem das Wissen der Gesellschaft im Bewußtsein des Individuums organisiert ist.«[4] Eine Alltagswelt, in der solche Lebenspläne bereits vorgegeben sind, unterscheidet sich erheblich von einer solchen, in der sie allererst konstruiert werden müssen. Für den langjährig Verurteilten gibt es keine klar gegliederten Laufbahn-Zeitpläne und mithin keinen unmittelbar zugänglichen Kontext, in dem er sein Wissen von der Welt organisieren könnte. Die einzigen ihm verfügbaren Zeitpläne – Berufsausbildung, Arbeit für eine Besserstellung im Knast – werden von der Gefängnisordnung vorgeschrieben und sind daher mit Vorsicht zu genießen; sie dürfen nicht zu jener maschinengleichen Konformität führen, die die Leute bei manchen Mithäftlingen beobachten können.

Den meisten Menschen begegnet die Realität relativ freundlich. Die Welt fühlt sich meist so an, als gehöre sie uns. In ihr leben wir mit Hilfe fest etablierter Konstruktionen, die es uns ermöglichen, sie als stabil, als geordnet, ja als ›normal‹ anzusehen. Um der Gesamtheit dieser Konstruktionen einen Namen zu geben, wollen wir das von Berger und Luckmann geprägte Wort *beherrschende Realität* (paramount reality) übernehmen: »Dies ist die Realität des Alltagslebens. Ihre privilegierte Position berechtigt uns, sie als beherrschende Realität zu bezeichnen. Die Anspannung des Bewußtseins ist am stärksten im Alltagsleben, d.h. letzteres drängt sich ganz massiv, eindringlich und intensiv dem Bewußtsein auf. Es läßt sich unmöglich ignorieren, in seiner beherrschenden Gegenwart kaum abschwächen.«[5]

Unterbrechungen der beherrschenden Realität oder Ausbrüche aus ihr dauern nicht lang: »Die beherrschende Realität umgibt sie sozusagen von allen Seiten, und das Bewußtsein kehrt stets, wie von einem Ausflug, zur beherrschenden Realität zurück.«[6] Dies aber ist nur die eine Seite der Gleichung, die die Gefangenen meinten, wenn sie von ihrem Dilemma sprachen. Nicht nur Realität und Weltgefühl waren ihnen fragwürdig, sondern auch ihr Verhältnis zu dieser Welt: das Problem der Spannung zwischen dem Selbst und der Realität. Denn es geht nicht einfach darum, das Leben zu überstehen; bei der Sozialisation geht es nicht bloß um die Frage, wie man Realitätsarbeit zu leisten lernt. Wir entwickeln auch ein Gefühl von uns selbst als Person, deren Leben sich manchmal ganz wesentlich vom Leben derer unterscheidet, die ähnliche Lebenspläne verfolgen wie wir. So betrachten wir die Gesellschaft und sehen nichts als Uniformität: Gruppen von Studenten, von Maklern, von Arbeitern, alle ihrer Rolle gemäß gekleidet, alle einen angemessenen Stil in Kleidung, Sprache und Manieren einhaltend. Doch diese oberflächliche Uniformität bildet lediglich den Hintergrund, vor dem Identität sich entfaltet, vor dem wir unsere Unterschiede zu anderen sichtbar machen.

Das Leben in der modernen Gesellschaft verlangt uns ›Realitätsarbeit‹ *und* ›Identitätsarbeit‹ ab. Wir müssen mit Hilfe strukturierter Merkmale unserer Existenz, wie es ›Lebenspläne‹ sind, stabile Weltbilder konstruieren und uns gleichzeitig als unverwechselbare Individuen darstellen. Zwischen Identitätsarbeit und Realitätsarbeit besteht ein komplexes – manchmal komplementäres, manchmal antithetisches – Verhältnis. Die Gefangenen im Sicherheitstrakt z. B. standen von Anfang an vor dem Problem, ihre beherrschende Realität so einzurichten, daß sie mit der Identitätsarbeit vereinbar war. Falls sie die Zeit- und Arbeitspläne oder die Lohn- und Strafsysteme der Anstalt unkritisch akzeptierten, bedrohte dies womöglich ihre Identitätsentwicklung; sie konnten ihre menschliche Singularität nicht einfach dadurch zum Ausdruck bringen, daß sie sich an die ›Realität‹ anpaßten, wie die Gefängnisordnung sie repräsentierte. Hatten sie sich aber irgendeine Form alternativer Realität aufgebaut – kleine Nischen der Subjektivität geschaffen, die relativ unbeeinträchtigt von der Anstaltsrealität blieben –, dann hatten sie eine Grundlage, auf der sie ihre Identitätsarbeit leisten konnten. Nun konnten sie ihre menschliche Singularität durch den Stil ihrer Absonderung von der Anstaltsrealität zum Ausdruck bringen.

Dies aber löste kaum das Problem der Identitätsarbeit. Die meisten Gefangenen sonderten sich ab, und nur wenige versuchten, sich durch Engagement im Gefängnisleben zu verwirklichen oder auszudrücken. Um ein Gefühl des Unterschieds herzustellen, das ein wesentliches Kriterium ›erlebter‹ Individualität in unserer Gesellschaft ist, waren andere Mittel erforderlich. Und diese waren natürlich alles andere als frei verfügbar. Es war den Gefangenen nicht möglich, Kleidung, Freizeitinteressen, Haartracht, bestimmte Hobbies, besondere Freundschaften zu Hilfe zu nehmen, um Unterschiede auszudrücken. Die symbolischen Mittel der Differenzierung waren knapp; daher bestand dauernd die Schwierigkeit, das Gefühl zu bekämpfen, daß sie nichts als Häftlinge waren. Nicht einmal ihre alten Identitäten als Kriminelle konnten ihnen ohne weiteres dienen, um in der Gegenwart ein Gefühl von Einmaligkeit zu begründen; sie waren einhellig der Überzeugung, daß ihre Laufbahn draußen ein ungeeignetes Mittel war, sobald sie hier drinnen waren.

Im Alltagsleben erscheint uns das doppelte Problem, unsere tägliche Existenz zu strukturieren und gleichzeitig eine Identität aufzubauen, weniger schwierig. Wie gesagt, tritt uns die Realität des Alltagslebens meist schon in strukturierter Form entgegen. Die beherrschende Realität ist ein gegebenes Faktum. Außerdem verfügen wir über ein reiches Arsenal symbolischer Mittel, unsere Identität zu begründen. Der Markt ist voll von Kleidern, Büchern, Schallplatten, Ideologien, Waren, Gütern, Dienstleistungen: Das ganze spektakuläre Angebot der Marktgesellschaft dient unserer Identität. Es bietet uns Abzeichen, Stützen, Bewertungen, Symbole, Loyalitäten.

Doch daß diese ›Gegebenheiten‹ existieren, macht das Leben nicht eben leichter. Der moderne Mensch wird immer wieder Beute der Unzufriedenheit. Immer wieder einmal ist er gelangweilt, frustriert oder neurotisch. Nur zuweilen gibt das Leben uns auf, es »einfach zu leben«. Meist verlangen seine Strukturen unmittelbare Stützungsmaßnahmen; dauernd berufen wir uns auf Philosophen, Moralisten und Therapeuten, die uns Hilfen bieten, um den Tag zu überstehen; wir fordern stets neue Hilfen, um uns unser existentielles Dilemma sinnvoll zu machen, neue Kuren gegen die Krankheit zum Tode. Diese Therapien (»eine aller metaphysischen Bezüge entleerte Mytik«[7]) werden an der Straßenecke feilgeboten: wir begegnen ihnen im Zeitungshoroskop, in der Ratgeberspalte, im Volkshochschulkurs über Soziologie und Selbstverwirklichung, in den Taschenbüchern der Doktoren Berne, Ardrey und Spock.

Die wichtigste Ursache unserer Ängste liegt in jener besonderen

Spannung, die heute zwischen unserem Gefühl von der beherrschenden Realität und unserer Auffassung von Identität besteht. In traditionellen Gesellschaften ließ Identität sich leicht aus dem Material der beherrschenden Realität aufbauen. Die Individuen konnten sich ausdrücken, indem sie sich an den Gegebenheiten und Routinen des Alltagslebens beteiligten. Das moderne Bewußtsein jedoch ist geprägt durch eine Auffassung der Realität als etwas uns nicht ganz Eigenem. Wir können über unsere Lebenspläne reflektieren und sie relativieren, indem wir andere, un-ähnliche Lebenspläne beobachten. Solche Reflexivität und Relativität gibt uns – sei es oft, sei es selten – das Gefühl, von der Welt, in der wir leben, getrennt zu sein; ihre Bedingungen sind nicht gänzlich *unsere* Bedingungen.

In vielen Fällen akzeptieren wir gern die Identitäten, die uns kraft unserer Zugehörigkeit zu bestimmten Teilen der sozialen Welt geboten sind. Wir machen einfach mit, lassen uns als typischen Vater, Ehemann oder Geschäftsmann ansprechen. Oft aber teilen wir mit den Gefangenen das Gefühl, daß unsere Identität nur dann befriedigend und vollkommen ist, wenn wir uns von der Realität, wie wir sie erleben, distanzieren. Die bloße Fähigkeit, zwischen unserer Erfahrung der Welt (der beherrschenden Realität) und unserem Identitätsgefühl zu unterscheiden, ist eine wesentliche Quelle des Unglücks, denn dies ist ein Eingeständnis, daß die Welt nicht unser eigen ist. Es besagt, daß wir Identitätsarbeit gegen die oder trotz der institutionellen Bedingungen der Gesellschaft leisten müssen. Da sind ein Lebensplan, Laufbahn-Zeitpläne, Rollen, Status, Verantwortungen und sogar bevorzugte Identitäten – doch all dies sind wir nicht wirklich. Je dichter die beherrschende Realität, desto mehr Elemente, von denen wir uns distanzieren müssen; je höher unsere Identitätshilfen entwickelt sind – durch Literatur, Massenkultur und Therapien, deren Scheidemünzen Selbstbewußtheit, Reflexivität und Relativität sind –, desto erfinderischer muß unsere Identitätsarbeit sein. Denn so viele andere sind an dieser Arbeit beteiligt, daß sie kollektive Formen annimmt, die wiederum Bestandteil der Realität werden, statt jenen Stoff zu liefern, der uns Distanzierung von dieser Realität erlaubte. Unsere individuellen und kollektiven Formen des Widerstands – die Ausbruchsversuche, von denen dies Buch handelt – gedeihen sozusagen in der Gefängnisluft. Manchmal wissen wir nicht, was das Problem und was die Lösung ist. Dies ist das historische Paradox, das ein Buch wie unsres ermöglicht.

Wir wollen zeigen, wie massiv der Druck der beherrschenden Realität ist und wie erfinderisch, kompliziert und verzweifelt die Identitätsarbeit sein kann, durch die wir uns ihrem Griff zu entwinden versuchen. Bisweilen verlangt diese Arbeit lediglich einen Wechsel unserer Bewußtseinsweise, manchmal verlangt sie neue Verhaltensformen, neue Wohnorte, neue Partner. Mitunter erfordert es Phantasie und Vorstellungskraft, ja sogar lebenslängliches Engagement, nach einer alternativen Realität zu suchen. Voraussetzung all dessen aber ist jene seltsame Eigenheit des modernen Bewußtseins, jenes durchgängige Gefühl des modernen Menschen, daß er mehr ist als die Verhältnisse, in denen er lebt, daß er eher abseits als inmitten dieser Realität steht – kurz, der Glaube, daß, wie John Barth sagt, »die Realität ein netter Ausflugsort ist, aber niemand würde dort leben wollen«.

Wenn wir von Strategien, Taktiken und Plänen sprechen, nach denen wir der Realität entfliehen oder ihr widerstehen, so meinen wir die Realität der modernen westlichen Gesellschaft. Diese Gesellschaft betrachten wir nur in dem Sinn als Faktum, wie wir auch die Gefängnisordnung als Faktum hinnehmen, wenn wir schildern, wie die Häftlinge ihr Leben meistern. Damit meinen wir aber nicht, daß die Gesellschaftsordnung unveränderlich sei; sowenig wir meinen, daß Gefängnisse unverzichtbar seien. Dies freilich ist nicht unser Thema. Vielmehr geht es uns um die Vielfalt unserer Versuche, uns selbst und unser Leben innerhalb der strukturierten Mauern unserer Gesellschaft zu verstehen. Unser Thema ist das Selbst, das trotz der strukturierten Ordnung besteht – weniger die Möglichkeit eines Selbst in einer anderen Gesellschaftsordnung. Verständlich, daß unsere Forschungsarbeit mit langjährig einsitzenden Häftlingen uns zu dieser Fragestellung geführt hat. Ein ähnliches Gefühl der Spannung zwischen dem Selbst und der Gesellschaft fand Erving Goffman bei seiner Erforschung totaler Institutionen. Er berichtet davon in *Asyle*:

»Ohne irgendeine Zugehörigkeit haben wir kein stabiles Selbst, und dennoch verursacht die totale Verpflichtung und Bindung an jegliche soziale Einheit so etwas wie Ichverlust. Unser Gefühl, eine Person zu sein, kann aus unserer Einbeziehung in eine größere soziale Einheit resultieren; unser Gefühl des Selbstseins kann sich aus den geringfügigen Mitteln ergeben, mit deren Hilfe wir dem Sog widerstehen. Unser Status stützt sich auf die soliden Gebäude der Welt, während unser Gefühl persönlicher Identität in den Brüchen nistet.«

Dieses Buch ist eine Untersuchung über das brüchige Gebäude der Identität und zugleich ein Bericht, wie diese Brüche vom Menschen selbst hergestellt werden oder in Form gesellschaftlicher Routine gegeben sind. Wir sind nicht die einzigen, die eine solches Konzept verfolgen. Auch die großen revolutionären Bewegungen, denen es seit jeher um Ziegel und Mörtel der strukturellen und institutionellen Gesellschaftsveränderung geht, die eine Welt ohne Ungerechtigkeit und Entbehrung, eine Welt materieller Fülle und geistiger Erfüllung schaffen wollen, zeigen ein ganz neues Element: Identitätsprobleme werden nicht mehr als psychologische Residuen betrachtet; man kann sie nicht auf den Tag nach der Revolution verschieben. Die Identitätsarbeit wird auf die Tagesordnung der Revolution gesetzt, oder die Arbeit an den gesellschaftlichen Strukturen wird angesichts ihrer ungeheuren Komplexität und Unbeweglichkeit aufgegeben und durch Versuche ersetzt, neue symbolische Modelle und Sinngehalte innerhalb der alten Ordnung aufzubauen. Die Identitätsarbeiter der Welt vereinigen sich! Und diese Arbeit geschieht in unserer Gesellschaft in Form von Widerstand und Ausbruch.

Indem wir diese Formen von Widerstand und Ausbruch untersuchen, bleiben wir unserem ursprünglichen Interesse für die Kämpfe gegen die Gesellschaft, für die Artikulation alternativer Realitäten treu. Unsere Helden aber sind nicht mehr Kriminelle, Außenseiter, Revolutionäre oder Kulturkritiker. Die Menschen, die in diesem Buch zur Sprache kommen, sehen wir selten an der Spitze revolutionärer Armeen marschieren, auf den Straßen kämpfen oder in ihren Zellen randalieren. Meist begegnen wir ihnen im trauten Heim, bei ihren Hobbies, mit den Kindern im Kino oder mit der Freundin im Urlaub. Ihre Einsprüche gegen die Realität sind kaum jemals Frontalattacken, Sturmangriffe oder wohlgeplante Kampagnen. In der Regel sind sie kurze Unterbrechungen der täglichen Lebensabläufe, Zwischenspiele, zeitweilige Pausen, Marotten, Ahnungen von einer anderen Realität. Die Geschichte lehrt, wie wichtig, allgegenwärtig, heroisch, komisch, mächtig und armselig solche Versuche sein können.

2 Geistige Manipulation der Routine

Der Lebensplan ist eine Landkarte unserer Existenz. Vor uns liegen die Laufbahnen unserer Arbeit, unserer Ehe, unserer Freizeitinteressen, unserer Kinder und unserer materiellen Habe. Manchmal, wenn wir diese Landkarte genauer betrachten, diese Bahnen verfolgen, die Zeichen entschlüsseln, sind wir seltsam beunruhigt durch die Vorhersagbarkeit der Reise, durch die Exaktheit der Karte, durch das Wissen, daß das heutige Wegstück genau wie das gestrige sein wird. Dies und nicht mehr soll unser Leben sein? Warum ist jede Tagesetappe durch Langeweile, Gewohnheit, Routine markiert? Wir sind unzufrieden mit unserer Ehe, unserer Arbeit, unseren Kindern. Die Straße, die wir zum Arbeitsplatz fahren, die Kleidung, die wir anziehen, die Nahrung, die wir essen, sind sichtbare Zeichen einer fürchterlichen Monotonie.

Manche Menschen werden so heftig von solchen Gefühlen befallen, daß sie sich auf die Suche nach alternativen Realitäten begeben; sie schicken sich an, ihre Lebenswelt zu verändern. Bei den meisten hat die zeitweilige Unzufriedenheit nichts mit Ehe, Arbeit und Kindern als solchen zu tun; wir wollen uns nicht von diesen Bindungen lösen. Was wir beanstanden, ist das Gefühl, daß wir in allen diesen Bereichen in eine durch und durch strukturierte Existenz versinken; daß sie uns nicht mehr neu und frisch erscheinen. Sie werden uns zur Routine. Sie helfen uns nicht mehr, unsere Identität aufzubauen.

Das Schwungrad der Gewohnheit

Auch Leute, die behaupten, daß ihr Leben eine Folge origineller, aufregender Abenteuer sei, werden zugeben, daß es in ihrem Leben ein gewisses Maß an Regelhaftigkeit gibt. Beim An- oder Ausziehen, beim Zähneputzen, beim Geschirrspülen lassen sie sich von der Gewohnheit leiten. Wir alle verrichten solche genormten Tätigkeiten, ohne viel zu überlegen, und befürchten kaum, daß unsere gedankenlose Hingabe an sie unsere persönliche Freiheit, unsere Chance, Identität zum Ausdruck zu bringen, beeinträchtige. Dies sind Regelhaftigkeiten, die wir gern als Teil unsres Lebens akzeptieren. Wir haben sie ja nicht selbst zu Regelhaftigkeiten gemacht: an Ritualen wie Zähneputzen oder Schuheanziehen ist etwas unvermeidlich Gewohnheitsmäßiges; dies gilt für alle Menschen gleichermaßen, und ihre Freiheit wird durch die Verrichtung derlei vorhersagbarer Tätigkeiten nicht angetastet. Die mehr oder minder automatische, gedankenlose Hinnahme dieser Aspekte der Alltagswelt wollen wir als *unreflektierte Anpassung* bezeichnen. Sie ist eine Bewußtseinsweise, eine psychische Technik der Bewältigung gewisser Aspekte der beherrschenden Realität.

Falls uns bei den genannten Beispielen häuslicher Hygiene eine gewisse Regelhaftigkeit bewußt wird, nehmen wir sie mit dieser Anpassungshaltung hin. Wir bejahen die Regelhaftigkeit ohne weiteres Nachdenken und meinen keineswegs, daß gegenüber diesem Teil der Alltagsrealität eine aktivere, kritischere Haltung angebracht sei. Es verlangt uns keinerlei geistige Leistung ab, das Händewaschen als Routine aufzufassen. Einfache Anpassung scheint dieser Aufgabe angemessen. Leute, die meinen, daß solche Gewohnheiten geistige Aufmerksamkeit verlangen, gelten als verrückt; die einschlägigen Lehrbücher bezeichnen sie als Zwangsbesessene oder Phobiker. Es wurden besondere, die Stimmung beeinflussende Drogen erfunden, um diesen Unglücklichen zu helfen, die täglichen Routinen zu bewältigen. An manchen Tagen aber stellen solche Routinen und Regelhaftigkeiten uns alle vor schwierige Probleme. Sie begleiten uns vom Bad in die Küche, vom Wohnzimmer ins Schlafzimmer. Sie folgen uns zur Arbeit, begleiten uns durch den Tag und geleiten uns abends nach Hause. Anscheinend leben wir unser ganzes Leben, ohne viel darüber nachzudenken. Dem Außenstehenden mag unser Tag als Folge simpler Gewohnheiten erscheinen; ein Hippie schildert das Leben seines Vaters:

»Die Menschen werden automatisiert. Zum Beispiel mein Vater. Halb acht aufstehen, Frühstück, acht Uhr aus dem Haus; erwischt um halb neun den Zug nach Charing Cross, steigt in die U-Bahn um, raus am Oxford Circus, rennt rüber zum Hanover Square. Rauf ins Hochhaus, und da hockt er den ganzen Tag; mittags geht er runter, holt sich ein Bier und ein Sandwich, kommt zurück, arbeitet weiter. Halb sechs packt er seinen Kram, erwischt die U-Bahn nach Charing Cross und den Zug nach Hause. Was für ein Leben, sag ich! Wo führt das hin?«[1]

Wenn wir erst anfangen, unser Leben als einen genormten Ablauf zu erkennen, dann stellen auch wir uns vielleicht, wie der außenstehende Kritiker, die Frage: Wo führt das hin? Die Regelhaftigkeit unseres Lebens steht vor unserem Bewußtsein als Ursache der Unzufriedenheit, als Quelle des Gefühls, daß wir etwas dagegen tun müssen.

Routine mutet uns dumpf und öde an; Wendungen wie ›aus der Routine ausbrechen‹ deuten ihren bedrückenden Charakter an, und wenn wir sagen, etwas sei ›bloß Routine‹, dann setzt dies die Bedeutung der so bezeichneten Aktivität herab. Natürlich soll unser Leben mehr als Routine sein – wir dürfen nicht zulassen, daß es streckenweise gedankenlos an uns vorbeigleitet, denn je strenger kalkulierbar der Lebensplan uns erscheint, desto weniger können wir uns als Individuen mit einmaliger Identität fühlen. In unserer Gesellschaft läßt Identität sich nicht gänzlich innerhalb des Lebensplans aufbauen; sie muß verwirklicht werden, und zwar selbstbewußt gegen diesen Plan verwirklicht werden. Wenn der unreflektierte Teil unsres Lebens sich riesig auftürmt, müssen wir arbeiten, um die sichtliche Gefährdung unserer Individualität abzuwenden. Wir müssen uns ein Selbstverständnis als nur teilweise determinierte Geschöpfe bewahren.

Eine Möglichkeit dazu ist die Überlegung, daß zwar manches in unserem Leben als Routine, als Folge von gleichförmigen Abläufen erscheinen mag, denen wir uns relativ unreflektiert und ohne viel Selbstausdruck unterwerfen, daß dem aber jene Bereiche von Freiheit und Spontaneität gegenüberstehen, die wir uns geschaffen haben. Die Einsicht, daß viele Momente unserer Existenz Routine sind, ist erträglich, solange sie nicht in diese Freiräume eindringen. Wir rationalisieren unsere Lebensweise, indem wir erklären, der Idealzustand sei ein Gleichgewicht zwischen den routinehaften und den nicht-determinierten Momenten unserer Existenz; sobald wir den Eindruck haben, daß zu viele unserer Handlungen repetitiv und determiniert sind, ›reicht es uns‹, und wir haben das Bedürfnis, auszubrechen, die Routinen abzuschütteln. Dabei dürfen wir jedoch nicht den Fehler begehen, zu viel von unserem regelhaften Verhalten aufzugeben. Auch die Philosophen – immerhin Experten für Glücklichsein – unterstützen diese gewundene Rationalisierung. Wenn der eine Teil des Lebens als Gewohnheit und Routine erscheint, meint Bertrand Russell, dann sollte der andere offen und undeterminiert sein.[2] Eine routinemäßig verrichtete Arbeit sollte nicht mit einer Routine-Ehe einhergehen, und umgekehrt. Aber wir dürfen auch nicht das Gefühl haben, daß es in allen wichtigen Bereichen unseres Lebens an Routine mangelt. Wo das richtige Gleichgewicht fehlt, ist Unglück die Folge.

Auch wenn wir die Besorgnis, unser Leben sei übermäßig von Gewohnheit bestimmt, zeitweilig aus dem Bewußtsein verdrängen können, indem wir uns zu quantitativen Theorien über das menschliche Glück flüchten, kehrt sie schnell wieder, sobald wir die schiere Vorhersagbarkeit unseres Lebens bedenken. Wir mögen unsere bewußten Vorstellungen über das häusliche Leben, den Beruf und die Freizeit drehen und wenden – stets erhalten wir wieder strukturierte Bilder. Wie im Kaleidoskop verändern sich zwar die Farben, aber die Symmetrie bleibt bestehen. Unsere Wohnung kommt uns wie einer der kleinen Käfige vor, von denen die Beatles singen; die Beziehung zu unserer Frau und den Kindern unterscheidet sich kaum von jener Gemütlichkeit, die in Seifenopern und Fernsehklamotten parodiert wird. Unsere Arbeit ist ein Musterbeispiel der Entfremdung. Wir leben sozusagen auf Befehl. Vom Schwarzweiß- zum Farbfernseher, vom Grammophon zur Stereoanlage, vom Kühlschrank zur Gefriertruhe bewegen wir uns folgsam auf den Schienen der Konsumgesellschaft vorwärts. Wie können wir behaupten, wir seien noch frei und undeterminiert, individuell und einmalig, wenn unser tägliches Leben derart massiv im Zeichen der Uniformität steht?

Einen Ausweg gibt es allerdings: Wir können die zunehmende Uniformität nicht nur als real akzeptieren, sondern sie durchaus als Voraussetzung der Freiheit deklarieren. Wir können sagen, daß die Gewohnheit, statt die Freiheit zu beeinträchtigen, dieser überhaupt erst Raum schaffe. Je besser es uns gelingt, unwichtige Teile unseres Lebens als unreflektierte Handlungsabläufe zu begreifen, desto besser können wir uns darauf konzentrieren, uns in den übrigen Bereichen zu verwirklichen. Lassen wir uns halt von der Werbung vorschreiben, welche Möbel, Küchengeräte und Autos wir benutzen; kaufen wir halt Kleider von der Stange und verlieren wir uns in anonymen, ritualisierten Fahrten zum und vom Arbeitsplatz: wir wissen ja, daß wir damit nichts Wichtiges aufgeben. An diesen Orten leben wir nicht eigentlich, leisten wir keine Identitätsarbeit; das wirkliche Leben findet anderswo statt: »Die Standardisierung gewisser, für den menschlichen Verkehr unwesentlicher Verhaltensformen befreit die Aufmerksamkeit für wichtigere

Belange.«[3] Auch wenn wir wie uniformierte Geschöpfe aussehen, so ist dies doch nur Schein. Differenzierung und Vielfalt gibt es anderswo. »Die Routinisierung untergeordneter Entscheidungen« vermehrt im Grunde unsere »Chancen, uns in wichtigeren Bereichen zu unterscheiden«.

Müßten wir jedesmal, wenn wir uns ins Auto setzen, über den Akt des Steuerns nachdenken, wären wir gezwungen, jeden Tag im Büro über den Sinn unserer Arbeit zu reflektieren, dann bliebe uns keine Zeit für die wichtigeren Dinge des Lebens. Eine unreflektierte Einstellung zu manchen Verhaltensweisen ist eher ein Zeichen der Freiheit denn ein Stigma der Knechtschaft. Verweisen wir doch die Gewohnheit in die niedrigeren Regionen des Hirns und reservieren die höheren Regionen für Neuerung und Originalität! Räumen wir also das Treibgut der täglichen Existenz beiseite und steigen ins wirkliche Leben ein...

Nun ja, das klingt optimistisch. Scheinbar haben wir damit ein Rezept, Vorwürfen wegen der Gewohnheitsmäßigkeit unseres Lebens auszuweichen. Soll doch der Hippie sehen, wo er bleibt: Die Gewohnheiten seines Vaters sind in Wirklichkeit Wege zur Freiheit. Manchmal aber beruht unsere Unzufriedenheit auf einem Lebensgefühl so allgegenwärtiger Routine, daß wir uns nicht einmal mehr an die Vorstellung der uns verbliebenen Freiheiten klammern können. Statt dankbar zu sein, daß die unreflektierte Anpassung an die Routine die Zeit verstreichen läßt und uns den Tag überstehen hilft, sind wir beunruhigt, wie leicht wir uns dem Allerweltsmäßigen, Banalen, Vorhersehbaren überlassen. Ähnlich wie der langjährige Gefangene fürchten wir, daß ›Nachgiebigkeit‹ gegenüber der Gewohnheit ein Symptom des allgemeineren Verfalls, der Desintegration zum Zustand des Automaten sein könnte.

Ist dieser Punkt einmal erreicht, dann erscheint die Gewohnheit uns nicht mehr als bloßes Merkmal des Alltagslebens, sondern der Existenz an sich. Diese Erfahrung nennen wir Überdruß, Monotonie, Stumpfsinn, Hoffnungslosigkeit. Rund um uns her Aufforderungen zum Handeln: der Plattenspieler liegt stumm neben dem finsteren Fernseher auf dem Bord; das Telefon klingelt vergeblich im Flur. Das Buch neben unserem Bett, das Kreuzworträtsel auf dem Tisch, die Geräusche der Kinder im Treppenhaus und die Schritte unserer Frau in der Küche verstärken nur unseren traurigen Zustand, statt uns zum Handeln anzuspornen. Unternehmen wir etwas, dann wissen wir, wie es ausgehen wird; tausendmal sind wir diese Gleise gefahren, kennen alle Stationen, wissen, wohin die Abzweigungen führen. Nur völlige Untätigkeit kann uns vor der verzweifelten Unzufriedenheit des Aufgehens in Routine bewahren. Nicht, daß es nichts zu tun gäbe – ›Es gibt immer etwas zu tun‹, wie Eltern ihren Kindern gern sagen. Nur daß das, was zu tun wäre, allzu bekannt ist, um es noch einmal zu tun.

Wörter wie ›Freiheit‹, ›Spontaneität‹, und ›Undeterminiertheit‹ erscheinen dann als leere Parolen. Die einzige Freiheit liegt dann im Nichtstun, im Stillstand. Wie eine Seuche infiziert die Gewohnheit jeden Bereich unseres Lebens; sie erscheint unausweichlich – dies ist die verzweifelte Welt der Existentialisten, die Leere eines Beckett-Stücks, in dem niemand sich rührt, nichts passiert und kein Godot kommt. Es ist auch die Welt, die die Sozialwissenschaftler entwerfen – ein Universum sich überschneidender Regelhaftigkeiten, die den Menschen angeblich in Gang halten, ihn in Wirklichkeit aber auf einer Kreisbahn fixieren.

»Die Gewohnheit ist das große Schwungrad der Gesellschaft«, schrieb William James, »ihre kostbarste Kraft der Erhaltung. Sie allein ist es, die uns in den Grenzen der Botmäßigkeit hält und die Lieblinge des Glücks vor dem neidischen Zugriff der Armen bewahrt. Sie allein verhindert, daß die beschwerlichsten, widerwärtigsten Lebensbahnen von denen verlassen werden, die dazu abgerichtet sind, auf ihnen weiterzutrotten. Sie rettet den Fischer und den Matrosen über den Winter; sie hält den Bergmann in seiner Finsternis fest und läßt den Landmann in seiner Blockhütte, auf seiner einsamen Farm überwintern. Sie bewahrt uns vor einer Invasion der Bewohner von Wüsten- und Eisregionen. Sie verurteilt uns alle dazu, den Lebenskampf nach jenen Regeln zu führen, auf die wir durch Erziehung und frühe Entscheidungen festgelegt sind; und aus einem Streben, das uns widerstrebt, das Beste zu machen, weil es kein anderes gibt, für das wir geeignet wären, und weil es zu spät ist, noch einmal von vorn zu beginnen«.[4]

An solchen Tagen, da diese Ansicht der Welt unser Denken beherrscht, verstehen wir die Routine nicht mehr als Folge der Strukturiertheit unserer Aktivitäten im Haus, im Büro oder im Golfklub. Sie ist nicht mehr lediglich ein Aspekt der Welt, der uns Anlaß zu Verzweiflung und zu einer pessimistischen Lebensphilosophie gibt. Wir erkennen vielmehr, daß das routinebestimmte Bild der Welt von uns selbst geschaffen ist. Unsere Persönlichkeit selbst – dieses scheinbar letzte Refugium für Individualität und Spontaneität in einem Universum der Vorhersagbarkeit – ist der Ursprung des Problems. Wir sind es, die die Routine in die Welt setzen; unser

Charakter hat sich verfestigt wie Gips, und wir können nicht mehr anders handeln. Wenn diese Einsicht uns überfällt, dann kann uns nicht einmal mehr die tatsächliche Vielfalt unserer Aktivitäten, die Vielseitigkeit unseres Charakters, der Reichtum der Rollen, in denen wir stehen, trösten. Ja, diese Vielfalt selbst ist strukturiert und vorhersagbar: Was sind wir denn anderes als die Summe einzelner Teile, genannt Vater, Ehemann, Geliebter, Buchhalter, Vereinsvorstand? Was wir bisweilen für unser eigentliches – unser individuelles, spontanes, freies – Selbst halten, ist lediglich der bourgeoise Vater, der seinen Text aufsagt und den liebenden Ehemann spielt, die Rituale des Ehelebens vollzieht. Kein Wunder also, daß wir uns manchmal nicht aus dem Sessel schwingen können – an Tagen, da dieses Bild des Lebens uns zu Bewußtsein kommt.

Manipulation durch Distanzierung

Paradoxerweise kann gerade solche Trübseligkeit, solches Wissen von der Vorhersagbarkeit aller Dinge uns schließlich aus unserem Überdruß emporheben und uns zur Interaktion, zum Leben zurückbringen. Denn die Reflexion über die Determiniertheit des Lebens weist uns wieder in die Freiheit zurück. Aus dem Bewußtsein, daß wir zu solcher Reflexion fähig sind, schaffen wir uns einen Freiraum des Selbst, eine Domäne der Identität. Wenn wir die Determiniertheit des Lebens einsehen und die Allgegenwart von Routine und Rolle entdecken können, dann gibt uns dies ein Gefühl des Abstands zu den Aktivitäten des Lebens, das die anderen, die sich unreflektiert den Regelhaftigkeiten überlassen, nicht genießen. Von diesen unterscheiden wir uns, indem wir über die unreflektierten Gewohnheiten reflektieren und bei dem, was wir tun, ein gewisses Selbstgefühl entwickeln.

Solche Selbstbewußtheit ist nun allerdings ein universelles Merkmal der Existenz des modernen Menschen. Doch wir üben sie nicht in allen Bereichen unseres Lebens; auch nutzen wir sie nicht immer zu einem Ausbruchsversuch. Im vertrauten Gespräch mit dem oder der Geliebten beweisen wir unsere Sensibilität, indem wir selbst-bewußt über unsere Beziehung reflektieren – ›Unsere Beziehung mag anderen konventionell erscheinen, aber wir beide wissen doch, daß dies nicht zutrifft‹. In solchen Fällen ist Selbstbewußtheit tatsächlich eine Möglichkeit, Engagement für eine

Aufgabe zu bekunden, zu demonstrieren, daß man kraft solcher Fähigkeit zu sensibler Interaktion als Liebender qualifiziert ist.[5] In solchen Fällen besteht Identitätsarbeit darin, die beherrschende Realität zu akzeptieren statt ihr Widerstand zu leisten.

Solche Selbstbewußtheit aber ist ein unsicheres psychisches Hilfsmittel. An manchen Tagen bringt sie uns wohl in die Welt zurück und beweist uns, daß wir wissende und willige Mitglieder sind. An anderen steht sie zwischen uns und dem, was wir tun. Sie hält uns die Routine vom Leib, treibt die Konvention aus dem Haus. Sie ist ein psychischer Trick, mit dem wir uns wirklich manchen Schrecken des strukturierten Lebens entziehen können. Statt Rollen zu spielen und nach Routinen zu handeln, spielen wir ›mit‹ Rollen und handeln ›gegen‹ Routinen.

Wenn wir uns mit solchen psychischen Tricks über die kleinkarierten Verhältnisse unserer Arbeit, Ehe und Freizeit erheben können – wozu sollen wir uns dann noch physisch von ihnen distanzieren? Die Strukturen brauchen wir gar nicht zu verändern, sondern nur die Art, wie wir darüber denken. Und andere, die das gleiche gesteigerte Selbstbewußtsein haben, können an diesem transzendentalen Spiel mitwirken.

In Sidcup hockt die Gattin daheim und wartet auf die Rückkehr des Gatten. Wie jeden Tag kommt er um achtzehn Uhr achtzehn mit der S-Bahn aus London. Die Doppelhaushälfte, die er bewohnt, sieht aus wie tausend andere, die die grüngesäumten Straßen der Pendler- und Schlafstadt zieren. Die Möbel sind *Asko,* die Bilder an der Wand sind impressionistische Drucke, auf dem Plattenteller dreht sich Tony Bennett, auf dem Tisch dampft der *Coq au vin.* Daneben liegt der *Daily Telegraph,* auf dem Fernseher die *Radio Times.* Straßauf, straßab reproduziert sich das gleiche häusliche Milieu mit geringfügigen Variationen – *Beef bourguignonne* statt *Coq au vin,* Sinatra statt Bennett, *Cintique* statt *Asko.* Die Uniformität und Vorhersagbarkeit all dessen vermittelt den Eindruck unerschütterlicher Routine, das seelenzerstörende Bild einer unverrückbaren beherrschenden Realität. Dann aber wird die Tür abgesperrt und die finstere Nacht bleibt draußen, die zwei Kinder schlummern in ihren Bettchen, und Gatte und Gattin schauen einander an und lachen. Sie sind Abonnenten einer neuen Selbstbewußtheit, Apostel bewußtseinsgesteigerten Lebens. Zynisch blikken sie auf die anderen herab, die in den gleichen kleinbürgerlichen Verhältnissen stecken, die aber den Witz daran nicht erkennen. Sie schauen sich im Zimmer um und bestätigen einander, wie bewußt ihnen ihre scheinbare Sub-Urbanität ist, und mit einem köstlichen Gefühl ihrer eigenen unverwechselbaren Identität erklären sie ihren Abstand von solchen Artefakten. ›Vielleicht sind wir ebenso vorstädtische Existenzen wie die Johnsons von nebenan, aber wir wissen doch beide, daß wir dieses Leben mit Abstand, mit Ironie, ja mit Zynismus betrachten!‹ Sie parodieren ihr Leben und haben das billige Gefühl, dies hebe sie aus den Verhältnissen empor, in denen sie leben. Für sie sind nur die anderen Vorstädter, die routinemäßig ihre Rollen spielen, während sie selbst ›durchblicken‹ und die Relativität der Situation erkennen, ebenso sehr dagegen- wie mit-leben und dabei ihre Individualität in einer konformistischen Welt bewahren. Aber auch wenn unser glückliches Paar es vielleicht nicht weiß – aus der Falle der Routine entspringt keiner so schnell. Denn auf der anderen Seite der Rauhfasertapete, in der Doppelhaushälfte nebenan, sitzt ein anderes Pärchen von Identitätsarbeitern beisammen und spielt das gleiche Distanzierungsspiel.

Landauf, landab versichern einstmals desillusionierte Einzelne einander emsig, daß sie heute mehr sind als scheinen: ›Ich bin ja kein typischer Universitätsdozent‹, vertrauen sie einander an, ›nicht so wie die anderen... Ich betrachte das Ganze eher als ein witziges Spiel.‹ Zahnärzte, Ärzte, Verkäuferinnen flüstern vertrauenswürdigen Nachbarn die gleichen selbst-distanzierenden Bemerkungen zu, ohne zu erkennen, daß ihre Kollegen nach der gleichen Transzendenzstrategie verfahren.

Der schwache Trost, die Routine durch unreflektierte Anpassung zu bewältigen, wird heute durch scheinbar stärkere Mittel der Selbstbeobachtung und Distanzierung ersetzt. Durch simple Selbstbewußtheit läßt sich noch die zäheste Routine unterlaufen. Selbstbewußtheit, die das eigene Dilemma kennt, bietet eine Chance, sich dagegenzustellen, sie schützt vor der Angst, das eigene Verhalten könnte durch Struktur und Kultur der Situation determiniert werden. Wie Simmel anhand eines treffenden Beispiels feststellt:

»Denn nur wer in irgendeinem Sinn, mit irgendeiner Funktion außerhalb seiner Grenze steht, weiß, daß er innerhalb ihrer steht, weiß sie überhaupt als Grenze. Kaspar Hauser hat nicht gewußt, daß er in einem Gefängnis war, bis er ins Freie kam und die Mauern von außen sehen konnte.«[6]

Sollte unsere Ehe uns einmal deutlicher vorhersagbar denn je erscheinen, dann können wir diesen Eindruck mit Witz und Spott löschen. Sollte die Arbeit uns immer mehr als Routine vorkommen, dann brauchen wir sie nur weniger ernst zu nehmen. Sobald ein Gefühl der Routine unser Bewußtsein beschleicht, lehnt das Selbst sich im Sessel zurück, betrachtet gelassen den Angreifer – und bestätigt sich damit seine Unangreifbarkeit. Die selbst-bewußte Distanzierung findet nicht immer in gleichen Formen statt – sie bringt nicht immer den gleichen Identitätsgewinn, schafft nicht immer die gleiche Distanz zwischen uns und der Realität. Manchmal geschieht sie in Form von Sarkasmus, dann wieder in der Sprache der Ironie oder des Zynismus. In jedem Fall aber weisen wir die Welt in die Schranken, halten sie uns vom Leib und beobachten sie mit unterschiedlichem Maß an Ablehnung und Vorbehalt.

Niemand paßt sich unreflektiert an jeden Aspekt des Lebens an (noch dem Katatoniker gestehen moderne Psychiater einen gewissen ›Durchblick‹ zu), auch handelt niemand in jedem Bereich seines Lebens selbst-bewußt (Zynismus oder Ironie ist z. B. in Angelegenheiten der Körperhygiene selten angebracht). Der Mensch kennt verschiedene Formen des Verstehens. Diese gestatten ihm den Glauben, daß er kein von der Routine erdrücktes Geschöpf sei; sie geben ihm das Gefühl, daß es einen Bereich gibt, in dem er seine Identität entfalten kann. Nicht daß diese gesteigerte Selbstbewußtheit irgend den strukturierten Inhalt der realen Welt, auf die sie sich bezieht, verändern würde; der *Coq au vin* dampft immer noch auf dem Tisch, und Tony Bennett verströmt immer noch Stimmung aus wohlabgestimmten Stereoboxen; doch die Gefahr des Routine*gefühls* ist durch die Strategie der Selbstbewußtheit gebannt. Durch die Manipulation der Bewußtseinsformen haben wir ein Mittel, das Gefühl abzuwehren, daß die Welt uns ›zuviel wird‹. Selbstbewußtheit reduziert den Druck der sozialen Konventionen, indem sie diese entmystifiziert, indem sie ihre Willkürlichkeit aufzeigt. Anscheinend haben wir einen Riß im dichten Gefüge der sozialen Realität gefunden, durch den wir uns herauswinden können. Während jedoch diese Einstellung scheinbar weniger Anpassung an die beherrschende Realität verlangt als die unreflektierte Haltung, insofern sie eine gewisse Distanz zwischen dem Selbst und der Realität schafft – eine Zugbrücke, die der Einzelne einzieht, um die beherrschende Realität fernzuhalten –, kann sie gleichwohl im Grunde die Funktion haben, diese Realität zu erhalten. Eine scheinbar radikale List kann eine konservative Falle verbergen.

Dies ist unser Einwand gegen liberale Soziologen, die über die soziale Konstruktion des Alltagslebens schreiben. Sie meinen, die Demystifikation der sozialen Interaktionen und gesellschaftlichen Prozesse sei eine notwendige Voraussetzung für den radikalen Strukturwandel. In vielen Fällen indes erlaubt gerade diese Demystifikation dem Einzelnen – indem sie ihm gestattet, sich von den sozialen Verhältnissen zu distanzieren, deren Teil er doch ist – ein Gefühl der Zufriedenheit mit seinem Geschick, das mit dem Wunsch nach Veränderung unvereinbar ist. Die Tatsache, daß wir die Konventionen des akademischen Lebens und unsere Rolle als Universitätsdozenten amüsiert betrachten können, gewährleistet in Wirklichkeit, daß wir diese Konventionen und Rollen einhalten. Die Einsicht, wie willkürlich unsere häuslichen Verhältnisse, unsere Arbeit oder unsere Freizeitinteressen sind, schafft kaum Voraussetzungen, auf denen politisches Handeln sich aufbauen ließe, von denen her das ganze Konzept von Arbeit und Familie attakkiert werden könnte; vielmehr vermittelt sie dem Einzelnen ein leicht vermindertes Gefühl der sozialen Determiniertheit – eine weitere Rechtfertigung für jenen Zynismus gegenüber den gesellschaftlichen Zuständen, der die eigene Wichtigkeit als Individuum zu bestätigen scheint.

Im Sicherheitstrakt trug die Fähigkeit der Gefangenen, ihre Erfahrung zu relativieren, dazu bei, Angst und Spannung zu vermindern. Die Erkenntnis, daß ihre Umwelt mit ihren phänomenalen Eigenschaften nur eine unter vielen solcher Umwelten war, sowie die Einsicht, daß solche Erkenntnis ihnen ein höheres Maß an Selbstbewußtheit garantierte, als Menschen in anderen ähnlichen Umwelten es genießen, bot ihnen Trost. Selbstbewußtheit, die Kenntnis ihres Dilemmas, enthielt die Chance, sich dagegenzustellen, schützte sie vor der Angst, ihr Verhalten könnte durch Struktur und Kultur der Situation determiniert sein. Dies bedeutete aber nicht, daß sie damit gegen die Institution handelten; eher bedeutete es, daß sie sich ihren Geboten leichteren Herzens fügten – bestärkt durch die Distanz, die sie geistig zu den sozialen Verhältnissen einhalten konnten.

Doch wir wollen den Bogen des Arguments nicht überspannen. Gewiß gibt es Gelegenheiten, wo die Demystifikation zu kollektivem sozialen Handeln führt, wo Ironie, Zynismus und Sarkasmus revolutionäre Waffen sein können. In solchen Fällen allerdings besteht bereits eine allgemeine Einigung auf eine imaginierte alternative Welt. Wo allerdings eine solche vorstellbare Welt (eine soziale oder politische Utopie) fehlt, erfüllt die Demystifikation vorwiegend konservative Funktionen.

Auch können diese Distanzierungstechniken selbst – jene scheinbaren Garanten der Individualität – als Routine erlebt werden. Sie geleiten uns nicht in einen besonderen, vor Infektion durch die Regelhaftigkeit geschützten Bereich, einen Freiraum ›besserer‹ Menschen, denen es gelungen ist, den Routinecharakter der beherrschenden Realität abzuweisen. Die Möglichkeiten, Aspekte unseres Lebens zu ignorieren, die Möglichkeiten, uns zu beweisen, daß wir, während wir eine Rolle spielen, nicht nur das in der Rolle enthaltene Selbst sind, sind an sich begrenzt und vorhersagbar: »Wenn das Individuum sich von seinem vorgeschriebenen Selbst zurückzieht, begibt es sich nicht in eine von ihm selbst geschaffene psychische Welt, sondern es handelt im Namen einer anderen, gesellschaftlich erzeugten Identität.«[7] Mit anderen Worten, die Ausbrüche aus Routinen und Rollen sind ebenfalls strukturiert. Wir erschrecken vielleicht, wenn wir feststellen, daß der Kollege im Büro nebenan, den wir immer als armen ›unreflektierten Routineanpasser‹ bemitleideten, sich nicht nur wie wild von allem um ihn her distanziert, sondern dies auch in genau den gleichen Formen wie wir tut. Der häufige Gebrauch distanzierender Sprüche als Mittel, die Realität zu ignorieren und Identität zu beweisen, kann diese schließlich zur unreflektierten Alltagskonversation machen. Wenn alle Kollegen in unserem Büro sich dauernd von dessen Prozeduren und Ritualen verbal distanzieren, dann können wir solchen Techniken schwerlich eine besondere Ausbruchsqualität zuschreiben. Abermals sind wir in der Routine gefangen – in der Routine der Distanzierung.

Wie aber dieser Falle entgehen? Die Antwort ist klar: Wir bemühen uns um noch mehr Selbstbewußtheit, streben nach noch mehr Distanz zwischen uns und der Realität. Wir fangen an, unsere Identitätsarbeit der Identitätsarbeit zu unterziehen. Rollendistanzierung und Selbstbeobachtung als Mittel, um Abstand von der Realität zu halten, bewegen sich nicht nur auf *einer* Ebene. Wir können nicht nur durch gewisse Bemerkungen oder Haltungen zeigen, daß wir abseits der Realität stehen; wir können auch zeigen, daß wir uns dessen bewußt sind, außerhalb der realen Welt zu stehen – und auch zeigen, daß wir uns dieses Bewußtseins bewußt sind, und so weiter. Simmel erfaßt zutreffend das Wesen solch eskalierter Selbstbewußtheit:

»Die Übergipfelung des wissenden Bewußtseins über sich selbst als gewußtes aber steigt ins Unbegrenzte: ich weiß nicht nur, daß ich weiß, sondern ich weiß auch, daß ich dies weiß, und diesen Satz niederschreibend, erhebe ich mich abermals über die Stadien dieses Prozesses usf.«[8]

Lebensbereiche, in denen solche Meta-Metabewußtheit an den Tag gelegt wird, sind oft genau diejenigen, in denen einfachere Prozesse der Rollendistanzierung so oft durchgespielt wurden, daß sie schließlich zur Routine erstarrten. So etwa wird ein Mann, der ein Mädchen durch einfache Rollendistanzierung zu verführen versucht, indem er sagt: ›Ich fürchte, dies ist eher ein Zufallsaufriß‹, den Eindruck erwecken, daß er eine recht routinierte Einstellung zum Leben hat – verglichen mit dem Mann, der schlau genug ist zu erklären: ›Ich will diese Platte gar nicht erst abspielen, denn wir beide wissen doch, es *ist* nur ein Zufallsaufriß.‹

Rollendistanzierung auch – und vielleicht gerade – auf der Meta-Ebene bleibt eine wesentlich konservative Beziehung zwischen dem Einzelnen und der sozialen Struktur. Indem er behauptet, seine Rolle sei mehr, als sie scheine, beweist er sein erstarrtes Bewußtsein; zumindest kann er sich nur durch immer kompliziertere Spiralen der Bewußtheit, der Distanz und der Distanz von der Distanz herauswinden.

Wir müssen also ernstlich fragen, was Selbstbewußtheit als Vehikel des Ausbruchs nützt. Es mag ja sein, daß es manchen eine Art Befreiung bringt, wenn sie die spielerische ›Unwirklichkeit‹ all dessen, was sie tun, erkennen; aber solch extreme Selbstbewußtheit kann auch sehr unglücklich machen. Es gibt Situationen, in denen es besser wäre, den ungläubigen Vorbehalt aufzugeben und glücklich das Spiel mitzuspielen.

Natürlich kann solches Spielen nie völlig ohne Selbstbewußtheit sein. Beim Menschen ist sie stets gegenwärtig, und sie korrumpiert ihn. Bateson verweist auf Aldous Huxleys Bezeichnung dieses Zustands als ›Sündenfall‹ – wo er davon spricht, wie der Künstler Bewußtes und Unbewußtes, Herz und Verstand integrieren muß: »Manche Kulturen sind gekennzeichnet durch eine negative Auffassung von dieser schwierigen Integration, sie vermeiden die Komplexität durch krasse Bevorzugung von totaler Bewußtheit oder totaler Unbewußtheit. Ihre Kunst ist wahrscheinlich nicht

›groß‹.«[9] Wandeln wir Batesons Bemerkung über die Kunst ab, um sie auf die Probleme des Lebens zu übertragen, so können wir sagen, daß »eine krasse Bevorzugung totaler Bewußtheit oder totaler Unbewußtheit« wahrscheinlich kein erfolgreicher Ausbruchsversuch ist. Totale Unbewußtheit ist für den modernen Menschen nahezu unmöglich; noch die banalsten Routinen können Gegenstand der Reflexion sein. Und totale Bewußtheit wird schließlich unhaltbar – wegen der Spirale der Metabewußtheit, von der wir sprachen.

Reinvestition in die Routine

Wie können wir dieser spiralenartigen Ausbreitung der Selbstbewußtheit in den wichtigsten Bereichen unseres Lebens entgegenwirken? Was können wir tun, wenn wir, nachdem wir uns soviel auf unsere Bewußtheit zugute gehalten haben, plötzlich erkennen, daß diese Bewußtheit zwischen uns und einer angemessenen Wertschätzung unserer Frau, unserer Arbeit oder unserer Kinder steht? In solchen Fällen können wir nicht einfach kehrtmachen und uns wieder unreflektiert an die Routine anpassen, denn eine solche Haltung geht einher mit dem Gefühl, daß das Leben nicht anders sein könnte, als es ist, und traurigerweise sind wir bereits an dem Punkt, wo unsere Selbstbewußtheit diese Fiktion zerstört hat. Es gibt keinen Rückweg in einen unreflektierten Zustand.

Da öffnet sich ein anderes Schlupfloch: Wir können aus unserer aufgeblähten Selbstbewußtheit Dampf ablassen, indem wir in gewisse Regelhaftigkeiten des Verhaltens ›reinvestieren‹, sie also bekräftigen; wir übernehmen die Symbole, die diese Regelhaftigkeiten normalerweise begleiten, wir ahmen Kleidung, Sprache und Rituale derer nach, die sich in diesen Dingen von der Routine leiten lassen. Wir lassen uns so sehr ›bekehren‹, daß wir erklären, es gäbe keinen anderen Weg. Dies ist unser drittes Mittel, die Realität zu manipulieren – nämlich die selbst-bewußte Reinvestition. Soweit diese Orientierung selbst-bewußt ist, bleibt solche Selbstbewußtheit hoffentlich auf den Entschluß beschränkt, sich erneut für die Realität zu engagieren oder zu verpflichten; ist diese Verpflichtung einmal eingegangen, dann wird das selbst-bewußte Element, so hoffen wir, in den Hintergrund treten. So etwa mag ein Mann, der jahrelang die Beschränktheit seiner ersten Ehe verachtete, sich der Hoffnung hingeben, er könne solche Selbstbewußtheit unter dem symbolischen Gewicht des Engagements begraben, das er mit seiner zweiten Ehe eingeht. Dergleichen selbst-bewußtes Engagement ist allerdings nicht an eine neue Ehefrau oder neue Berufschancen gebunden. Nach Jahren der spiralenartig erweiterten Selbstbewußtheit kann mit dem selben Partner ein Abkommen getroffen werden, durch das beide diese Distanzierungsproblematik beiseite schieben, indem sie erklären, daß sie einander jetzt auf völlig neue Weise gefunden haben: ›Weißt du, Liebling, nach all diesen Jahren voller Diskussionen, Streit und Zynismus erkenne ich plötzlich, daß ich dich genauso liebe wie damals, als wir jung waren – so wollen wir's jetzt halten, nicht wahr?‹ Ähnlich werden wir, nachdem wir einige Zeit an einem Arbeitsplatz verharrten, wo ringsum Zynismus herrschte, vielleicht beschließen, an eine neue Stellung mit dem richtigen Engagement heranzugehen. Selbst-bewußt ignorieren wir das schlaue Geschwätz der Kollegen und konzentrieren uns ganz auf die Aufgabe.

Der Würgegriff der Selbstbewußtheit ist aber vielleicht schon zu stark, als daß wir uns durch bloß verbale Umformulierungen herauswinden könnten. Vielleicht kann die Frau der Gelegenheit nicht widerstehen, die der Partner ihr mit seinem naiven Bekenntnis zum Engagement bietet: ›Liebling, machen wir uns nichts vor, du warst niemals jung!‹ Die Kollegen bei der Arbeit, mit denen wir tausendmal die zynische Distanzierungsroutine ausgeführt haben, werden es verständlicherweise mit Skepsis aufnehmen, wenn wir uns plötzlich darüber verbreiten, mit wieviel Interesse wir Vorlesungen halten oder Aufsätze korrigieren. Die Selbstbewußtheit behauptet sich, und die Aussichten auf Reinvestition schwinden.

Schwierig wird es, weil so viele Beweise einer besonderen Identität, so viele Witze, so viele genüßlich ausgespielte Argumente auf der Bekundung von Selbstbewußtheit beruhen, daß das neu eingegangene Engagement für die Routine sich vielleicht nicht durchhalten läßt. Hinzu kommt, daß die anderen unsere neue Engagiertheit möglicherweise nicht anerkennen, sie vielmehr als Beispiel einer unreflektierten Anpassung ans Leben betrachten. Daher werden sie versuchen, unsere Haltung durch Hinweise auf die Relativität von Liebe und Arbeit etc. zu erschüttern. Wer es darauf anlegt, in die Routine zu reinvestieren, muß also damit rechnen, irrtümlich als konstitutionell bewußtloser Tölpel zu gelten, oder er muß seinen Möchtegern-Erziehern mit der Erklärung zuvorkommen, daß er all diese Selbstbewußtheitserfahrungen längst hinter sich und nunmehr eine höhere Stufe erreicht hat. (Das letztere enthält aber wieder die Gefahr, die neue Position zu relativieren, indem man sie unter Bezug auf die frühere Haltung zur Diskussion stellt.)

Nehmen wir ein Beispiel aus unserer Gefängnisforschung: Wer im Sicherheitstrakt von Durham in der Schrottwerkstatt arbeitete, hatte drei Möglichkeiten der geistigen Manipulation. Manche versuchten es mit unreflektierter Anpassung an die Arbeit. Sie war etwas, das getan werden mußte, und mehr war nicht dran. Sie bot keine Gelegenheit zur Identitätsarbeit. Andere aber, die über das Wesen der Arbeit reflektierten, sie mit der Arbeit außerhalb der Mauern verglichen und ihre Bedeutung im Kontext der schweren Strafe sahen, distanzierten sich lieber von den Anforderungen. Für sie war die Arbeit etwas Absurdes; sie mußten ihrer Routine Widerstand leisten, um die eigene Identität aufrechtzuerhalten – in der Hoffnung, jene automatenhafte Degeneration zu vermeiden, die sie bei anderen als Folge jahrelanger unreflektierter Anpassung wahrnahmen. Und wieder andere, die sich bislang über die Absurdität der Arbeit amüsiert und sie auf Armeslänge von sich ferngehalten hatten, meinten nun, solche Selbstbewußtheit aufgeben zu müssen. Da die Arbeit immerhin helfen konnte, die Zeit verstreichen zu lassen und von anderen Ängsten abzulenken, setzten sie sich verstärkt für die Aufgaben ein, wobei sie ein gewisses Engagement zur Schau stellten.

Die richtige Einstellung zur richtigen Routine

Diese verschiedenen Arten, die Welt zu begreifen – unreflektierte Anpassung, Selbstbewußtheit und selbst-bewußte Reinvestition – lassen sich mit jeder Routineaktivität verbinden. Vielleicht verhältst du dich in Angelegenheiten der Körperhygiene mit unreflektierter Anpassung; aber eines Abends starrt dich plötzlich dein Gesicht aus dem Spiegel im Bad an, ein nicht mehr junger Mann mit einer grünen Zahnbürste in der Hand. Schon hast du einen Anfall von Selbstbewußtheit; die Aktivität verliert ihren Anschein von Selbstverständlichkeit und wird absurd. ›Stell dir vor‹, sagst du zu deiner Frau, ›ich stehe hier seit acht Jahren jeden Abend um die gleiche Zeit und rubbel mir die Zähne mit Pfefferminzschaum – und das soll nun das ganze Leben sein?‹ Deine Frau ist irritiert, weil du so banale Dinge gebrauchst, um deine Identität auszudrücken.

›Beeil dich, Schatz, ich will endlich ans Waschbecken!‹ Du beugst dich vor und bürstest weiter dein Gebiß, vielleicht beruhigt, weil es dir immerhin noch gelingt, von so selbstverständlichen Gewohnheiten Abstand zu nehmen. Aber jetzt ist es Zeit, in die Aktivität selbst zu reinvestieren und deine metatheoretischen Spekulationen beiseite zu schieben.

Zwischen den Techniken der geistigen Manipulation und der Beschaffenheit der Routinen selbst besteht keine eindeutige Beziehung. Der Soziologe stellt in jedem Lebensbereich Regelhaftigkeit fest: bei Arbeit, Spiel, Sex und Religion. Vielleicht diskutiert er diese Regelhaftigkeiten in relativ allgemeiner Form und weist z. B. Konventionen in unserer Religionsausübung nach; vielleicht aber äußert er sich spezifischer und analysiert den Ablauf einer Mahlzeit am Familientisch im Hinblick auf die vorhersagbare Folge der Gänge, die Regelhaftigkeit der Gespräche, die gewohnheitsmäßige Handhabung von Messer, Gabel, Löffel und Teller. Aber seine Analyse zwingt uns nicht, all diese Aktivitäten als regelhaft anzusehen. Selbst wenn sie uns regelhaft erscheinen – wir werden sie vielleicht gern als solche akzeptieren, weil sie z. B. Sache der unreflektierten Anpassung sind. Der Mensch reagiert unterschiedlich auf die Regelhaftigkeiten, die er in der Welt wahrnimmt, und seine Reaktionen sind davon beeinflußt, wie die meisten Menschen eine bestimmte Regelhaftigkeit auffassen. Wie wir sahen, betrachten die Leute manche Aspekte der Körperpflege als Routinemerkmale ihres Lebens und passen sich ihnen unreflektiert an. Mit der Arbeit aber verhält es sich anders. Wer am Fließband arbeitet oder am Büroschreibtisch schwitzt, dem fällt es schon schwerer, den Eindruck von Monotonie und Routine aus seinem Bewußtsein zu verdrängen. Hier ist es weniger leicht, sich unreflektiert anzupassen, denn im Gegensatz zur Körperpflege ist die Arbeit eine Aktivität, die den größten Teil unserer Zeit beansprucht; auch ist sie eine Aktivität, in der manche eine Chance zur Selbstverwirklichung, eine Gelegenheit zur Identitätsarbeit zu finden meinen. Und das bedeutet, daß unreflektierte Anpassung für diejenigen, die nur die Regelhaftigkeit der Sache sehen, eine ungeeignete Einstellung sein kann. Sich für die Arbeit zu engagieren heißt dann, auf Selbstverwirklichung zu verzichten und sich dem Rhythmus und Tempo von Fabrik und Büro zu unterwerfen. Bleibt noch die Möglichkeit, sich angeblich zu distanzieren; man macht eine Bemerkung, die andeutet, daß man über der Arbeit steht, die man gerade tut. ›Natürlich‹, erklärt jemand, der es mit dieser Einstellung probiert, ›sehe ich, daß diese Arbeit im wesentlichen Routine ist, aber sieh nur mal, wie ich sie tue. Beobachte nur, wie ich am Fließband hantiere oder Rechnungen sortiere, und du wirst sehen, wie hoch ich über die Arbeit erhaben bin.‹ Am Fließband wird solche Distanzierung von der Aufgabe sozusagen erwartet. Wer sich um die Qualität des hergestellten Produkts kümmert, wer glaubt, daß die Firma ein Interesse an den Arbeitern habe, wer Produktionssteigerungen für wichtig hält, ist beinah schon ein Abweichender. Distanzierung ist Trumpf. Anekdoten über Kollegen, die ihre Verachtung für die Arbeit deutlich durch symbolische oder wirkliche Attacken gegen Maschinen oder Management zum Ausdruck brachten, sind in der industriellen Arbeitswelt geläufig. Dies sind nicht notwendig politische Attacken; meist handelt es sich um ein vielfältig subtiles Unterlaufen der Aufgabe, das zugleich Witz und Verachtung beweist.

In anderen beruflichen Bereichen sind der Distanzierung engere Grenzen gezogen. So ist z.B. eine Arbeit am Bankschalter, die der Fließbandarbeit an langweiliger Wiederholung nicht nachsteht, insofern unerträglich, als Anzeichen, daß wir zu ihr Abstand halten, kulturell nicht akzeptiert werden. Man erwartet von uns, daß wir ein gewisses Engagement für die Aufgabe zeigen, die doch unserer Selbstverwirklichung widersteht. Der zunehmende Brauch, daß Schalterbeamte Namensschilder anstecken, kann als institutionalisierter Versuch gelten, Individualität im Rahmen der Aufgabe zu suggerieren – unter Bedingungen, unter denen sie sich nicht gegen diese entfalten darf.

Diese distanzierte Haltung hat also nur geringe Chancen, wie sehr wir uns auch im Kopf daran klammern mögen. Wenn unsere Arbeit im Büro uns immer mehr als bedrückende Routine erscheint, ist dies vielleicht nicht nur durch den Wiederholungscharakter der Aufgabe bedingt, sondern auch dadurch, daß wir keine Gelegenheit haben, uns durch entsprechende Bemerkungen zu distanzieren. Ist niemand zugegen, während wir eine Routinearbeit verrichten, erkennt ja niemand die Tatsache an, daß wir uns nicht völlig für die Aufgabe engagieren. Auch wenn alles fürs Gegenteil spricht, werden wir mit unserer Tätigkeit identifiziert und identifizieren uns schließlich selbst mit ihr. Sind dagegen verständnisvolle Leute anwesend, so können wir ihnen leicht bedeuten, daß die Arbeit unter unserer Würde ist und Anlaß zu Spott gibt; aber auch, daß sie für uns eine Gelegenheit ist, besonderes Können und fachliche Autorität zu beweisen. Eine Alternative zur unreflektierten Anpassung wird um so eher möglich, je erwünschter sie ist.

Wie wichtig die Anwesenheit anderer für die Wahl unserer Einstellung ist, zeigt sich insbesondere beim Sex. Während unreflektierte Anpassung bei der Körperpflege als angebracht gilt und manchmal auch bei der Arbeit akzeptiert wird, stößt sie bei der sexuellen Interaktion meist auf Ablehnung. Sicher vögeln wir manchmal, ohne mehr bei der Sache zu sein als beim Zähneputzen; aber für eine solche Einstellung werden wir wahrscheinlich von unserem Partner zur Rechenschaft gezogen. Man erwartet von uns allerdings, daß wir bei der Sexarbeit unsere Identität kultivieren. Wir müssen eindeutig beweisen, daß unsere Aktivität nicht automatisch erfolgt, daß wir sie nicht einfach ›wie eine Maschine‹ oder ›wie ein Tier‹ verrichten, sondern sie als Chance begreifen, unsere Individualität zu bekunden.

In jedem Bereich menschlichen Tuns gibt es also eine angemessene Einstellung der geistigen Manipulation, die uns hilft, Augenblicke zu überstehen, in denen das Gefühl der Regelhaftigkeit unser Bewußtsein überfällt. Wohl wissen wir mitunter nicht recht, welche Einstellung die beste ist: viele Situationen verlangen da rasche und raffinierte kognitive Techniken. Auf einer Cocktailparty z. B. kann uns sehr bald das Gefühl der Monotonie und Regelhaftigkeit beschleichen. Distanzierung bietet da keinen Ausweg aus der Situation. Bei solchen Gelegenheiten ist sie eine so vertraute Technik, daß sie wohl eher Berechenbarkeit als Selbstausdruck bezeugt. Zynische Bemerkungen darüber, wie Leute, die einander im Grunde nicht ausstehen können, gleichwohl bemüht charmant miteinander plaudern, bringen uns in Gefahr, als Tölpel angesehen zu werden. Sie zeigen, daß wir mit der Situation nicht vertraut sind, nicht, daß wir darüberstehen. So kann es ratsam sein, daß wir uns mit Metabewußtheit helfen – einer Haltung, die erklärt, daß wir es gar nicht nötig haben, Bemerkungen über die Künstlichkeit der Situation zu machen. Tritt der Fall ein, daß diese metabewußte Haltung selbst als Quelle der Identität in Frage gestellt wird, weil auch andere Gäste sich darin gefallen, so müssen wir vielleicht unser Heil in der Reinvestition suchen, wobei wir uns durch den Saal bewegen, als unterzögen wir uns der unreflektierten Routineübung einer alltäglichen Aufgabe.

Zum Schluß die Geschichte von einem Gast, der sich auf einer solchen Party an die Gastgeberin wandte und meinte: ›Ich finde die ganze Situation absurd, anscheinend erkennen die Leute alle nicht die Albernheit, die groteske Gezwungenheit ihres Verhaltens.‹ – ›Ach‹, meinte die Gastgeberin, ›da sollten Sie sich zu den Soziologen dort drüben gesellen. Wir anderen haben das längst erkannt, aber beschlossen, es zu ignorieren und das Fest zu genießen.‹

3 Der Alptraum der Wiederholung

Die geistige Manipulation der Routine, mag sie auch existentiellen Trost bieten, läßt die Welt unverändert und unbefragt. Unser tägliches Leben behält seine gewohnten Verhaltensformen, wie sehr wir auch psychisch damit jonglieren. So leben wir immer noch im selben Haus mit derselben Frau und haben nach wie vor dieselbe Arbeit und dieselbe Geliebte; das einzige, was sich ändert, ist die Art, wie wir Haus, Geliebte, Arbeit und Frau betrachten. Die Geliebte, einstmals – wie wir selbst-bewußt erklärten – Objekt reifer Liebe, wird jetzt vielleicht routinemäßig als bloßes Sexualobjekt wahrgenommen; die Arbeit, einst als wichtige Aufgabe angesehen, für die wir uns unkritisch engagieren konnten, ist jetzt Gegenstand zynischen Spotts. Während das Haus eine Reinvestition in die Ehe darstellt.

Ein solcher Wandel der Einstellung reicht aber nicht immer aus. Vielleicht durchschauen wir ihn und erkennen, daß wir noch immer in der beherrschenden Realität stecken, noch immer Gefangene der Routine sind. Vielleicht erkennen wir sogar die Selbsttäuschung in unseren ›geistigen Ausbruchsversuchen‹. Da bietet sich natürlich die Lösung, die so durchschaute Situation selbst zu verändern. Wir können unsere Frau, unseren Mann verlassen und einen neuen Partner suchen; wir können die Arbeit aufkündigen, das Schiff nach Australien besteigen, unsere Freizeitinteressen gründlich umkrempeln. Was wäre besser geeignet, die Determiniertheit des Lebensplans zu bekämpfen, sich Spielraum für die Identitätsentfaltung zu sichern, als die Lösung aus alten Verstrickungen und der Beginn eines neuen Lebens?

Die Jagd nach Neuheit

Aber obwohl wir eine schlanke Brünette verlassen, um mit einer molligen Blonden anzubändeln, den Job in der Zuckerfabrik kündigen, um in der Autofabrik anzutreten, Golf und Tennis gegen Karate und Gesellschaftstanz vertauschen, von Leicester nach Sydney umziehen, beschleicht uns das unheimliche Gefühl, daß die angestrebte Neuheit und Freiheit, die Abkehr von der Routine sich als flüchtig erweisen. Etwas an der Art, wie die neue Gefährtin geht, sich schminkt oder tanzt, erinnert uns an vertraute Routine; der Lärm der Maschinen, die Gespräche der Kollegen erinnern uns an den früheren Job. Und auch in der neuen Stadt stehen die Leute im Supermarkt Schlange, genau wie in der alten. Im Grunde ist alles doch nicht so neu, wie es zu werden versprach. Vielleicht sind das nur kurze Anwandlungen, bloße sensorische Koinzidenzen, die sich abschütteln lassen, unvermeidliche Wiederholungen in einer Welt unvollkommener Differenzierung. Dann aber kann es passieren, daß dieses Gefühl uns überwältigt, daß uns die Berechtigung unseres Ausbruchsversuchs zweifelhaft erscheint, daß uns ein plötzliches *déjà-vu* überkommt. Hier waren wir doch schon einmal, wir sprachen die gleichen Worte, hatten die gleichen Gefühle, erlebten ähnliche Ärgernisse, Ängste, Ekstasen. Wir sind den früheren Wiederholungen nicht entronnen; hier sind wir wieder, unzweifelhaft, im alten Ringelreihen.

Mit dem Wort *déjà-vu* bezeichnen wir normalerweise jenen Eindruck der Übereinstimmung in der Umwelt, jenen Augenblick, da wir plötzlich meinen, wir hätten diese besondere Verbindung von Bäumen, Gebäuden und Feldern schon einmal gesehen. Doch selbst wenn wir eine ähnliche Empfindung haben, sobald wir uns mit unserer neuen Frau an den Frühstückstisch setzen oder die Tür zu unserem neuen Arbeitsplatz aufstoßen, werden wir dies im Gespräch mit anderen nicht als *déjà-vu*-Erlebnis bezeichnen. So stark ist nämlich der Zwang, den unsere Gesellschaft der Entwicklung, dem Übergang vom Alten zum Neuen entgegensetzt, daß der Hinweis auf immer wiederkehrende phänomenale Merkmale sozialer Situationen von anderen meist feindselig aufgenommen wird. Wollte man der neuen Frau gegenüber eingestehen, daß man das Gefühl eines *déjà-vu* hat, so wäre dies unvereinbar mit der gesellschaftlichen Vorstellung, mit jedem ›Verlieben‹ nicht nur einen Fortschritt gegenüber früheren emotionalen Engagements zu machen, sondern auch in völlig neue Routinen und Rollen einzutreten. Während wir häufig von einem Gefühl der Routine sprechen, wenn wir unsere Unzufriedenheit mit dem Leben ausdrücken wollen, gilt andererseits das Neue als Voraussetzung von Glück. Stets muß es vorangehen. Mögen uns noch so viele Rückschläge treffen – immer geben wir das Alte auf und begrüßen das Neue. Kein Wunder also, daß wir das *déjà-vu*-Phänomen eher mit zufälligen Übereinstimmungen in der Umwelt denn in sozialen Beziehungen in

Verbindung bringen; Landschaften und Räume dürfen stillstehen und einander gleichen, doch von den Menschen und ihren Beziehungen nehmen wir an, daß sie sich weiterentwickeln. Da ist es zweierlei, ob man das Gefühl hat, hier schon einmal gewesen zu sein, oder ob man es sagt.

Die Ansicht, daß ›Vorwärts‹entwicklung und das Eingehen ›neuer Beziehungen‹ Garanten der psychischen Gesundheit seien, wird durch den psychoanalytischen Begriff des Wiederholungszwangs gründlich in Frage gestellt. Denn hier gilt der ›unermüdliche Drang‹ nach Veränderung und Perfektion nicht als Zeichen von Gesundheit, sondern von Neurose. Statt rastlos nach Neuheit zu suchen, nach Besserem oder anderem in der Zukunft zu streben, wird den Leuten empfohlen, sich mit den Freuden zu begnügen, die sie aus einfacher Wiederholung ziehen. Mit anderen Worten, sie sollen zum Zustand der Kinder zurückkehren: »[...] auch bei lustvollen Erlebnissen kann das Kind an Wiederholung nicht genug tun und wird unerbittlich auf der Identität des Eindrucks bestehen.«[1]

Gemeint ist dies: der Versuch des Menschen, Wiederholung zu vermeiden und Neues zu suchen, läßt sich im Rahmen der Verdrängung erklären. Solange der Mensch verdrängt, erscheint sein Streben nach Triebbefriedigung unvermeidlich. Mag er glauben, er bewege sich vorwärts, er bleibt doch durch die dauernde Last der Verdrängung, die er mit sich schleppt, an seine Vergangenheit gefesselt.

Unter den Bedingungen der Verdrängung begründet der Wiederholungszwang eine Fixierung an die Vergangenheit, die den Neurotiker der Gegenwart entfremdet und ihn zur unbewußten Suche nach der Vergangenheit in der Zukunft zwingt. Oberflächlich zeigt sich Neurose im Streben nach Neuheit; darunter freilich, auf der Ebene der Triebe, herrscht der Wiederholungszwang. Beim Menschen, dem neurotischen Tier, wendet sich der triebhafte Zwang zur Wiederholung ins Gegenteil, ins Streben nach Neuheit, und das unbewußte Ziel des Strebens nach Neuheit ist Wiederholung.[2]

Diese Betrachtungsweise stellt die Idee der Wiederholung in den Mittelpunkt, aber der Einzelne, der es mit wechselnden Szenen und Beziehungen zu tun hat, kann sich schwerlich darauf berufen. Es ist dies die Betrachtungsweise des außenstehenden Theoretikers, dessen Kenntnis der menschlichen Natur ihm gestattet, das Streben nach Neuheit und Fortschritt mit Ironie zu beobachten –

ähnlich wie wenn der Soziologe die Routine in den Lebensverhältnissen aufdeckt. Im Streben nach Neuheit mögen neurotische Elemente mit im Spiele sein, für Menschen in unserer Gesellschaft ist es oft der einzige Weg, sich über die Realität zu erheben, vom gedankenlosen Aufgehen in der Routine Abstand zu nehmen. Vielleicht ist es kulturell inakzeptabel oder zumindest gesellschaftlich anstößig, über Wiederholungserlebnisse zu sprechen, und doch bedrohen sie stets unsere dauernde symbolische Konstruktion der gegenwärtigen und zukünftigen Realität. Bisweilen beruhigt es uns, wenn wir auf die Frage, wie es uns geht, antworten können: ›Immer das gleiche.‹ Doch das Gefühl, daß alles sich wiederholt, kann sich bis zur Depression steigern; es kann sogar zum dominierenden Zug unseres Lebens werden; das Gefühl der Wiederholung kann die beherrschende Realität so tief durchdringen, daß wir unfähig sind, überhaupt noch zu handeln, weil wir befürchten, daß dies uns nur zu einem neuen Akt der Wiederholung brächte. In diesem privaten Alptraum ist eine Figur aus Doris Lessings Roman *A Proper Marriage* befangen:

»Sie konnte sich keinem jungen Mann, keiner jungen Frau nähern, ohne in ihnen ängstlich den Vater oder die Mutter zu suchen: so würde es immer enden, es gab keinen Ausweg für sie. Sie konnte keinem älteren Menschen begegnen, ohne sich zu fragen, welche unabänderlichen Einflüsse ihn so und nicht anders geschaffen hatten. Sie konnte keinen Schritt tun, keine anscheinend noch so neue und unvorhergesehene Handlung begehen, ohne heimlich zu fürchten, daß dieses Neue und Willkürliche sich schließlich doch als Teil des unausweichlichen Verlaufs erweisen würde, zu dem sie verdammt war. Kurz, sie war in den Klauen dieses großen bürgerlichen Monstrums, des Alptraums der Wiederholung.«[3]

Scripts – Drehbücher des Alltags

Warum haben wir diesen Eindruck von Ähnlichkeit, was ist Besonderes an bestimmten Situationen oder Episoden, das sie zumindest zeitweilig phänomenal gleich erscheinen läßt? Schauen wir uns einmal an, wie Rollen und Routinen in der sozialen Welt sich zu kohärenten Entitäten organisieren. Wir brauchen dazu kaum den Soziologen, der uns erklärt, daß wir verschiedene Rollen spielen, daß wir abwechselnd Vater, Geschäftsmann, Ehemann oder Ehebrecher sind. Allzu oft aber bezeichnen die Theoretiker diese

Rollen als Formen der Darstellung, die neben anderen Darstellungen bestehen. So werden Analysen der Beziehungen zwischen Vater und Mutter, Mutter und Sohn, Kaufmann und Kunde angefertigt, die beschreiben, wie die mit jedem Charakter verbundenen Regelhaftigkeiten ineinander greifen.

Dies aber ist, als wollte man Hamlets Geschichte erzählen, indem man aufzählt, welche Verpflichtungen die Charaktere gegeneinander haben. Es sagt uns nämlich nichts über die Gefühle der Charaktere oder den ›Plot‹ des Dramas, über seine Verwicklungen und Wendungen und seinen schließlichen Ausgang. Unser Leben erschöpft sich ja nicht darin, daß wir bestimmte Rollen spielen; diese Rollen gehören zu mancherlei größeren oder kleineren Dramen. Letztere wollen wir *Scripts* nennen, und die bloße Tatsache ihrer Allgegenwart wirkt mit ihrer beschränkten Anzahl zusammen und verursacht bei unserer Suche nach Neuheit jenes Gefühl der Wiederholung. Die Scripts verleihen unseren Routinen und Rollen Sinn und Bedeutung, sie schreiben uns vor, wie wir in jedem Augenblick handeln und fühlen sollen, sie teilen uns Einzelheiten über andere mit, denen wir in der jeweiligen Situation begegnen, und legen jeweils den nächsten Schritt der Spielhandlung, die nächste Wendung des Dramas fest. Das Script »definiert die Situation, benennt die Akteure und ordnet ihr Handeln zu einem Plot«.[4]

In vielen Bereichen unseres täglichen Lebens geraten wir nun in Situationen, für die es anscheinend kein Script gibt. Unser Weg zur Arbeit z. B. erfordert kaum, daß wir die Namen der beteiligten Akteure kennen oder daß ihr Verhalten sich zu einem Plot organisiert. Sobald wir allerdings in solchen Bereichen unseres Lebens, die wir als ›Projekte‹, ›zentrale Belange‹, ›Lebensplan‹ bezeichnen (z. B. Wohnung, Sex, Arbeit, Freizeit, Politik) mit anderen zusammentreffen, wirken wir in Miniaturdramen mit, in denen es wichtig ist, die Dinge zu definieren, den Leuten Namen zu geben und die Handlung zu organisieren.

Vielfach sind diese Dramen im Alltagsleben kaum als solche zu erkennen; sie erscheinen uns als natürliche Transaktionen. Aber Eric Berne und andere haben darauf hingewiesen, daß es bei solchen Routine-Interaktionen oft einen Plot gibt.[5] So schildert er z. B. das ›Hilfe-Vergewaltigung-Spiel‹, bei dem der eine Akteur, in der Regel eine Frau, starke kooperative Botschaften aussendet, die andeuten, daß sie an einer sexuellen Interaktion interessiert ist. Der Mann, dem diese Aufmerksamkeit gilt, wird alsbald Interesse zeigen und sich engagieren. Plötzlich aber gerät die Frau in Schrecken und Panik, weil der Mann es wagte, sich so zu verhalten. Er hat ihre Absicht mißverstanden und dadurch seine Animalität bewiesen. Verächtlich weist sie ihn zurück, während der Mann sich entschuldigt. Berne findet den Plot dieser Geschichte nun deshalb interessant, weil er darin ein gewisses Maß an Kollaboration der Partner entdeckt, einen stillschweigenden Pakt, den zwei Menschen schließen, von denen keiner es auf Sex abgesehen hat, die sich aber nicht anders mitteilen können – oder die nicht erkennen, daß sie gerade dies mitteilen wollen.

Uns geht es hier weniger um solche Wechselbeziehungen und ihre Deutung als vielmehr um die Idee, daß man auch in den allergewöhnlichsten Situationen einen Plot finden kann. Manchmal ist es kaum mehr als eine Episode oder ein Ritual – der Gutenachtkuß, der letzte Walzer, die Familienmahlzeit –, doch in jedem Fall stellen wir Elemente fest, die durch eine einfache Schilderung des Verhaltens nicht erfaßt werden. Bei diesen Episoden wird nämlich ein strikter Ablauf eingehalten, ähnlich wie bei Bernes Vergewaltigung-Spiel. Einige Mitglieder der Gruppe leiten eine Aktivität ein, andere reagieren darauf; die Frau sagt, ›Komm, spiel mit mir Hilfe-Vergewaltigung‹, der Mann fordert zum letzten Walzer auf, der Vater schneidet den Braten, und die Mutter reicht am Tisch die Teller herum. Es gehört sich, im Verlauf der Episode gewisse Emotionen zu haben: die Familie zeigt nach der Mahlzeit Befriedigung, das Mädchen schwelgt beim letzten Walzer in der Musik, die Frau kriegt beim ›Hilfe-Vergewaltigung-Spiel‹ irgendwann einen Wutanfall. Für jeden Schritt der Sequenz und für jeden der Charaktere sind bestimmte Emotionen vorgeschrieben.

Das Script einer Familienmahlzeit müßte viel mehr enthalten als eine Aufzählung der anwesenden Personen, der verzehrten Gerichte, der gesprochenen Sätze. Es müßte eine Vorstellung davon vermitteln, was eine Familienmahlzeit ist – eine Vorstellung, die von allen Anwesenden geteilt, wenn schon nicht artikuliert wird, eine Vorstellung, die es gestattet, die gespielten Rollen, die ausgedrückten Gefühle und das Arrangement zugleich zu verstehen. Falls das Script einigermaßen erfolgreich eingehalten wird, wird die Episode als ›richtig‹ empfunden. Sie wird als richtig empfunden, weil wir sie immer in dieser Form erlebt haben. Sie ist das Beispiel einer Wiederholung, die keines Kommentars bedarf, denn Neuheit haben wir dabei weder erwartet noch gewünscht. Ja, jedes neue oder unerwartete Element im Script löst Ängste aus.

Falls wir uns aber in eine Situation begeben, um darin Neues zu suchen, und dann auf Vertrautes stoßen, so bedroht uns der Alptraum der Wiederholung. Das Gefühl eines *déjà-vu*, einer Wiederholung, das unser Bewußtsein in solchen Momenten befällt, resultiert aus dem Wiedererkennen des Scripts: obwohl die Besetzung verändert, die Szene umgebaut und die Requisiten ausgetauscht sind, müssen wir erkennen, daß die Situation, der Plot und die von den Akteuren gespielten Rollen im Grunde dieselben sind. Es ist keine Ähnlichkeit zwischen konkreten Personen und Ereignissen, sondern zwischen den symbolischen Vorstellungen von diesen Dingen. Die Häufigkeit, mit der solches Wiedererkennen des Scripts geschieht, beweist nicht, daß ein innerpsychischer Zwang zur Wiederholung bestünde, sondern daß die Anzahl der Scripts, die unsere Gesellschaft bietet, beschränkt ist.

So gibt es z. B. nur eine beschränkte Anzahl von sexuellen Scripts. Ähnlich wie bei anderen Scripts stellen wir fest, daß nur einige Mitglieder der Gesellschaft selbst-bewußte Kenntnis aller dieser Scripts haben, während andere vielleicht nur ein Script kennen und dieses eine als ›natürlich‹, als ›einzig mögliches Verhalten‹ betrachten. Das Script ›Edler Wilder‹ z. B. sieht vor, daß eine Vielfalt von Situationen als sexuell definierbar ist, wobei der eine Akteur den Helden und der andere das Opfer zu spielen hat. Das Script ist verfehlt, wenn der Held nicht schnell zum Orgasmus kommt oder wenn er Interesse für die Gefühle des anderen verbalisiert. Die Handlung läuft stürmisch ab, und der Orgasmus wird wie das Zielband bei einem Geländerennen erreicht. Nach dem Orgasmus ist die Sache vorbei. Hier endet das Script. Die sexuelle Situation ist ›gelaufen‹. Man beachte, daß das Script nicht einfach das Verhalten definiert. Nicht daß beim Script ›Edler Wilder‹ verschiedene anatomische Stellungen vorgeschrieben wären, vielmehr ist es so, daß man zum Tier wird und sich wie ein Tier verhält und seine physische Reaktion dadurch erzielt, daß man sich selbst als Tier sieht.

Auch ein scheinbar so einfaches Script wie das oben beschriebene setzt detailliertes Lernen voraus. Wie Gagnon und Simon feststellen: »Bei dem Script geht es darum, die Bedeutung innerer Zustände zu erlernen, die Abfolge spezifisch sexueller Handlungen zu organisieren, neue Situationen zu dechiffrieren, sexuelle Reaktionen zu begrenzen und die Verbindung zur Bedeutung nicht-sexueller Erfahrung herzustellen.«[6] Es gibt keine ›natürlichen‹ sexuellen Gefühle oder ›natürlichen‹ sexuellen Situationen – oder gar ›natürliches‹ sexuelles Verhalten. Wer in diesem Zusammenhang Wendungen wie ›natürlich‹ gebraucht, zeigt nur, daß er nichts von alternativen Verhältnissen weiß.

So gibt es auch keine natürlichen häuslichen Gefühle, die sich einstellen würden, sobald wir uns mit einem Glas Bier vor den Fernseher setzen, oder natürlichen Berufs- und Freizeitgefühle, die durch bestimmte Situationen unvermeidlich hervorgerufen würden. Wenn wir unseren Text für die vielfältigen Dramen lernen, in denen wir auftreten, dann müssen wir auch ganz genau lernen, welche Gefühle wir in einer bestimmten Situation und an einem bestimmten Punkt des Handlungsverlaufs haben sollen. Denn in jeder sozialen Situation hat die Analyse des eigenen Gefühlszustands Vorrang: ›Bin ich glücklich?‹ ›Bin ich traurig?‹ – dies sind typische Fragen, die wir uns stellen. In Wirklichkeit aber fragen wir: ›Sollte ich mich glücklich fühlen?‹ ›Sollte ich mich traurig fühlen?‹ Dies können wir nicht feststellen, indem wir in unseren Bauch hineinhorchen, sondern nur indem wir im Script nachlesen, wo unsere Rolle steht. Vollständig lautet die Frage dann: ›Vorausgesetzt, daß ich mich in dieser Szene des Scripts befinde und daß ich diese Figur spiele, sollte ich mich dann glücklich fühlen?‹

Keine Situation weckt gänzlich neue Gefühle. Wir können nicht schlechthin neue Erfahrungen haben; es ist nicht möglich, plötzlich Haschischraucher zu werden, wie es auch nicht möglich ist, sich unvermittelt zu verlieben oder Mystiker zu werden. Diese Erfahrungen setzen nicht nur neue Techniken voraus, die sich erlernen lassen, so wie man Autofahren lernt, sondern auch eine neue Auffassung von uns selbst als Figur in einem neuen Drama, ein Verständnis des Plots dieses Dramas sowie die Fähigkeit, gewisse innere Zustände als ›high‹ oder ›ekstatisch‹ oder ›sexy‹ zu bezeichnen – je nach der Szene im Ablauf der Ereignisse; ferner die Fähigkeit, alle diese Dinge mit den Gefühlen und Bedeutungen der anderen Mitspieler zu koordinieren, sowie die Fähigkeit, die Erfahrung zu einem sichtbar erfolgreichen Abschluß zu bringen.

Es gibt nun bestimmte Formen des Drogengebrauchs, des Sichverliebens, der Fürsorge für die Kinder, des Urlaubs auf dem Land, des Flanierens in der Stadt und der Beschäftigung mit Mystik, die Bestandteil der Massenkultur sind. Diese sind sozusagen die *Oberscripts*, nach denen alle anderen beruflichen, Freizeit-, Romanzen- und häuslichen Scripts sich richten müssen. Das besagt freilich nicht, daß wir diese Oberscripts zwangsläufig befolgen. Was wir meinen, ist vielmehr die Möglichkeit, sie uns bewußt zu machen, und diese Möglichkeit ist deshalb gegeben, weil sie in unserer Gesellschaft allgegenwärtig sind. Oftmals können wir unsere eigenen Scripts bewußt gegen diese Oberscripts abfassen und aktiv unsere Absage an die üblichen Plots und Rollen artikulieren. Wir können z. B. unscrem Nachbarn versichern, daß wir, wenn wir uns verlieben, nicht diesen Quatsch vom Mond im Mai mitmachen. Und doch ist, wie wir sehen werden, das aufgrund dieses Entschlusses konstruierte Gegenscript wesentlich durch das Oberscript bestimmt.

Die Mittel, die wir einsetzen, um uns vom Oberscript zu distanzieren – Witze, Ironie und Übertreibung –, sind nur ein weiterer Beweis für seine hervorragende Bedeutung. Ähnlich wie Gewohnheit und Routine uns sogar in Bereiche verfolgen, wo wir ›frei‹ und ›undeterminiert‹ zu sein meinen, dringen auch die Scripts in die wichtigsten und innersten Schächte unserer Erfahrung ein. Gefühle und Bedeutungen, Beziehungen und Erfahrungen, Belehrungen und Bekehrungen sind nicht willkürliche Zutaten, die jeder Einzelne bei seiner Suche nach Neuheit aufs neue mischen könnte; vielmehr sind sie in begrenzte Systeme symbolischer Bedeutungen eingebettet, deren flüchtige Erscheinung uns anfangs vielleicht mit dem Versprechen der Neuheit verführt. Doch die Illusion ist häufig nur kurz. Die Besonderheit der neuen Welt schwindet rasch. Sie war, ach, nur ein Teil des alten Kontinents.

»Ich dachte mir das Leben als in einzelne Fächer unterteilt, bestehend z. B. aus dualistischen Abstraktionen wie Lust und Schmerz, Liebe und Haß, Freundschaft und Feindschaft; und aus eher materialistischen Klassifikationen wie Arbeit und Spiel. [...] Diese Illusion – und das war diese Auffassung, wie sich zeigen wird – hing eng mit einer anderen Überzeugung zusammen: daß nämlich unsere Existenz endlos in neue Erfahrungsbereiche ausgreift, daß fast alles, was wir zusätzlich kennenlernen, uns eine zusätzliche Welt mit ihren eigenen Gefahren und Freuden bietet. Mit der Zeit rücken diese angeblich verschiedenen Welten natürlich enger zusammen, wenn schon nicht aufeinander zu, so doch in Richtung auf ein allen gemeinsames Muster; so daß schließlich ihre Vielfalt, falls diese wirklich besteht, kaum noch wahrnehmbar ist, außer in groben äußerlichen Formen: jeder Vollzug von Ursache und Wirkung, auch wenn es vordem undenkbar erschien. Mit anderen Worten, fast alle Bewohner dieser äußerlich unverbundenen Reiche erweisen sich schließlich als untrennbar miteinander verbunden; und auch Liebe und Haß, Freundschaft und Feindschaft sind immer weniger klar definiert, und oft scheint es, als besäßen sie Merkmale, die, gelinde gesagt, nicht das mindeste miteinander gemein haben; während Arbeit und Spiel untrennbar zu einem komplizierten Gefüge von Lust und Überdruß verschmelzen.«[7]

Ursprung der Scripts

Bislang sprachen wir allgemein von ›äußeren Modellen‹, ›Leitmetaphern‹, ›Oberscripts‹, von denen die Scripts des häuslichen, beruflichen, sexuellen Verhaltens, der Freizeit und des Lebens abgeleitet sind. Jetzt müssen wir deutlicher werden. Was ist der Ursprung dieser Scripts?

Ihr Autor ist in erster Linie die Volkskultur. Tag für Tag wohnen wir ungezählten Dramen bei – alle mit sorgfältig gezeichneten Charakteren, Plots und Höhepunkten. Manche dieser Modelle sind explizit. Der Comicstrip in der Morgenzeitung, der aktuelle Bericht im Wochenmagazin, der Roman, den wir in der Mittagspause lesen, die Kurzgeschichte in der Abendzeitung, die Thriller und Komödien, die abends im Fernsehen laufen – sie alle sind strukturierte Abläufe von Ereignissen, die einen Bezug zu Heim, Sexualität, Arbeit und Freizeit haben.

Abgesehen von diesen Dramen, bei denen Plot, Charaktere und Auflösung ganz offenkundig sind, gibt es eine Vielzahl von Dramen, die uns täglich durch Nachrichten, Horoskope und Werbung in den Medien erreichen. Die Soziologen sind eifrig bemüht, die Helden und Plots dieser Dramen aufzuzeigen, indem sie beweisen, daß noch die nüchternste Nachrichtenmeldung eindeutig typisierte Charaktere enthält, die in vorhersagbarer Weise und mit determinierten Konsequenzen handeln. Mag sein, daß wir Soziologen brauchen, die uns zeigen, daß auch solchem Material Scripts zugrunde liegen, aber zweifellos werden diese oft auch von Leuten als Dramen erlebt, die nicht imstande wären, sich das Theatralische an ihnen explizit bewußt zu machen. Mitunter haben wir sogar das Gefühl, daß Dinge, die uns widerfahren, der Nachrichtenmeldung oder dem Werbespot im Fernsehen ganz ähnlich sind; doch auch wenn dieses Gefühl sich nicht einstellt, verstärkt das Modell unsere Bereitschaft, Emotionen und Aktivitäten dramatisch zu verknüpfen.

Das Vorhandensein so vieler Scripts hat eine zweifache Wirkung.

Nicht nur daß die universelle Verbreitung dieser dramatischen Form Einfluß darauf hat, wie wir unseren Tageslauf organisieren, sondern die Plots selbst werden als spezifische Schablonen übernommen, an denen wir die Abläufe des Alltagslebens messen.

Familien versuchen, sich wie die Waltons zu benehmen, Ehen entwickeln sich wie in *Wer hat Angst vor Virginia Woolf?*, eine ganze Generation von Heranwachsenden strebt Holden Caulfield aus *Fänger im Roggen* nach, manche Frauen werfen sich in Posen, die deutlich an Anna Karenina, Madame Bovary oder Hedda Gabler erinnern, Mittelschicht-Intellektuelle handeln wie Herzog. Ja, die Inszenierung von literarischen Scripts ist so allgemein üblich, daß Bemerkungen darüber Gemeinplatz – ›Willst du schon wieder deine Madame-Bovary-Szene abziehen?‹ – und sogar eine eigene Meta-Metakunstform geworden sind. Wir kennen John Barth' Figuren, die stets so agieren, als wären sie Figuren aus anderer Leute Romane, und Filme über Männer, die ihr Leben nach einem Humphrey-Bogart-Script leben. Solche Modelle vermehren die Gefahr, daß ein *déjà-vu* uns überkommt: Hier sind wir schon einmal gewesen – nur daß dieses ›Hier‹ in einem Film war. Das Erlebnis der ›altbekannten Realität‹, das der Mann hat, der neben seiner Geliebten im Bett erwacht, eine Tasse Kaffee gereicht bekommt, ins Bad geht, um sich vor einem zersprungenen Spiegel zu rasieren, tritt nicht deshalb ein, weil all das schon früher einmal geschehen wäre – vielleicht ist's nicht einmal geschehen –, sondern weil er diese Geschichte aus einem Song von Dory Previn kennt.

In mancher Hinsicht ist die Idee der Scripts eng verwandt mit Kenneth Burkes ›dramatischer Pentade‹ – Akt, Szene, Akteur, Motiv und Zweck –, denn all diese Elemente sind sicherlich fundamentale Bestandteile jedes Scripts.[8] Burke wies diese Elemente in allen Grundformen des Denkens nach, mittels deren Menschen die Welt erleben: »in komplizierten metaphysischen Gedankengebäuden, im juristischen Urteil, in Poesie und Fiktion, in politischen oder wissenschaftlichen Werken, in den Nachrichten und in zufällig aufgeschnappten Gerüchten«. In diesem Buch aber geht es uns um konkretere, individuellere Belange. Wir interessieren uns für jene Gelegenheiten, da der Einzelne solche dramatische Qualitäten bewußt begreift, da er spürt, daß er die symbolische Beziehung zwischen Akt, Szene, Akteur, Motiv und Zweck schon einmal erlebt hat, sei es im Traum, in der Vergangenheit oder in einem Produkt der ihn umgebenden Kultur.

Scriptbewußtheit

Es gibt Anlässe, wo uns die dramatische Konstruktion mancher wichtiger Lebensbereiche deutlich bewußt wird – Anlässe, wo wir gewisse Verhaltensroutinen gleichsam vom Regiepult her betrachten und sie in dramatische Form bringen. Gewisse Aspekte des Lebens erscheinen wohl allen Menschen wie nach dem Script geplant. Hochzeits- und Trauergäste oder Flitterwöchner z. B. können kaum die dramatische Qualität des Anlasses ignorieren – das Gefühl, daß die Szene ›gespielt‹ wird, nicht einfach geschieht. Aber auch an soviel ›natürlicheren‹ Ereignissen wie etwa Einstellungsgesprächen, dem häuslichen Leben, der Liebeswerbung oder Ferien auf dem Land erkennen wir feststehende dramatische Qualitäten. Manche Menschen werden, da sie mit solchen Ereignissen besser vertraut sind, auch deren scriptartigen Charakter eher erkennen:

»Die theatralische Qualität des Lebens, die fast jeder für selbstverständlich hält, wird offenbar am konkretesten von denen wahrgenommen, die sich eher am Rande dieser Ereignisse sehen, entweder weil sie die Rolle des Zuschauers einnehmen oder weil sie, obwohl anwesend, noch keine Rolle zugewiesen erhielten oder diese nicht genug gelernt haben, um sich unter die Akteure zu mischen.«[9]

Vor einiger Zeit testeten wir die Fähigkeit des ›Alltagsmenschen‹, sich solche Scripts bewußt zu machen; dabei benutzten wir einen von Eric Berne erfundenen Fragebogen, bei dem die Leute gefragt wurden: ›Falls Ihre Familie auf der Bühne stünde, welches Stück würden Sie spielen?‹ Den Befragten fiel es nicht leicht, sich mit diesem Phantasieproblem auseinanderzusetzen. Verschiedene Standardantworten kamen sofort: ›einen Horrorfilm‹, ›eine häusliche Tragödie‹, ›eine Farce‹, ›ein Küchendrama‹, ›eine blutige Tragödie‹, ›eine Sittenkomödie‹, ›ein absurdes Theater‹. Anscheinend sind viele von uns in der Lage, komplizierte Beziehungen und Verhaltensweisen als theatralische Konvention zu begreifen; wir erkennen, daß es möglich ist, das Leben als eine Folge von Dramen aufzufassen, jedes mit eigenen Charakteren und seinen typischen Scripts.

Diese unsere Fähigkeit, das häusliche Leben in dramatischer Form zu schildern, braucht uns nicht zu verwundern. Denn solche Modelle sind nicht nur abstrakte Vorstellungen, sie bilden tatsächlich Bezugspunkte des täglichen Familienlebens. Die Familienmitglieder richten sich in ihrem Verhalten nach den Scripts, die stets über ihre individuelle Situation hinausweisen. Derlei ›entlehnte‹ Elemente helfen ihnen sogar, ihre Rolle zu spielen, und steigern deren Bedeutung. Der Mann, der das Script ›Edler Wilder‹ spielt, ist weit entfernt von seinem häuslichen Mief und beschläft als Steve McQueen alle Frauen dieser Welt; die in zärtlicher Einheit versunkenen Liebenden entschweben aus ihrem Bett in eine großartig-pantheistische Orgie mit Himmel und Erde und Meer. Und während Papa und Mama und die Kinder sich auf der Terrasse zum Frühstück niedersetzen – ›Und wieder beginnt ein glücklicher Tag der Kellog-Familie‹ –, macht droben im Zimmer der halbwüchsige Sohn seine Morgengymnastik: er probt vor dem Spiegel sein Holden-Caulfield-Gesicht. Da es so viele kulturelle Modelle gibt, wird eine wachsende Zahl alltäglicher Erfahrungen symbolisch aufgewertet. Mag sein, daß das äußere Modell im Einzelfall nur unvollkommen erreicht wird; ein kleiner Mangel im Bühnenbild, ein Verhaspeln im Text, einer der Mitspieler verpennt das Stichwort – all dies kann die Szene stören, mit komischen oder tragischen Konsequenzen. Aber für unser Argument ist es gleichgültig, ob ein Script perfekt gespielt wird oder nicht. Worauf es uns ankommt, ist dies: die Allgegenwart solcher Scripts bedeutet, daß die an einer Interaktion Beteiligten sie meist zwangsläufig berücksichtigen.

Solange wir die Wiederholung fraglos hinnehmen, ist unser gelegentlicher Eindruck, daß wir altbekannte Scripts spielen, nicht weiter problematisch. Vielleicht freuen wir uns sogar, daß dadurch unsere Erfahrung symbolisch überhöht wird. Doch wenn es uns um Veränderung zu tun ist, wenn wir nach Neuheit streben und daher neue Partner und neue Situationen suchen, und wenn uns gleichwohl das Gefühl der Wiederholung beschleicht, dann bedrückt uns die hartnäckige Regelhaftigkeit unseres Lebens, die Organisiertheit der Symbole, die das, was eigentlich unsere neue Zukunft sein sollte, dem Würgegriff der Vergangenheit ausliefert. Auf einmal erscheinen ›Spontaneität‹ und ›Originalität‹ unerreichbar. Sie sind eben doch nicht nur Alternativen, denen wir uns früher verschlossen.

Während also Modelle außerhalb der jeweiligen Situation die Chance eröffnen, uns über die Routine zu erheben, und damit einen scheinbaren Ausbruch aus der Routine ermöglichen, bedroht gerade ihre heimtückische Allgegenwart die Neuheit der Situationen, die von Individuen hergestellt werden, die aus ihren gewohnten Verhältnissen ausbrechen wollen.

Manipulation der Scripts

Wir können unsere Sexualpartner, unsere Jobs, unsere Hobbies, unsere bevorzugten Ferienziele noch so oft wechseln – immer wieder kommen uns Scripts von früher in die Quere. Meist beziehen sie sich auf einzelne Bereiche unseres Lebens: die Neuheit einer neuen Frau wird beispielsweise durch das Gefühl der Wiederholung erschüttert, das sich einstellt, weil wir finden, daß noch immer die gleichen Scripts unsere häuslichen, Freizeit- oder sexuellen Interaktionen beherrschen. Manchmal aber müssen alle Lebensbereiche – gleichgültig wie eifrig wir deren Bestandteile auswechseln – einem, wie Berne sagt, ›Lebensscript‹ gehorchen: jenem Script also, das nicht nur Regieanweisungen für Sex, Arbeit und Freizeit enthält, sondern für die gesamte Entwicklung unserer Persönlichkeit. Vorhandene Modelle wie etwa der marginale jüdische Intellektuelle oder der gestrauchelte katholische Sünder können das Leben des Einzelnen so stark infiltrieren, daß er auch mit noch so viel Rollenwechsel und Routineersatz nicht dem Gefühl entrinnt, dies alles sei, trotz aller Neuheit der Situationen und Verhaltensweisen, schon viele Male dagewesen.

Erkennen wir in dem, was gemäß unserer optimistischen Hoffnung eine neue Erfahrung sein sollte, altvertraute dramatische Muster, so braucht dies nicht unvermeidlich zur Folge zu haben, daß wir uns enttäuscht vom jeweils aktuellen Projekt abwenden. Ähnlich wie die Routine sind auch die Scripts der geistigen Manipulation zugänglich. Wenn das, was uns einst natürlich erschien, nunmehr von einem Gefühl des *déjà-vu* überschwemmt wird, können wir immer noch versuchen, Neuheit herzustellen, uns die Welt fernzuhalten und unsere Identitätsarbeit zu erneuern, indem wir eine andere Stellung zum ablaufenden Drama beziehen. Wir können z. B. zum Script ›Verlieben‹ zurückkehren.

Dabei mag der Handlungsablauf, die den inneren Zuständen beigelegte Bedeutung sorgfältig auf altbekannte kulturelle Modelle abgestimmt sein. Aber obgleich das Script so populär ist und folglich massenhaft Szenen und Rollen zur Verfügung stehen, die uns helfen, es zu befolgen (der Park im Frühling, strahlender Mond, schnelle Autos, sanfte Musik), besteht ein starker Zwang, das

Script für einmalig zu halten. Wir erwarten, daß wir ›ganz natürlich‹ verliebt sind, daß wir gar als einzige ›wirklich‹ verliebt sind. Doch obwohl dieser routiniert unreflektierte und engagierte Verhaltensstil beim ersten Durchlauf des Scripts kulturell gebilligt sein mag und sogar, wenn auch mit Schwierigkeiten, durchgehalten wird, läßt er sich bei der zweiten Vorstellung schon weniger leicht befolgen. Denn das Script ›Verlieben‹ ist so sehr durchdrungen von Vorstellungen wie Einmaligkeit und Neuheit, daß selbst Partner, die es zum zweiten oder dritten Mal spielen, sich verpflichtet fühlen zu bekunden, es sei diesmal etwas völlig Neues für sie. Mag es auch bei einer so ›natürlichen‹ Sache paradox erscheinen, man kann solche Neuheit anstreben, indem man sie mit einem gewissen Maß an Selbstbewußtheit aufnimmt. Das tatsächlich gezeigte Verhalten unterscheidet sich kaum, aber die Beteiligten erklären, daß die Sache diesmal von den früher gespielten Scripts insofern abweicht, als beide fähig sind, ein paar Zeilen ihres Textes in distanzierter Manier zu sprechen. Ist der Augenblick für das Liebesgeständnis gekommen, so fällt der Mann vielleicht ironisch aufs Knie oder macht affektiert den Akzent von Charles Boyer nach. Das Geständnis wird trotzdem gemacht, und vielleicht wird es auch als solches akzeptiert – beide haben jedoch das Gefühl, sie seien aus der abgestandenen Konventionalität des ›Verlieben‹-Scripts ausgebrochen, das vorschreibt, daß solche Angelegenheiten zögernd, verlegen und mit echtem Engagement vorgebracht werden müssen.

Hat auch dieses selbst-bewußte Spielen nach dem ›Verlieben‹-Script alle Neuheit verloren, so können wir immer noch eine dritte Form der geistigen Manipulation zu Hilfe nehmen. Da haben wir z. B. die mittelalten Partner, die nach etlichen Inszenierungen dieses reflektierten Spiels, genannt Verlieben, jetzt endlich ihre ironische Haltung aufgeben und bekennen, daß solche Selbstbewußtheit das wahre Wesen der Erfahrung beeinträchtige. Lieber pfeifen sie auf ihre Zweifel, sprechen den Text so, als meinten sie ihn, freuen sich auf die Hochzeitszeremonie und nehmen sogar begeistert die geschmacklosen Hochzeitsgeschenke in Empfang.

Die geistige Manipulation der Scripts ist zwar schwieriger als die der Routinen, aber die Techniken sind im großen und ganzen die gleichen. Denn die Scripts beherrschen, wie gesagt, die Schlüsselbereiche unseres Lebens, wo wir ›wirklich leben‹, während wir die Routine leichter als unvermeidliches Treibgut unserer Alltagsexistenz einordnen können – eben als Dinge, die getan werden müssen, bevor wir uns anschicken können, ›wirklich zu leben‹.

Es ist nicht sonderlich schwer, auf die Büro-Monotonie oder die Arbeit am Fließband mit Distanzierungstechniken zu antworten, denn solche Routinen betrachten wir nicht als natürlich oder als notwendig für unsere Selbstverwirklichung, als Belange unserer Identität oder unserer Entfaltung. Mit den Scripts indes verhält es sich umgekehrt; wollen wir sie geistig manipulieren, dann müssen wir Situationen, die uns sonst ganz natürlich erschienen und für sich selbst sprachen, mit dem Gefühl gegenübertreten, daß ›alles auch anders sein könnte‹. Außerdem müssen wir uns dabei nicht nur (ähnlich wie bei der geistigen Manipulation der Routine) die Strukturiertheit bestimmter Aktivitäten bewußt machen, sondern auch das Netz von Symbolen, das diese Aktivitäten zusammenhält, sowie alternative Scripts, die ebenso nachdrücklich kulturell geprägt sind wie das eine, an das wir uns im Augenblick halten.

Einzelne Szenen des Dramas (wie der Gutnachtkuß) oder simple soziale Dramen (wie die Familienmahlzeit) sind durch geistige Manipulation unschwer zu transzendieren, solange wir diese Miniaturscripts als in sich begrenzt auffassen. In diesem Sinn ist ein Ausbruch aus dem Alptraum der Wiederholung, den die Scripts uns verursachen, allemal möglich. Doch sie sind eben nur selten in sich begrenzt, und außerdem muß der Einzelne erkennen, daß – ähnlich wie seine Rollendistanzierung strukturiert und routiniert ist – auch seine Scriptmanipulation in höchst vorhersagbarer Weise geschieht. Der marginale jüdische Intellektuelle z. B. wird mit Anstand die geschmacklose Weihnachtsfeier hinter sich bringen, die seine besser integrierten Kinder verlangen. Aber wie soll er aus dem Script ›marginaler jüdischer Intellektueller‹ aussteigen? Da hilft ihm die Relativierung seines Lebensscripts; doch die Lektüre von Autoren wie Roth, Bellow und Richler bringt ihn nicht weiter, solange er nicht ein neues Script findet, das ihn aus dem gegenwärtigen Wiederholungskreislauf hinausführt.

Stellen wir uns eine vertraute Szene vor, um zu zeigen, wie die Manipulation der Scripts funktioniert. Samstag abend sitzen wir im Wirtshaus und trinken ein Bier. Ein Freund kommt herein und liefert gleich das Script für die Szene mit: ›Hallo Freunde, Samstagabendsause, was?‹ Mit unserer Entgegnung zeigen wir, daß wir uns von dieser Einordnung distanzieren können. Wir brechen aus dem Script aus, indem wir uns bewußt auf ein anderes beziehen: ›Aber woher denn, nur mal die Sorgen runterspülen!‹ An diesem Punkt ist unser Freund so ungeschickt, auf unser Script einzugehen. ›Wie sich's gehört für etablierte Soziologen, die bei Fakultätsversammlungen den wilden Mann spielen.‹ In Situationen, in denen es nicht gelingt, uns auf unsere Scripts zu beziehen, in die wir unser Verhalten einordnen könnten, bleibt uns nichts anderes übrig, als entweder den dramatischen Rahmen zu akzeptieren, den der Außenstehende uns anbietet, oder zu leugnen, daß es in der Situation überhaupt so etwas wie ein Script gibt: ›Wir heben nur mal schnell auf dem Heimweg ein Bier.‹ Mit anderen Worten, unsere Handlungen haben keinerlei besondere Bedeutung und eignen sich daher nicht für symbolische Bezüge. Sie sind schlicht Routine, nichts sonst.

Fassen wir zusammen. In diesem Kapitel ging es uns bisher darum, die Dichte des sozialen Lebens anzudeuten. Während wir im zweiten Kapitel den Menschen in seinen Rollen und Routinen eingesperrt zeigten und ihm nur erlaubten, sich durch subjektive Einstellungen für kurze Augenblicke herauszuwinden, stellen wir ihn in diesem Kapitel in ein noch komplizierteres Labyrinth, indem wir nämlich nachweisen, daß auch die Abweichung von bestimmten Rollen und Routinen ihm nicht hilft, aus der Falle zu entkommen. Stets kann ein *déjà-vu* in die neue Situation einbrechen. Und was ihm zuerst spontan erschien, ist im Grunde nur die Variante eines alten Themas. Der neue Partner fängt an, einen altvertrauten Text zu sprechen; die Akte des Dramas laufen in vorhersagbarer Folge ab. Und wieder will das umzingelte Individuum sich frei machen. Je mehr ihm das Script bewußt wird, desto emsiger bemüht es sich um eine andere Einstellung dazu, um seine Freiheit zu beweisen.

Scriptvermeidung und Scriptwechsel

Glücklicherweise liegt es in der Natur der Scripts, daß sie mehr Ausbruchschancen anbieten als die Routinen. Wir können z. B. unsere Gewohnheiten und Routinen nicht einfach dadurch verändern, daß wir sie neu anordnen. So wäre es z. B. ziemlich sinnlos, wollten wir der Routine dadurch zu entrinnen suchen, daß wir rückwärts zur Arbeit laufen oder die Morgenpost erst am Abend öffnen oder den Leuten im Büro zum Abschied ›Guten Morgen‹ nachrufen. (Wir müssen allerdings lobend anerkennen, daß Leute wie Luke Rhineharts Würfler – einer der Helden unseres Buches –

in seiner ›Nationalen-Gewohnheits-Brech-Woche‹ solche und ähnliche Ausbruchsversuche erprobt haben: in Blumentöpfe statt ins Klo pinkeln, rückwärts zur Arbeit laufen, die Gattin *unterm* Bett lieben.)

Mit den Scripts verhält es sich anders. Mitspieler, die den ganzen Text des Dramas auswendig kennen, mögen das Spiel frei improvisieren, die Darbietung unterschiedlich stilisieren, Textzeilen vertauschen und Charaktere umbesetzen. Die kausale Folge läßt sich auch umkehren: Wir können das ›Verlieben‹-Script mit einem Heiratsantrag eröffnen, obwohl die Bekanntschaft erst ein paar Sekunden alt ist. Auch die *personae dramatis* lassen sich vertauschen, etwa wenn in einem sexuellen Script die Frau sich auf den Mann wirft und so tut, als hätte sie einen maskulinen Orgasmus. Man kann zeitweilig Passagen aus anderen Scripts übernehmen, z. B. wenn Haschischraucher den Joint spaßhaft imitierend wie eine Schnapsbuddel kreisen lassen oder wenn Verliebte einmal kurz Arzt und Krankenschwester oder Mutter und braves Kind spielen. Derlei Improvisationen erlaubt das Oberscript ohne weiteres, doch nach der symbolischen Exkursion kehren die Partner zum Originalplot zurück, und sie sind befriedigt, weil sie bewiesen haben, daß ihr Verliebtsein, ihr Geschlechtsverkehr oder ihr Haschischrauchen mehr ist als die determinierte Aktivität, als die sie vielen erscheinen mag.

Bei solcher Scriptmanipulation bieten sich den Mitspielern viele Möglichkeiten, zu zeigen, daß sie selbst-bewußt an das jeweilige Projekt herangehen. Sie bekunden so nicht nur, daß sie die Inszenierung des Scripts selbst zu dirigieren vermögen, sondern sie tun dies auch in unterschiedlichen Stilformen. Die Mitspieler können sich z. B. einigen, die Situation ironisch, sarkastisch oder zynisch auszulegen.

Bei Parties und anderen Zeremonien finden wir nicht selten zynische oder ironische Subkulturen. Die Mitglieder dieser Gruppen geben einander im Lauf des Abends zu verstehen, daß sie das Script spielerisch improvisieren. Vielleicht legen sie übertriebene Höflichkeit an den Tag, oder sie pflegen absichtlich eine äußerst banale Konversation. Ist dann die Szene vorbei, wechseln die Mitglieder dieser Subkultur kurz auf eine andere Gesprächsebene, um sich ihre Scriptbewußtheit zu bestätigen. Oft freilich geht es subtiler zu: Die Ironie ist kaum wahrnehmbar und dient nur dazu, dem einzelnen Darsteller die Einzigartigkeit seines Auftritts im Rahmen des altvertrauten Scripts zu bestätigen. In anderen Fällen wieder spielen die Darsteller ›vom leeren Blatt‹ und lassen in völlig vertrauten Situationen durchblicken, daß sie ›nicht wissen, was jetzt kommt‹ und daß sie das nächste Stichwort vom Partner erwarten.

Ein anderes Mittel, um konventionelle Situationen mit Originalität zu würzen, ist der Scriptwechsel. Er bietet die Möglichkeit, traditionellen Verhältnissen neue emotionale Signale aufzupropfen und selbst in der Wiederholung das Neue zu betonen. Solcher Scriptwechsel kann z. B. eine erotische Funktion erfüllen, etwa im Fall der Praktiken, die die Eheberater zur Wiederbelebung eines erschlafften Geschlechtslebens empfehlen. Da wird der Rat erteilt, Gatte und Gattin sollten wieder einmal ›stilvoll ausgehen‹, mit Theater und teurem Essen usw., und dann, statt nach Hause zu gehn, über Nacht als Nutte und Freier in einem verrufenen Stundenhotel absteigen. Alles soll darauf abgestimmt sein, den Kontrast zu betonen: Das Hotel wird aufgrund seines beziehungsreichen Namens gewählt (Gasthof Zum Paradeis in Tripperau), die Gattin steckt den Ehering weg, man trägt sich unter falschem Namen ins Gästebuch ein. Die Schwierigkeit bei solcher Scriptkontrastierung ist, daß sie zu Unklarheiten über die Gültigkeit der verschiedenen Scripts führen kann. Die Sache mit dem Stundenhotel z. B. funktioniert ganz gut, solange die Frau sich nicht völlig aufs Nuttenscript festlegt, so daß gewisse Elemente des Ehescripts, gegenseitiges Verständnis und Zärtlichkeit, nicht mehr gewährleistet sind.

Bei anderen Anlässen kann der Scriptwechsel normalen Gepflogenheiten eine komische, ja sogar hysterische Tönung verleihen. Oft genügt schon ein einziges Element aus einem fremden Kontext, um diesen ›Urlaub vom Script‹ zu zerstören. Die Gattin sitzt am Küchentisch, bereit für das Abendbrot. Auftritt der Gatte, mit einer Flasche Wein, stellt sich in Kellnerpose neben den Tisch, bietet die Flasche zur kritischen Inspektion. Damit ist die Einladung zum Abweichen vom Script ergangen. Falls sie angenommen wird (und selbstverständlich kann sie auch abgelehnt werden: ›Sei nicht albern, Michel, setz dich hin und schenk ein!‹), kann sie zu den seltsamsten Ergebnissen führen. Gegenstände verwandeln sich (Backbohnen zu Kaviar), werden zweckentfremdet (Kohlenschaufeln als Violinen, Stühle als Tanzpartner), die äußerlichen Standardrollen werden verkehrt oder ironisiert, besondere Namen werden erfunden.

Obwohl solche Beispiele von Scriptkontrastierung und Scriptwechsel von den Mitspielern leicht als absurd, lächerlich, unpassend oder ›persönlichkeitsfremd‹ empfunden werden, beziehen sie ihre Neuheit aus der Art, wie die Spieler kunstvoll damit jonglieren und gleichwohl an wesentlichen Elementen des Oberscripts festhalten, das sie durch ihr Verhalten kontrastieren.

Kein Wunder also, daß diese Techniken denen recht sind, die aus dem Script ausbrechen wollen. Denn Scriptwechsel und Scriptkontrastierung sind Standardelemente fast aller dramatischen Modelle, die wir im Zusammenhang mit dem Ursprung der Scripts erwähnten. Überhaupt kann man Komik routinemäßig herstellen, indem Charaktere aus einem Script unvermittelt in ein anderes versetzt werden: der zerlumpte Hippie im schmucken Vorstadtwohnzimmer, der aggressive Prolet auf der Societygala... Dergleichen erinnert sichtlich an die fröhliche Erfahrung der Scriptvermeidung. Und das Komische, so erzählen uns die Psychoanalytiker, bietet zeitweilige Befreiung vom Zwang, eine punktuelle Chance, ›aus dem Script auszubrechen‹. Diese launigen, surrealistischen, bizarren Augenblicke sind jedoch zwangsläufig kurzlebig; sie sind Schlupflöcher im symbolischen Käfig des Lebens, Pausen des Atemholens und Lachens, die von jenen symbolischen Grenzen bestimmt sind, die sie gerade zu ignorieren behaupten.

Freiheit vom Script

Gleichwohl spielt der größte Teil unseres Lebens sich innerhalb dieser Grenzen ab. Wer auszieht, das Neue zu suchen, stellt bald fest, daß sie überall existieren, sobald das Gefühl der Wiederholung ihm zu Bewußtsein kommt. Auch die Abweichung vom Script bezieht ihre Kraft, ihr überraschendes, aufregendes Moment aus der Manipulation des ewig gültigen Oberscripts, sie ist also weder spontan noch neu. Sie findet in gewöhnlichen, strukturierten Praktiken statt, nach denen wir greifen, wenn wir lange genug scriptgetreue Standardspiele gespielt haben.

Und doch gibt es in der modernen Gesellschaft Leute, die trotz oder vielleicht gerade wegen ihres Wissens vom Wiederholungscharakter des Lebens auf Spontaneität aus sind. Jeder Tag, so lautet die Ausbruchsverheißung, kann der Beginn eines neuen Abenteuers sein. Da sind die vielen Religionen, Therapien und Kulte (mehr darüber im fünften und sechsten Kapitel), die uns als Gegenleistung für eine gründliche Selbstprüfung und den Verzicht auf alte Lebensformen das kostbare Gut Neuheit versprechen. Indes beweisen die derart Eingeweihten nichts anderes, als daß sie das Script ›Spontaneität‹ zu spielen wissen.[10] Sie haben ein paar Stichwörter gelernt, die ihnen gewisse Abweichungen vom Script erlauben; ironischerweise kann es jedoch geschehen, daß ihre gesteigerte Selbstbewußtheit hinsichtlich der ›Natürlichkeit‹ solchen Verhaltens dessen Ausbruchsstatus beeinträchtigt. Immerhin kann Spontaneität nur im Gegensatz zu existierenden Scripts entstehen. Wer dauernd ›spontan‹ spielt, wird eines Tages wohl den Punkt erreichen, wo psychische Mobilität bloß noch durch schleunigen Rückzug auf ein traditionelles Script und durch dessen strenge Befolgung zu haben ist.

Dies erscheint vielleicht als übermäßig zynische Betrachtung der Dinge. Es sieht so aus, als wollten wir – nicht genug, daß Routinen und Rollen den Menschen ins Gefängnis der beherrschenden Realität sperren und seine Identitätsarbeit behindern – die Scripts als zusätzliche Schranke aufrichten. Aber wir haben an keiner Stelle gesagt, daß unser Verhalten durch die Scripts *determiniert* sei. Ganz im Gegenteil – das Script gestattet uns, Routine, Regelhaftigkeit und bloße Verhaltensabläufe derart aufzuwerten, daß wir unserer Überlegenheit über die Alltagswelt sicher sein können. Wenn wir feststellen, daß es nur eine begrenzte Anzahl von Scripts gibt, so ist dies nicht ›deterministischer‹, als wenn wir sagen, daß der Künstler nur eine begrenzte Anzahl von Formen, Materialien und Techniken zur Verfügung hat, um sich auszudrücken.

Der Umstand, daß unsere Gesellschaft so viele Scripts anbietet, bedingt gleichwohl ein seltsames Paradox, mit dem die modernen Identitätsarbeiter – also jene, die sich bestätigen wollen, daß sie über der Allerweltsrealität stehen – sich auseinandersetzen müssen. Denn einerseits eröffnen diese Scripts eine vorzügliche Möglichkeit, aus der Routine auszubrechen. Wenn wir uns verlieben, Kinder haben oder bei der Arbeit erfolgreich sind, so brauchen wir uns dabei nicht wie alle anderen zu verhalten, sondern wir können unsere Erfahrungen aufwerten, indem wir sie auf die durch Filme, Romane, Theaterstücke und Superstars vorgezeichneten Oberscripts beziehen. Und wenn wir dies tun, haben wir vielleicht das Gefühl, daß wir uns nicht nur von den banalen Konventionen des Alltags entfernen, sondern auch unsere Identität verändern. Wenigstens für einen Augenblick treten wir aus der gewohnten Identität heraus, die unser Lebensplan uns vorschreibt. Für einen Menschen, der seine Erfahrung durch Bezugnahme auf ein Oberscript aufwertet, ergibt sich nun aber das Paradox, daß die strikte Befolgung der vorgeschriebenen Schablonen zugleich ein Gefühl der Kalkulierbarkeit erzeugt. Die Scripts sind nämlich auch anderen Leuten zugänglich, die eine ähnliche Veränderung ihrer Identität und Erfahrung anstreben. Sie sind allgemeiner Kulturschatz. Die Realität holt uns ein: Die Entfaltung unserer einmaligen Identität ist in Gefahr. Den einzigen Ausweg bieten die verschiedenen Formen der geistigen Manipulation, des Scriptwechsels und der Scriptkontrastierung. Indem wir mit den Elementen des Scripts jonglieren, hoffen wir, uns und andere davon zu überzeugen, daß wir gleichwohl im Besitz eines einmaligen Kulturwertes sind. Ironischerweise gelangen wir schließlich dahin, uns fieberhaft von Dingen zu distanzieren, die uns einst teuer waren, und das Script dennoch verächtlicher beiseite zu schieben, als wir es sonst mit Gewohnheiten und Routinen tun.

Das Script ist also ein Sprungbrett der Identitätsarbeit und zugleich ein Schlachtfeld, auf dem wir um eine besondere Identität kämpfen. Indem wir aus einem Script ausbrechen und uns davon distanzieren oder zwanghaft von einem Script zum anderen hetzen, bringen wir den zeitlichen Ablauf unserer Reise durcheinander. Um dem Alptraum der Wiederholung zu entgehen, sollten wir uns tatsächlich rückwärts statt vorwärts bewegen – zu jenem Fixpunkt der Kindheit, wo Gleichförmigkeit und Wiederholung uns Sicherheit boten.

4 Das innere Theater der Seele

»Ich will nicht Realismus, ich will Magie«, sagt Blanche Dubois in *Endstation Sehnsucht.* Dieses Kapitel handelt von Magie – von der Magie der Phantasie; und es handelt von den Formen, mit denen sie den Ausbruch aus der Realität ermöglicht und, paradoxerweise, zugleich diese Realität stützt. Im Leben wie in der literarischen Fiktion werden Begriffe wie ›Ausbruch‹ und ›Widerstand‹ nicht explizit mit Selbstbeobachtung, Distanzierung, Selbstbewußtheit, Scriptvermeidung und Übernahme neuer Scripts in Verbindung gebracht, wohl aber mit solchen Bewußtseinsformen wie Tagtraum, Imagination, Phantasie, Sehnsucht und Wunsch. Denn während wir unsere Routinen ausführen, unsere Rollen spielen, unsere Scripts befolgen, können wir sowohl die jeweilige Handlung an unser Identitätsgefühl oder an unser ›wahres Selbst‹ anpassen als auch Elemente der Phantasie in die Handlung einführen, unsere Gedanken in andere Regionen schweifen lassen. Zumindest theoretisch betrachtet gibt es kaum ein radikaleres Mittel, das Schwungrad der Gewohnheit und den Alptraum der Wiederholung zu vermeiden, als die Realität überhaupt in Frage zu stellen, indem man sich einbildet, diese Welt der Objekte und der Bewußtheit sei gar nicht das ›wirkliche Leben‹.

Die Vorstellung, mit Hilfe der Phantasie aus der Realität auszubrechen, erscheint nicht nur radikal, sondern sie ist offenbar auch ein besonders leicht zugänglicher Ausweg. Warum strengen wir uns eigentlich an, komplizierte Techniken der Routinemanipulation anzuwenden, in zeitraubenden und riskanten Manövern unsere Scripts zu wechseln oder zu umgehen, wenn wir im Grunde nichts anderes zu tun brauchen, als uns ruhig hinzusetzen und in Gedanken die Möglichkeiten einer alternativen, köstlich anderen Realität heraufzubeschwören? Denn eines ist klar: Unsere Gedanken sind die letzte und einzige Domäne der Intimität, ein inneres Residuum, das vor den Übergriffen der vulgären Außenwelt sicher ist. Hier können wir emsig unserer Identitätsarbeit nachgehen, Visionen von uns selbst, unserer Frau, unserer Arbeit, unserer Häuslichkeit, unserer sexuellen Tüchtigkeit, unserer Attraktivität und Begabung pflegen, die sich völlig von dem unterscheiden, was sie ›wirklich‹ sind. Denken wir bloß an die Leute, deren Kontakt zur

Realität so geschwächt ist, daß sie mehr noch als wir anderen auf die Phantasie angewiesen sind, so wird unmittelbar klar, ein wie starkes Ausbruchswerkzeug sie ist. Die Welt des langjährigen Häftlings z. B. ist so eng eingegrenzt, so abwechslungsarm, daß wir ihm gern zugestehen, ja sogar erwarten, daß er sich eine Phantasiewelt aufbaut, in die er sich zurückzieht, einen privaten, unbeobachteten Platz, an dem er seine Identitätsarbeit verrichtet. (Ein überzeugendes literarisches Beispiel für die Einrichtung einer solchen Phantasiewelt gibt Jean Genet: Schmutz und Elend, Erniedrigung und Monotonie verwandeln sich in Wonnen orgiastischer Intensität und barocker Komplexität.)

Knastphantasien sind in der Regel banalerer Art, doch darum ein nicht weniger wirksames Mittel, um die Realität abzuschalten. Am geläufigsten ist wohl das ›Sprung-über-die-Mauer‹-Szenario. Die Häftlinge entwickeln vielfältige Phantasien des ›Blicks nach draußen‹. Da gibt es die konventionellen Variationen spießiger Bravheit, etwa den Swingerstil (ein ordentlicher Job, aber Auftrieb nach Feierabend), den Playboystil (sorgloser Reichtum und Bekanntschaft mit strahlenden, promiskuitiven Weibern), die ›Reiche-alte-Frau‹-Phantasie (sich eine wohlhabende Witwe zu angeln und sich ein gutes Leben zu machen). Da sind marginale Stilformen, etwa die Vorstellung von ausgefallenen Berufen, vom Leben als Bohemien, als Student oder Intellektueller, als heimatloser Emigrant oder Revolutionär. Und da sind rein kriminelle Stilformen – das große Ding drehen, die Karriere zum Kiezboß.[1]

Ausdruck und Kontrolle der Phantasien lassen sich im Gefängnis leicht beobachten, vor allem, weil andere Formen des Ausbruchs – Unterbrechung der Routine, Selbstbeobachtung, Abkehr vom Script – sehr beschränkt sind. Die Phantasie hilft in allen Bereichen: Sie läßt die Zeit verstreichen, bietet psychische Erregung in Situationen von geringer sensorischer Abwechslung, sie hält den sexuellen Appetit lebendig. Selbst die ›Blick-nach-draußen‹-Phantasien, wiewohl im Gefängnis nicht unmittelbar realisierbar, erlauben immerhin so etwas wie Planen und Proben für eine andere Welt. Ein Häftling, der den Stil des Intellektuellen bevorzugt, wird seine Zeit mit Lesen und Studium verbringen; andere, die im Auswandererstil phantasieren (ein Schiff bauen und in die Karibik segeln), treffen vielleicht umfangreiche Vorbereitungen für das Projekt, studieren Lehrbücher über Navigation und Schiffbau, verschlingen Reiseberichte und träumen von Ozeanen.

Solches Probehandeln in Gedanken bedroht keineswegs die Realität des Gefängnisses – vielleicht wird es sogar von der Verwaltung gefördert, um den Gefangenen ›abzulenken‹. Eine Bedrohung tritt erst dann ein, wenn die Phantasie ausgelebt wird: entweder durch Überspringen der Kluft zwischen dem Wirklichen und dem Möglichen – man nimmt die Ausbruchsphantasie beim Wort und beginnt, einen Tunnel zu graben –, oder indem man, wie Genet, so denkt oder handelt, als sei das, was ist, tatsächlich etwas anderes. Welche Beziehung aber besteht zwischen Phantasie und Handeln in der Welt außerhalb des Gefängnisses? Ist die Phantasie vorwiegend eine Stütze der beherrschenden Realität oder gefährdet sie diese?

Phantasie überall

Nicht die Tatsache, daß die Außenwelt viel komplizierter ist als die laborähnliche Situation eines abgeschirmten Gefängnisses, erschwert die Beantwortung solcher Fragen, sondern der Umstand, daß jedermann – wie auch sein soziologischer Beobachter – erstaunlich wenig bereit ist, die Phantasie als überragendes Merkmal des Alltagslebens anzuerkennen. Mag auch der Inhalt der Phantasien jene ›Magie‹ sein, die Blanche Dubois dem Realimus entgegenhält, so ist doch die Fähigkeit, zu phantasieren, keineswegs esoterisch oder ausschließlich das Privileg realitätsberaubter Gruppen wie der langjährigen Gefangenen. Phantasien durchziehen unser gesamtes Leben. Sie begleiten uns am Arbeitsplatz, am Küchentisch, im Ehebett. Es ist, als brauchten wir nur einen Schalter im Kopf zu betätigen, um irgendeine bizarre Veränderung der konkreten Welt um uns her zu bewirken – Pferde durch die Luft fliegen zu lassen, Frauen auszuziehen, den Chef zu demütigen – oder eine alternative Realität heraufzubeschwören, die nicht an unsere gegenwärtige Situation gekettet ist. Die Phantasien warten im Hintergrund unseres Denkens, jederzeit bereit, ins Bewußtsein einzudringen. Sie flackern auf in all den Augenblicken unseres Lebens, da wir nicht gänzlich von den Anforderungen der konkreten Realität in Anspruch genommen sind. Sie machen uns unablässig das Angebot, die eindeutigen, vorhersagbaren Konturen der beherrschenden Realität zu verhüllen und zu verzerren.

Nicht daß diese Erkenntnis sich aus der Lektüre soziologischer

Texte ergäbe; deren beherrschende Realität ist viel zu säkular und rational, sie hat viel zuviel mit den materiellen Zielen und Konventionen zu tun, die mit Status, Selbstachtung und materiellem Fortschritt verknüpft sind, als daß sie der bloßen Gedankenspielerei Raum ließe. Wir haben vielmehr den Wunsch, ein phantastisches Element in die angeblich rationale Welt des Alltags einzupflanzen. Denn obgleich den Phantasien meist der Zusammenhalt organisierter religiöser Überzeugungen fehlt und sie oft nur Wegzeichen zu einer äußeren Realität und nicht detaillierte Landkarten von Himmel und Hölle sind, sind sie allgegenwärtige ›innerweltliche‹ und zugleich auch ›außerweltliche‹ Realitäten, die die meisten Aspekte unseres täglichen Verhaltens begleiten und beeinflussen.

Der Widerstand gegen die ernsthafte Erörterung von Phantasien, auf den wir außerhalb der Gefängnissituation stießen, hat uns beinahe glauben gemacht, wir seien die einzigen, die morgens nicht aufstehen können, ohne einer Phantasie nachzuhängen, was womöglich im Briefkasten sein mag; die einzigen, die langweilige Sitzungen nur überstehen, indem sie sich ausmalen, sie säßen in einem Regieraum in Hollywood und planten ein Zehnmillionen-Dollar-Epos; die durch die Straßen rennen und aus allen erdenklichen Reizen erotische Inspiration ziehen. Aber nachdem wir jahrelang unsere Freunde, Studenten und Kollegen ausgefragt haben, wissen wir, daß die Phantasie – vielleicht unter anderem Namen – wie ein roter Faden unser aller Täglichkeit durchzieht. Sogar Leute, die aufgrund mangelnder Einsicht oder romantischer Vorstellungen von ›Spontaneität‹ einen emotionalen Widerstand spüren, sich ihr Leben als von Scripts beherrscht vorzustellen, gestehen die Bedeutung der Phantasie in ihrem Leben ein, besonders wenn es sich um Erfahrungen handelt, die wir abwechselnd mit Wörtern bezeichnen wie ›Tagtraum‹, ›Träumerei‹, ›Spintisieren‹, ›Gedankenspielerei‹, ›Luftschlösser bauen‹. Und nicht selten sprechen wir davon, daß jemand ›sich in seine eigene Welt zurückzieht‹ oder ›nicht ganz da ist‹. Hören wir eine typische Definition des Tagträumens:

»[...] das Wort bezeichnet eine Verlagerung der Aufmerksamkeit weg von einer laufenden physischen oder geistigen Aufgabe oder einer Wahrnehmungsreaktion auf äußere Stimulation und hin zu einer Reaktion auf einen inneren Stimulus. Die dabei beobachteten inneren Prozesse sind ›Bilder des inneren Auges‹, ein Ablauf von Ereignissen, Erinnerungen oder schöpferisch konstruierten Vorstellungen von zukünftigen Ereignissen, die sich durch einen unterschiedlichen Grad alltäglicher Wahrscheinlichkeit auszeichnen.«[2]

Autoren, die Phantasien in konkreten Situationen wie z.B. im Gefängnis untersucht haben, schildern nicht nur den offenkundigen Abzug der Aufmerksamkeit von der jeweils aktuellen Aufgabe – sei es Tütenkleben oder die Runde beim Hofgang –, sondern auch die vielfachen Möglichkeiten, durch das ›Bild des inneren Auges‹ eine andere Realität herzustellen. Denn Phantasie ist mehr als bloße Einbildung. Sie ist nicht nur die gedankliche Vorstellung von nicht vorhandenen Objekten, sondern eine Vorstellung, die so wenig ›von dieser Welt‹ sein kann, daß sie mit der beherrschenden Realität unvereinbar ist. Sie dirigiert den Fluß unserer Vorstellungen und beschwört fremde Länder in alternativen Welten herauf. Sie ist nicht nur eine Sache der Selbstbeobachtung und Distanzierung, sondern die Projektion einer Aktivität oder des Selbst in eine ganz andere Region.

Nehmen wir ein paar banale Beispiele aus der Sphäre jenseits der Gefängnismauern: Da ist ein Kind, das gelangweilt in seinem Essen stochert und mit leisen Tönen indianisches Kriegsgeheul und eine Western-Knallerei imitiert; der Geschäftsführer, der über ein bevorstehendes romantisches Rendezvous nachsinnt, während er Gewinn- und Verlustrechnungen überfliegt; die geplagte Hausfrau, die sich, während sie die Suppe anrührt, als Mitglied der Königsfamilie auf einem Galabankett sieht. Zwischen all diesen Tagträumen oder bewußten Phantasien bestehen nur geringe Unterschiede: Das Kind tut so, als sei es ein Indianerkrieger; der Geschäftsführer probt im Geiste ein Script, in dem er eine Rolle zu spielen hofft; die Hausfrau schwelgt in höchst ›unrealistischen‹ – im Sinne von unrealisierbaren – Phantasien. All das beeinträchtigt die Fähigkeit dieser Leute, wirklich an der Realität Anteil zu nehmen. Und all das sind relativ zusammenhanglose Träumereien, freiströmende Assoziationen, innere Monologe, und sie alle werden durch bestimmte Situationen ausgelöst. Für das Kind hat fast jede Aktivität spielerische, beinahe träumerische Qualitäten. Für das ältere Kind ist die Phantasie vielleicht eine Abwehr der häuslichen Routine oder eine Verwandlung dieser Routine in etwas anderes; es spielt in der Badewanne mit Schiffchen, verkleidet sich zum Mittagessen als Cowboy oder erfindet sich imaginäre Spielkameraden. Wenn wir älter werden, verleiht das Inventar der Märchen, Abenteuergeschichten, Romane und Poster der Phantasie ein reiches Kolorit; ganz willkürlich tun wir so, als wären wir ein anderer. Es bedarf nur geringfügiger Anlässe, um solche Phantasien hervorzurufen, und wenn die Bilder erst einmal rollen, können sie uns völlig mitreißen, ja sogar zwanghafte Formen annehmen: der Vierzehnjährige, der fünf Tage lang gegen die weiße Wand eines Hinterhofs Schlag um Schlag ein internationales Tennisturnier ausficht, das sechzehnjährige Mädchen, das sich mit den Requisiten ihrer liebsten Film- oder Popstars umgibt und sich entsprechend kleidet. Solche Phantasien können nach überaus komplizierten Strukturen ablaufen, wie etwa die klassische Heldenphantasie à la Walter Mitty – eine Phantasie von solcher Kohärenz und Dichte, daß sie Walter hinderte, in der realen Welt überhaupt noch zu ›funktionieren‹.

Manche privaten (z.B. sexuellen) Phantasien sind höchst esoterisch und werden vom Einzelnen ganz idiosynkratisch zusammengefügt. Das Material der meisten Phantasien indes besteht aus strukturierten Themen der Kultur oder stammt gar – wenn wir C.G. Jung glauben wollen – aus dem archetypischen kollektiven Unbewußten. Daß wir unsere höchst privaten Phantasien mit anderen teilen, überrascht und schockiert uns vielleicht. »Die Enthüllung privater Phantasien ist peinlich, nicht nur weil sie sonst verheimlichte, innerpsychische Tendenzen offenbart, sondern auch weil sie den klischeehaften Seifenoperncharakter so vieler unserer Gedanken entlarvt.«[3] Diese standardisierte, manchmal zynische Seifenoper der Lebensphantasien eines Menschen führt Luke Rhinehart uns sehr überzeugend vor. Geben wir hier in geraffter Form das Rhinehartsche ›Machtmuster für Männer‹ wieder, jenes vorhersagbare Muster der Phantasien des amerikanischen Durchschnittsmannes von der Kindheit bis zum Tod:

»Die Tagträume setzen oft schon im ersten Lebensjahrzehnt des Kindes ein, in der Regel um das achte oder neunte Jahr. In diesem Alter projiziert der Knabe ein mit roher Gewalt ausgestattetes Bild von sich selbst. Meist ist er schneller als eine Gewehrkugel, stärker als eine Lokomotive und kann mit einem Satz über Hochhäuser springen. Er wird ein Dschingis Khan vierten Grades, ein Hunnenkönig Attila im örtlichen Einkaufszentrum, ein General Patton der Pfadfindergruppe 216. Seine Eltern werden grausam erfinderisch zu Tode gemartert.[...] Um das dreizehnte Jahr verlagert der Schauplatz sich für gewöhnlich ins Fußballstadion, wo der Junge, der für die hoffnungslos abgeschlagenen Yankees spielt, schnell mal den Ball annimmt, drei Verteidiger unterläuft, in langem Alleingang quer übers Feld dribbelt, hart am Strafraum des Gegners einen Paß rüber zum Libero spielt, der flankt zurück, und unser Held nimmt an, legt sich das Leder zurecht und... Schuß – Tor! Während die Menge im weiten Oval vor Begeisterung rast.[...] Mädchen fehlen noch in dieser Welt des Sports, aber mit 16 oder 17 Jahren werden die Treffer auf dem Rasen durch andere Treffer ersetzt, und die einzigen Flanken, die unser Held jetzt annimmt, sind weibliche. Aus dem Knaben wird ein Mann, und dieser Mann ist Herr eines Harems. Hier übersteigen die Dinge die wildeste Phantasie jedes Menschen – außer eben der Phantasie des Jungen, der sie erträumt. Eine Frau, hilflos keuchend, wirft dem Helden ihren nackten Leib an die Brust, der jedoch gleichmütig eine korsische Zigarette pafft und genüßlich ein Glas goldgelben Whiskys, natürlich pur, durch die Kehle schickt und dann seinen Maserati mit 190 km/h über die Alpenpässe röhren läßt und dabei dem Mädchen das aufregendste Liebeserlebnis ihres Lebens beschert.[...] Aber mit einundzwanzig ist unser Mann schon verlobt, verheiratet und saturiert; die Welt, die er jetzt regieren will, ist eine andere Welt – er ist jetzt Horatio Alger. Mit harter Entschlossenheit und unheimlicher Präzision investiert er an der Börse einen Hunderter, und nachdem er sechs Wochen lang kühlen Kopfes gekauft, abgestoßen und wiedergekauft hat, kassiert er rein netto 4862927,33 Mark. Wenn der Aufsichtsrat von General Motors vor Panik rotiert, weil die allgemeine Abrüstung droht, reicht er im wohlerwogenen Moment seine Erfindung eines preiswerten Düsensportwagens ein, Karosserie nach dem Vorbild der Polarisrakete geschneidert, der auf 100 km/h nur 3 Liter Super verbraucht. Binnen drei Wochen ziert sein Lächeln die Titelseiten von *Time, Newsweek* und *Spiegel.* In den folgenden Jahren aber verdient er als Substitut im Kaufhof ein bescheidenes Gehalt und empört sich über alle Ungerechtigkeiten und Heucheleien dieser Welt, einer Welt, in der einige Sportstars, James Bonds und Millionäre ein tolles Leben führen – er aber nicht! Das widert ihn an. In seinen Träumen erschafft er die Welt neu, beseitigt alle Übel, schafft das Leiden ab, verteilt den Besitz um, vor allem natürlich die Frauen, und beendet alle Kriege. Er ist die Reinkarnation von Gautama Buddha, Jesus Christus und Hugh Hefner. Schlechte Regierungen stürzen, korrupte Kirchen brechen zusammen, Gesetze werden revidiert, und die Wahrheit, von unserem Helden auf xerographierte Marmortafeln gemeißelt, wird der Welt kundgetan. Jeder ist glücklich. Nur nicht unser Held, dessen Gehalt weiterhin bescheiden bleibt. Mit fünfundzwanzig hat er den ersten Höhepunkt des Rhinehartschen ›Machtmusters für Männer‹ erreicht. Den Traum von der Erneuerung der Welt. Mit acht- oder neunundzwanzig beginnt dann die Regression.[...] Im Alter von einundvierzig ist sie abgeschlossen; der Mann träumt abermals davon, die Welt zu erobern. Jahrelang aufgestaute Verbitterung bricht hervor, er wird wieder schnell wie eine Gewehrkugel, stark wie eine Lokomotive und kann mit drei gewaltigen Schritten Einfamilienhäuser überspringen. Er wird ein General Curtis LeMay und bombt China in die Steinzeit zurück. Er wird ein Spiro Agnew und zeigt den Negern und den Hippies und den Liberalen die Faust. Seine Frau und seine Kinder werden grausam erfinderisch zu Tode gemartert...«[4]

Wir wollen gar nicht behaupten, daß es in irgendeiner Bevölkerungsschicht eine statistisch durchschnittliche Folge von Phantasien dieser Art gäbe. Aber es steht fest, daß man wohl nicht unterstellen darf, es gebe ein eidetisches Element wie die individuelle Phantasie. Vielmehr gibt es einen gemeinsamen Fundus symbolischen Materials, aus dem alle Phantasien geformt sind. Selbst wenn die Phantasien sich nicht an irgendwelche Rhinehart-Machtmuster halten, selbst wenn Tiger sprechen, Menschen durch die Luft fliegen, Planeten explodieren, Wolkenkratzer einstürzen, so sind dies keine besonderen Erfahrungen. Phantasien sind durchaus geeignet, die alltäglichen Standardauffassungen von den typischen Merkmalen alltäglicher Objekte, der allgemeinen Geltung des Gesetzes von Ursache und Wirkung, von den Grenzen von Raum und Zeit außer Kraft zu setzen; gleichwohl zeigen sie deutlich strukturelle und inhaltliche Affinitäten zu Aspekten einer Welt, die seit Jahrhunderten von Schriftstellern, Dichtern und Malern beschrieben wird. Genau wie die Welt der materiellen Objekte und Vorgänge hat auch die der Phantasien ein eigenes Vokabular und eine eigene Grammatik.

Ausdruck und Kontrolle der Phantasie

Obwohl die Phantasie also allgegenwärtig ist, bestehen starke soziale Tabus gegen die Mitteilung individueller Phantasien – eine Tatsache, die gewährleistet, daß diese private Welt weitgehend privat bleibt. Es gibt freilich öffentliche Anlässe, bei denen eine gewisse Freisetzung von Bestandstücken dieser Innenwelt erlaubt ist. Dies geschieht etwa, wenn wir uns mit anderen Leuten in einer gemeinsamen Situation befinden und auf ein Element ihres Phantasielebens aufmerksam werden, das Ähnlichkeit mit dem unseren hat. Der gemeinschaftliche Charakter dieser Erfahrung ist ein Freibrief für Bekenntnisse. In solchen Augenblicken erweist es sich, daß unsere Phantasieproduktion nicht unsere eigene, sondern die gemeinsame Sache aller Menschen ist. Hier bemerken wir ein Maß an Intersubjektivität, das bei Gesprächen fehlt, die sich um die Manipulation von Objekten und Vorgängen der ›realen‹ Welt drehen. Bringen wir solche Intersubjektivität zum Ausdruck, so kann dies unsere Phantasie beeinträchtigen (wie oft haben wir bekümmert festgestellt, daß jemand, den wir für äußerst langweilig hielten, in allen Einzelheiten der gleichen, einmaligen Phantasie nachhing wie wir?) oder aber sie bestärken, nämlich durch die Erkenntnis, daß unsere beschämenden Phantasien immerhin ganz akzeptabel sind.

So können sich in einer Gruppe, wenn auf einmal alle gleichzeitig zu reden anfangen, ganze Phantasie-Kettenreaktionen entwickeln: Die Erregung steigt merklich an, und die Ideen eskalieren rasch. Dann – plötzlich – ist der Moment vorbei. Die Phantasie-Kettenreaktion ist weit genug gegangen. Die Mitglieder der Gruppe haben einen Augenblick der Intersubjektivität erlebt; es wurde ihnen bewußt, daß andere teilhaben konnten an dem, was ihnen bisher ganz persönlich gehörte. Nun verzichten sie auf weitere Eskalation und kehren wieder zur instrumentellen Auseinandersetzung mit den Elementen der Wirklichkeit zurück.[5]

Vorhin sprachen wir von den sozialen Tabus gegen die Äußerung der Phantasie. Diese sind stärker als die Verbote gegen das Ausbrechen aus der Routine oder gegen die Bekundung von Distanz statt Engagement. Unsere tapferen Lebenskämpfer und Realitätsflüchtlinge, die mit Hilfe von Träumereien und Phantasien in einer Welt zu bestehen suchen, die ihnen unwirtlich, bedrückend oder beschränkt vorkommt, werden sozusagen aufgefordert, ihre subjektiven peinlichen (und peinigenden) Gedanken für sich zu behalten.

Mitunter macht man uns moralische Vorschriften, welche Phantasien wir pflegen sollten. Gewisse Phantasien, so heißt es, sollten wir aus unserem Denken verbannen, weil schon deren bloße Erwähnung unmoralisch sei. Die katholische Kirche z. B. betont entschieden die Notwendigkeit, schlechte Gedanken zu bannen, wobei sie behauptet, daß diese von fremden Urhebern geschickt sind (das klassische Beispiel ist Jesu Versuchung in der Wüste) und daß wir daher dem Einfluß des Bösen erliegen, falls wir ihnen Raum geben. Die Auffassung, daß Phantasien eine Quelle der Befriedigung darstellen, ist ein freudianisches Standarddogma, obzwar der Inhalt der Phantasien hier als Ausfluß einer privaten libidinösen Welt verstanden wird und nicht als Beweis für die listigen Machenschaften von Bewohnern eines fremden Dämoniums. Das Auftreten der Phantasien ist, wiederum nach Freud, kein Anlaß zur Besorgnis, sondern Befreiung. Sie wirken kathartisch. Wie Saul Bellow sagt: »Täglich einen Mord in Gedanken, das hält den Arzt fern.«

Nach katholischer wie freudianischer Auffassung sind die Phantasien berechtigter Gegenstand unseres Interesses, ob sie nun zu entsprechenden Handlungen führen oder nicht. Gerade die mögliche Verbindung zwischen Phantasie und Handeln aber bedingt, daß eine lebhafte Beschäftigung mit Phantasien auf öffentliche Mißbilligung stößt. Gewiß dürfen wir unsere ›schmutzigen Gedanken‹ oder unsere ›wilden Phantasien‹ haben, solange wir uns ihnen nicht obsessiv überlassen. Phantasie als Mittel, uns zeitweilig von der Routine zu absentieren, ist durchaus zulässig; wir dürfen uns vom Fließband ›entfernen‹, indem wir an andere Situationen denken, indem wir uns durch ein Hobby oder durch Popmusik eine reiche Phantasiereserve einrichten. Doch es gibt einen Punkt, wo die Sperren einrasten, nämlich sobald wir nicht mehr nur ab und zu einer Phantasie nachhängen, sondern anscheinend ganz in die Phantasie eintauchen. Nicht unsere polymorphen Alltagsphantasien werden verurteilt – etwa: wir könnten das große Los ziehen; als Abweichung gilt jedoch die zielstrebige Zwanghaftigkeit, mit der manche Phantasien aufgebaut werden, sowie die jeglicher Distanzierung bare Beschäftigung mit ihnen. Zugeständnisse machen wir in diesem Punkt nur wenigen, z. B. langjährigen Gefangenen, die so beschränkte Kontakte zur Realität haben, daß sie, wie wir annehmen, einen größeren ›Bedarf‹ an Phantasie haben als wir anderen. Aber, wie gesagt, der Umstand, daß die Gefängnisverwaltung diese Phantasien gestattet und sogar fördert, deutet wohl an, daß die Phantasie kein so radikaler und subversiver Ausbruch aus der Realität ist, wie es auf den ersten Blick scheinen mag. Könnte es denn nicht sein, daß die gegen die Äußerung der Phantasie gerichteten Tabus – wie manche anderen Repressionen und Prohibitionen unserer Zivilisation – gigantischer Schwindel, unnötige Mystifikation sind? Und daß, falls wir uns über die Barriere hinwegsetzen, auf der anderen Seite womöglich *nichts* wäre, jedenfalls kein heimliches Schlupfloch aus der Gesellschaft hinaus?

Phantasien als Stützen der Gesellschaft

Untersuchen wir, welcher Gebrauch tatsächlich von Phantasien gemacht wird, so bemerken wir alsbald, daß sie sehr oft als Mittel der Erleichterung oder Unterstützung dienen, die (ähnlich wie die Manipulation von Routinen und Scripts) keineswegs die beherrschende Realität antasten, sondern diese eher stabil erhalten. Betrachten wir z. B. jene einfachen, Tagträumen verwandten Konstruktionen, die uns helfen, unser Selbst an monotone Routineaufgaben anzupassen: Der Arbeiter am Fließband, der Schöffe, der einer langweiligen Gerichtsverhandlung beiwohnt, das Publikum, das die Sprüche eines Vortragsredners über sich ergehen läßt, der Pendler, der in einer langen Schlange vor der Bushaltestelle wartet – sie alle hängen entweder unwillkürlich Phantasien, Tagträumen oder Gedankenspielereien nach oder sie nehmen diese bewußt zu Hilfe, um sich die Zeit zu vertreiben. Der Inhalt solcher Phantasien mag sich auf die Vergangenheit beziehen, er mag Elemente der Wunscherfüllung und Zukunftsplanung enthalten, er mag banal oder extravagant sein, entscheidend ist allein, daß sie herbeibeschworen werden, um das tägliche Einerlei zu erleichtern, und daß sie strikt auf bestimmte Teile dieses täglichen Einerlei abgestimmt sind.

Wie wenig subversiv derlei Phantasien sind, erkennen wir daran, daß sie von manchen klinischen Psychologen innig empfohlen werden: »Das Tagträumen ist eine neutrale Fähigkeit, es ist geeignet zur adaptiven Bereicherung des Lebens von ansonsten normalen Menschen, doch bei vielen ist es auch ein Zeichen von Ausbruchstendenzen, Ausweichen vor der Verantwortung oder Unzufriedenheit mit sich selbst.«[6] Der jungen Hausfrau, die sich vor der Monotonie der Säuglingspflege und ihrem Ekel vor schmutzigen Windeln in die Phantasie flüchtet, was sie zu Mittag kochen und wie sie den Abend mit ihrem Mann verbringen wird, gestehen wir gern ein Bedürfnis nach Stimmungsveränderung, eine flexiblere Reaktion auf die unmittelbar aktuelle Aufgabe zu. Auch wenn ihre Phantasien nichts mit dieser Aufgabe zu tun haben, können sie funktional wirken: Die Frau mag romantischen Phantasien nachhängen (mit einem hübschen, sonnengebräunten Fremden an einem einsamen Strand zu liegen), in Emanzipationsphantasien sich ergehen (erfolgreich Karriere zu machen, während der Gatte zu Hause Geschirr spült) oder romantische mit emanzipatorischen Phantasien kombinieren (sich als Jane Fonda sehen, die aufs Weiße Haus marschiert); solange sie ihre Phantasien rationell dosiert und sich bewußt bleibt, daß es ja nur Phantasien sind, die sich nicht unmittelbar in eines der laufenden Lebensscripts einfügen lassen, droht kaum die Gefahr einer Subversion der beherrschenden Realität.

Wir unterscheiden verschiedene Formen solcher funktionalen Phantasien: *Start-*, *Stopp-* und *Erhalter*phantasien. Eine Startphantasie erlaubt uns, eine Aufgabe anzupacken, ein Gefühl zu erleben, eine Wahrnehmung zu registrieren, indem wir in den jeweiligen Ausschnitt der Realität, mit dem wir es zu tun haben, ein neues Element einführen. Die typische Startphantasie finden wir im sexuellen Bereich. Vielleicht können wir nur dann eine Verführung anbahnen, eine Erektion halten, einen Orgasmus erreichen, wenn wir die Situation um die Dimension einer anderen Realität bereichern. Ein Mann sieht in seiner Frau Brigitte Bardot, seine Mutter, das Mädchen von nebenan, die Sekretärin, seine erste Liebe; banal, aber zutreffend ausgedrückt: was immer ihn ›anmacht‹ oder ›aufstellt‹. In anderen als sexuellen Bereichen malen wir uns wohl in der Phantasie aus, eine neue Arbeit zu finden, in Urlaub zu fahren, eine Reise anzutreten, indem wir uns vorstellen, was uns da Neues erwarten mag. Sogar die einfache Handlung, morgens aus dem Bett aufzustehen, ist oft von Startphantasien begleitet. Wir liegen im Bett, der Wecker ist verstummt, und wir malen uns aus, wie wohl der Tag verlaufen wird, geben uns damit einen Schubs, um in Schwung zu kommen. Überall im Land erheben die Leute sich jeden Morgen vom Bett, um nachzuschauen, ob nicht doch ein Brief unter dem Türschlitz die Nachricht bringt, die ihr Leben verändert.

Auch Stopphantasien in einfachster Form sind beim Sex zu beobachten. Eine gängige Technik, die verfrühte Ejakulation zu verhindern oder durch Hinauszögern des Orgamus die Lust zu steigern, besteht darin, sich in der Phantasie etwas extrem Langweiliges, gar Unangenehmes vorzustellen. Diese Technik wird ausdrücklich von den Ratgebern empfohlen. Und zu den bevorzugten Phantasien gehören Schachspielen, Fußball im Fernsehen oder die Steuererklärung ausfüllen. Auch wenn es darum geht, andere als physiologische Abläufe zu stoppen, zu verzögern oder zu verhindern, werden Phantasien bemüht. Die Standardeinladung ›Kommst du heute abend auf ein Glas vorbei?‹ löst mitnichten immer die zu erwartenden Startphantasien aus, sondern ruft häufig Augenblicksbilder vom Wohnzimmer, vom Bett, vom Klo und von den Bildern an der Wand des Gastgebers hervor, die den Fortgang der Handlung abblocken. So ließen auch wir uns einmal davon abhalten, die Einladung zu einem Vortrag anzunehmen, indem wir vor unserem inneren Auge die ganze Szenerie abrollen ließen: die endlose Eisenbahnfahrt, ein mieses Abendessen bei quälender Konversation mit dem örtlichen Fachausschuß Soziologie, ein Vortrag vor einem versnobten oder bekifften Publikum, endlose Schöppchenrunden in einer verräucherten Gewerkschaftspinte, eine qualvolle Nacht auf dem Sofa oder im kalten Gästezimmer der Universitätsverwaltung, wochenlanger Schriftverkehr wegen der Reisespesen...

Bei der Erhalterphantasie handelt es sich eher um die Fortsetzung einer Startphantasie zu einer entsprechenden Handlung oder aber um das Bemühen, eine Aktivität mit Hilfe der Phantasie ›durchzuhalten‹ (so wie in unserem Beispiel die gelangweilte Hausfrau verzweifelt versucht, ihre Gedanken von der Haushaltsroutine abzulenken, indem sie sich in andere Situationen projiziert). Solche Phantasien sind nun wirklich Gedankenspielereien. Meist gehen sie über Start- und Stopphantasien hinaus; sie sind nicht nur geistige Proben ungespielter Scripts, sondern sie begleiten unsere regulären Lebensscripts. Bisweilen ist das Script sogar auf Erhalterphantasien angewiesen; Gore Vidal spricht davon, wie wir beim Sex auf ein ›inneres Theater‹ der Gedanken angewiesen sind, das die Sache in Gang hält.[7] Falls wir unsere Phantasien als private Begleiterscheinungen unserer Arbeits-, Haushalts-, Sex- oder Freizeitscripts auffassen, braucht keiner unserer Mitspieler etwas davon zu merken, daß wir nur mit halbem Herzen dabei sind. Mitunter jedoch müssen wir uns – besonders bei der Arbeit – bemühen, unsere Tagträume zu verheimlichen, und uns den Anschein geben, als seien wir wirklich durch die Arbeit voll in Anspruch genommen. Und manchmal haben wir den Wunsch, unsere Phantasien öffentlich auszuleben: Fabrikarbeiter z.B. erfinden komplizierte Phantasiespiele, bei denen die Werkhalle zur Sportarena wird und jeder Mann am Fließband eine bestimmte Rolle in einem imaginären Oberligaspiel übernimmt. Das hilft die Zeit vertreiben.

Noch ein Beispiel: Wir beide mußten einmal zwei Stunden lang auf ein Flugzeug warten. Da hockten wir auf einer Bank in der Lobby und erfanden mit manischem Vergnügen ein Spiel, bei dem wir alle fünf Minuten eine Frau, die eine bestimmte Stelle in der Halle überquerte, als besonders begehrenswert bezeichneten. Jeder war nur einmal an der Reihe, und nach Ablauf der fünf Minuten mußten wir uns einigen, wessen ›Traumfrau‹ die besten Aussichten verhieß. Dies war ein relativ einfaches Phantasiespiel. Seinen Inhalt bildete eine der banalen und konventionellen Komponenten der modernen Massenkultur: die männlich-chauvinistische Schweinsphantasie von sexueller Eroberung. Sie nützte uns aus zwei offenkundigen Gründen: einmal als Spaß an sich, zum andern als Zeitvertreib während einer langweiligen Wartepause. Sie stellte keine Realitäten in Frage.

Erhalter-Phantasien machen also die Gegenwart vergnüglicher oder erträglicher, indem sie das Selbst in eine freudvolle Realität, in eine andere Erfahrungsweise transportieren. Diese Haltung ist selbst-bewußter und kontrollierter als die schizophrene Absonderung von der Realität; gewiß betreibt (und erzeugt) auch sie eine Abspaltung von der realen Welt, doch diese Abspaltung läßt sich bewältigen. Der Inhalt solcher herbeizitierten Phantasien kann sich gänzlich auf die Vergangenheit beziehen. Sie können Plänen oder Projekten gelten, die wir erträumen, um zukünftige Handlungen zu erleichtern, oder sie können völlig selbständige Exkursionen in einen anderen Zustand sein. Wir sehen uns – in der Regel als Helden – im Script eines Schauspiels mit mythischen Partnern und einem mythischen Publikum.

Der Übergang zwischen den Realitäten wird durch das ›Heben‹ und ›Fallen‹ des Vorhangs bezeichnet. Hebt sich der Vorhang, so wird der Zuschauer ›in eine andere Welt versetzt‹, eine Welt mit eigenen Bedeutungen und einer Ordnung, die viel oder wenig mit der Ordnung unseres Alltagslebens zu tun hat. Fällt der Vorhang, so kehrt der Zuschauer in die Realität zurück, d.h. in die beherrschende Realität des Alltags, im Vergleich zu dem die auf der Bühne dargestellte Realität nunmehr dürftig und ephemer erscheint, gleichgültig, wie lebendig die Darstellung noch vor wenigen Augenblicken war.[8]

Das Gefühl, während dieser Phantasien anderswo gewesen zu sein, ist oft so akut, daß wir sie als Verwandlungs- statt Erhalter-Phantasien bestimmen könnten. Die Realität hat sich verwandelt. Ein Ausbruch hat stattgefunden. Stets aber kehren wir zurück – falls nicht die innere Reise weitergeht (über den scriptgesteuerten Weg der Mystik oder den weniger scriptgesteuerten Weg der Verrücktheit), oder falls wir nicht – wie wir in den nächsten Abschnitten darlegen werden – ein Script finden, um tatsächlich die Phantasie *innerhalb* der beherrschenden Realität ins Werk zu setzen. Ansonsten ist die Phantasie das psychische Äquivalent zu dem Abenteuer ohne Kontinuität mit dem Leben, von dem Simmel spricht:

»Ihm [dem Abenteuer] fehlt jene gegenseitige Durchdringung mit den benachbarten Teilen des Lebens, durch die dieses ein Ganzes wird. Es ist wie eine Insel im Leben, die sich ihren Anfang und ihr Ende nach ihren eigenen Bildungskräften und nicht, wie das Stück eines Kontinentes, zugleich nach denen ihres Diesseits und Jenseits bestimmt.«[9]

Institutionalisierte Phantasien

Die Tatsache, daß viele Phantasien die Realität eher stützen als stören, erklärt, warum sie so oft institutionalisierte Formen annehmen. Diese kommerzielle Routinisierung der Phantasie enthält die gleichen zweischneidigen Chancen wie die leichter verfügbaren Ausbruchswege etwa der Rollendistanzierung. Einerseits ist es leichter, die Phantasie in Gang zu setzen, sie durchzuhalten, sie in ein geeignetes Script einzufügen; andererseits kann die akute Institutionalisierung die Erfahrung um etwas Wesentliches berauben. Wir behaupten nicht, daß z.B. die Phantasie des Ehebruchs *notwendig* weniger haltbar sei als ein Ausbruchsversuch, der dadurch erleichtert wird, daß es Partnertausch-Klubs, Pfänderspiel-Parties und Swingerbars gibt, meinen aber wohl, daß dies die Erfahrung zu etwas qualitativ Anderem macht. Befreiung und Ausbruch sind für den Vorstadtswinger ein Leichtes; doch gerade die Leichtigkeit, mit der die Phantasie verwirklicht werden kann, unterscheidet sie wesentlich von Madame Bovarys Ausbruch. Unser nächstes Kapitel befaßt sich mit den Konsequenzen der Institutionalisierung von Freiräumen, in denen es den Leuten erlaubt ist, ihre Ausbruchsphantasien zu pflegen.

Wir wissen nicht recht, wie wir Beweise für den historischen Wandel im Gebrauch der Phantasie finden sollen. Zweifellos ist heute ein größeres Spektrum von Phantasiematerial öffentlich zugänglich, das früher nur angedeutet war. Sexuelle Phantasien, die einst tabu waren, sind heute Brot und Butter der Massenkultur. Das könnte bedeuten, daß es weniger Spielraum für die aktive Betätigung der Phantasie gibt.[10] Diese Tendenz hat auch die Populärpsychologie begriffen, die, nachdem sie zunächst versucht hatte, die Leute zu einem freieren und authentischeren – d. h. einem nicht an Rollen und Scripts gebundenen – Leben zu bewegen (ein Unterfangen, das, wie wir zeigten, zum Scheitern verdammt ist), heute versucht, die Leute zur Phantasie zu überreden: »Heute ist es wichtiger denn je, daß wir die Phantasie genießen«, behauptet Herbert Otto in seinem Buch *Fantasy Encounter Games,* von dem Teile in populären Zeitschriften wie *She* erschienen sind.[11] Das Argument meint, daß eine Beschränkung der Phantasie der Kreativität und den ewigen Hoffnungen des Menschen Abbruch tue. Alles andere als Ausbruch, kann die Phantasie »geradezu als Sprungbrett zur Realität dienen – indem wir unsere Phantasien aussprechen, offenbaren wir sie, und dadurch können wir sie als Ziele erkennen«. Schließlich werden Phantasien als Mittel empfohlen, unser Selbstverständnis zu vertiefen; Techniken wie das Phantasie-Begegnungs-Spiel sind Werkzeuge der Selbstentdeckung, Kreativität und persönlichen Entfaltung. Der Inhalt der meisten dieser Spiele ist reichlich banal, obgleich sie ein hohes Maß an Selbstbeobachtung verlangen. In der Phantasie ›Besuch aus fernen Welten‹ zum Beispiel bilden zwei Partner sich ein, sie seien Weltraumreisende von einem anderen Stern, die auf die Erde kommen und die Körper der beiden Menschen bewohnen, die diese Phantasiegeschichte lesen. Bei der Phantasie ›Liebe‹ wird man aufgefordert, sich in der Phantasie einen bestimmten Menschen vorzustellen und sich zu fragen: ›Angenommen, ich hätte die Macht eines Magiers oder Zauberers, was wäre das liebevollste Geschenk, das ich diesem Menschen machen könnte?‹ Und in der Phantasie ›Katastrophe überleben‹, in der man phantasiert, man habe eine gewaltige Katastrophe in Gesellschaft von anderen überlebt, die man sich selbst aussuchen durfte, wird man als ›Verantwortlicher‹ gewählt und kann die Welt neu gestalten.

Die eingeschliffenen Kritiken an der Massenkultur machen viel Wesens vom Ausbruchscharakter der Phantasien, die in Filmen, Schauspielen und Comics verbreitet werden, und unterstellen, daß die Darstellung von Hedonismus, Gewalt, Promiskuität, Sinnlichkeit oder dergleichen die Bindung der Menschen an die beherrschende Realität gefährden könne. Es ist überflüssig, eine solche Gefährdung anzunehmen: Die Phantasien der Populärkultur taugen, im Gegenteil, eher dazu, die beherrschende Realität zu stützen (und werden häufig zu solchen Zwecken eingesetzt). Reklamebilder für Rum, Zigaretten oder Parfüm, die mit dem Hintergrund eines weißen Strandes in Jamaica operieren, könnten gewiß den Quellenstoff für Phantasien bilden; doch sie veranlassen kaum jemanden, nach den Stränden der Karibik aufzubrechen, denn sie bieten kein Script für eine solche Reise.

Ähnlich enthält der James-Bond-Film, eines der expliziteren Phantasieelemente der Populärkultur, keine Handlungsanleitungen für Leute, die darauf aus sind, wie James Bond zu leben. Gerade solche Reklamen, Schauspiele und Filme haben anscheinend geringen Phantasiewert und vertragen sich gut mit den existierenden Scripts, die eher geeignet sind, nützliche Werkzeuge der Distanzierung und Identitätsarbeit bereitzustellen. Annoncen, die das angepriesene Produkt ins Wirtshaus um die Ecke oder an den Rand der Autobahn versetzen, Fernsehfilme wie *Dixon of Dock Green,* die in vertrauten Situationen spielen, zeigen alle ein Stück Phantasie, eine künstliche Realität; doch in diesen Fällen erscheint die künstliche Realität in Reichweite. Das Geschehen findet gleich nebenan statt, und wir können unsere vorhandenen Scripts verwenden, um dorthin zu gelangen. Polizisten brauchen keine neuen Scripts zu erfinden, um wie Dixon oder Barlow zu agieren, Ärzte können unschwer in die Rolle von Marcus Welby, Kildare oder Finlay schlüpfen. Es ist merkwürdig, daß so viel Hoffnung darauf verschwendet wird, der Einzelne könne ›aus der Realität ausbrechen‹, indem er sich mit derlei überragenden Phantasiegestalten wie Bond, Superman oder De Sade identifiziert, während der Bürgersteig voll von Leuten ist, die sich mit nach viel leichter verständlichen Scripts handelnden und leichter zu imitierenden Phantasiegestalten wie Dan Archer, Mrs. Dale, Ena Sharples, Steptoe und Andy Capp identifizieren. Derlei Phantasietätigkeit wird meist mit nachsichtiger Belustigung betrachtet und gilt als weniger bemerkenswert als die Tatsache, daß anscheinend viele glauben, die Figuren der Radio- und Fernseh-Seifenopern existierten tatsächlich, und jede Woche Briefe an die BBC schreiben, in denen sie den Archers, den Dales, den Anwohnern der *Coronation Street* Ratschläge erteilen, wie sie ihr Leben einrichten sollen.

Es kann sein, daß die Massenkultur Inhalte neuer Phantasien liefert; doch es ist ebensogut möglich, daß sie das Script für Phantasien bietet, die der Einzelne bislang als sein eigen angesehen und nicht nur für nicht mitteilbar, sondern auch für unrealisierbar gehalten hat. Dies zeigt sich deutlich an sexuellen Phantasien. Der Hinweis, daß pornographische Fotos und Schriften als Phantasien zur Verstärkung konventioneller Handlungen benutzt werden, ist banal; interessanter ist, auf welche Weise solches Material Fenster zu alternativen, neuen Aktionen aufstößt. Wenn esoterische Praktiken in frei erhältlichen Zeitschriften wie *Playboy*, *Penthouse*, *Forum* und *Mayfair* detailliert beschrieben werden, dann dienen sie dazu, die Phantasie des Einzelnen sowohl zu lenken als auch zu normalisieren. Dies gilt vor allem dann, wenn die Schilderungen nicht in literarischer Form, sondern durch Stilmittel wie Briefe an den Herausgeber oder wissenschaftlich aufgemachte ›Untersuchungen‹ vermittelt werden, wie etwa die Serie *Quest* in *Mayfair*. Wenn Sadisten ihre Gestapo-Uniformen aus dem Versandhaus beziehen, wenn Gummifetischisten sich in der örtlichen Sexboutique ausstaffieren, wenn man Gesellschaftsspiele mit Namen wie *Libido*, *Diplomatie* und *Phantasie* kaufen kann und wenn intellektuelle Frauen sich in den Anzeigenspalten der *New York Review of Books* als »sexy Germaine-Greer-Typ, 35« vorstellen und einen »vierzigjährigen sinnlichen ›Herzog‹-Typ« suchen, dann ist die Phantasie allerdings Bestandteil unserer Lebenswelt geworden – und stützt die Realität ebenso wie die alleralltäglichste Routine.

Verwandler-Phantasien

Für jene, die die Psyche gern als Refugium betrachten, als privates Territorium, ergeben sich Probleme nicht nur aus der Art, wie die Gesellschaft die Beschaffenheit psychischer Prozesse kontrolliert und formt, sondern auch aus der Schwierigkeit, eine Kontinuität zwischen den Imaginationen herzustellen. Die Außenwelt, wie wir sie erleben, wird durch Raum und Zeit zusammengehalten, sie erstreckt sich vor uns in geordneter, vorhersagbarer Gestalt. Das reine ›Innenleben‹ ist eher zufällig und unvollständig. Manchmal können wir unsere Phantasien einfach nicht in Gang setzen. Wir lehnen uns zurück und warten. Aber sie entfalten sich nicht, unser ›innerer Blick‹ will nicht auf Reisen gehen, er bleibt kurzsichtig auf ein einziges, hartnäckiges Bild fixiert. Daraufhin füttern wir ihn mit weiteren Reizen, wir betrachten Bilder, lesen Bücher, tragen die geeigneten Requisiten zusammen. Wir versuchen, Ansatz und Entwicklung unserer Phantasie zu fördern, indem wir eine entsprechende äußere Welt konstruieren. Daß wir solche Aktivitäten zu Hilfe nehmen, zeigt, daß die Phantasie ein ungeeignetes Mittel zur Verwandlung unseres Lebens ist. Nur unter ganz seltenen Umständen und bei wenigen Menschen ist die Phantasie so fest und kontinuierlich, daß sie eine alternative Welt, einen Ausbruch aus der beherrschenden Realität zu konstituieren vermag, etwas, das mehr wäre als Simmels »Insel im Leben«. In aller Regel ist ihre verwandelnde Wirkung klar beschränkt; sie erlaubt uns zu denken, was wir nicht sagen dürfen, zu sehen, was nicht da ist.

Diese Rolle spielt die Phantasie natürlich auch in den Scripts, von denen wir im letzten Kapitel sprachen. Alle Scripts haben insofern eine Phantasiekomponente, als sie sich auf etwas außerhalb der Situation beziehen, etwas, das nur in der Imagination der beteiligten Akteure präsent ist, z.B. eine Vorstellung vom idealen Familienfrühstück, vom aufregenden Ausflug in die Großstadt bei Nacht. Auch hier hat die Phantasie eine gewisse verwandelnde Funktion, verschleiert die harten Kanten der Realität und vermittelt Routineerfahrungen eine höhere Intensität. Sie wird so regelmäßig zu Hilfe genommen, daß sie schließlich Bestandteil der Szene wird: ein alter Freund, an den wir uns in bestimmten Momenten wenden können. Ja, wir ertappen uns dabei, wie wir Phantasien herbeirufen, wenn ganz spezifische Verwandlungen der Realität erforderlich sind. So etwa wird der Liebhaber, der bereits nach einem bestimmten Script mit bestimmten Phantasiekomponenten handelt – er identifiziert sich z.B. mit einem berühmten Liebhaber, projiziert sich in eine arkadische Umgebung –, plötzlich gezwungen sein, eine andere, vielleicht mit der ersten völlig unverbundene Phantasie herbeizuzitieren, um situationsbedingten Anforderungen zu genügen, z.B. der Notwendigkeit, eine Erektion zu halten oder den Orgasmus hinauszuzögern. Rasch wird die Phantasie herbeigerufen, sie erfüllt ihre Funktion, da sie die Situation in der Weise verwandelt, daß deren erotische Elemente eine Steigerung erfahren, und verschwindet dann wieder im Hintergrund des Denkens. Das ›innere Theater der Seele‹ wird hochkompliziert, wenn wir im Geist ein Bild von uns selbst, wie wir im Hinterhof Krickett spielen (eine typische Stopp-Phantasie), mit dem Bild von uns selbst als D.H.-Lawrence-Figur kombinieren, das in mystischer Kommunion explodiert (ein typisch sexuelles Script).

Die Phantasien werden bei der Diskussion des Alltagslebens so sehr vernachlässigt, daß solche Darstellungen ihrer Bedeutung in der Regel auf Widerstand stoßen. Es ist, als wollten wir einfach nicht glauben, daß wir das Hier und Jetzt unablässig mit Hilfe der Imagination modifizieren, besonders wenn die imaginativ verwandelte Situation eine ist, die als spontan oder natürlich gelten soll. Und wir lachen zwar über die Geschichte von jenem Liebhaber, der sich nach dem Vollzug befriedigt an seine Partnerin wendet und sagt: ›Erzähl du mir deine Phantasien, und ich erzähle dir meine‹, oder wir nicken wissend, wenn wir Freuds Bemerkung über den Geschlechtsverkehr hören, an dem immer wenigstens vier Personen beteiligt sind – die beiden Liebenden und die zwei imaginierten Liebenden –, und doch zögern wir zuzugeben, daß die Phantasie eine solche Rolle in unserem Leben spielt. Mit unserer Schweigsamkeit in diesem Punkt erkennen wir an, wie stark die kulturellen Zwänge sind, die verlangen, daß die Phantasie in Grenzen gehalten wird, daß wir uns nicht von ihr ›überrennen‹ lassen. In sphärischen und hydraulischen Metaphern deutet sich die Notwendigkeit solcher Kontrolle an: Wir wollen vorsichtig und nur am richtigen Ort und zur richtigen Zeit die Schleusen der Phantasie öffnen und nur die richtige Menge einströmen lassen.

Meist erzeugt diese psychische Manipulation keine Probleme. Wir rufen die Phantasien herbei und schicken sie fort, wann immer eine gewisse Verschleierung oder partielle Verwandlung angezeigt ist. Selbst wenn sie nicht selbst-bewußt heraufbeschworen werden, sondern uns ›überkommen‹ – wie jene reflexartigen männlich-chauvinistischen Sexualphantasien –, wird uns rasch bewußt, was passiert. Man läßt seine Gedanken laufen und gibt gut auf sie acht. Paradoxerweise ist also jener Bereich der Erfahrung – die Phantasie –, der doch nach allgemeiner Meinung dem Unbewußten am nächsten ist, in Wirklichkeit durchtränkt von Bewußtheit, zumindest in ihrer alltäglichen Erscheinung. Überflüssig zu sagen, daß das bekannte Paradox des Unbewußten auch hier gilt: Die Phantasie ist ein Weg fort von der Realität. Doch sobald man dies weiß – und man weiß es! –, macht die Welt sich wieder nachdrücklich bemerkbar.

Gleichwohl haben wir niemals das Gefühl, unsere Phantasien völlig zu kontrollieren. Unsere Abneigung, sie offen zu erörtern, hängt zweifellos mit dem Empfinden zusammen, daß sie gefährliche Verbündete sind. In manchen Fällen können wir sie glücklicherweise herbeirufen, damit sie uns beistehen, langweilige, widerwärtige Routinesituationen zu verwandeln; ein andermal aber tauchen sie ganz ›unschicklich‹ in Situationen auf, in denen wir unsere Aufmerksamkeit lieber dem Hier und Jetzt widmen würden. Auch können sie ›mit uns durchgehen‹. Statt ihre untergeordnete Verschleierungs- oder Verwandlungsfunktion zu erfüllen und dann zu verschwinden, beginnen sie, unser Leben zu beherrschen, und stellen sich zwischen uns und die Realität, statt den Kontakt mit dieser zu verbessern.

In Malzbergs Roman *Screen* wird der Held durch seine Phantasien in die Welt der Filme entführt. Wir alle gebrauchen ja das Kino als Phantasiefabrik, als Ort, wo wir uns für eine Weile zurücklehnen und unserer Imagination einen Urlaub gönnen, einen kurzen Aufschub von ihrer geschäftigen Aufgabe, unsere täglichen Aktivitäten zu komplementieren. Wir identifizieren uns mit dem Helden oder der Heldin, bilden uns ein, neben Lee Marvin herzureiten, mit Elizabeth Taylor im Bett zu liegen oder uns mit Jack Palance zu duellieren. Malzbergs Romanheld freilich geht weiter als die meisten von uns. Seine phantastische Identifikation führt ihn mitten in die Leinwandwelt. Er verwandelt sich in Brigitte Bardots Liebhaber, in Sophia Lorens Ehemann. Schon ein paar Sekunden im Kino genügen, um diese Verwandlung zu bewirken; nur ein paar Einstellungen, und er ist mitten in seiner Phantasiewelt. Zu Hause unterstützt er seine Phantasie mit 16-mm-Filmen und pornographischen Magazinen. In diese Welt nun tritt eine junge Frau ein, ein wirklicher Mensch, der darauf beharrt, daß die ›Realität‹ wichtiger ist als die Filme. Unser Held gerät durch die Wirklichkeit, die sie ihm erschließt und die sie verkörpert, in Versuchung; er konzentriert seine Gedanken auf ihre Erscheinung, ihren Körper, und er macht Liebe mit ihr. Dabei achtet er wachsam auf den Inhalt seiner Gedanken: keine Phantasiegestalten in Sicht; er fängt an zu glauben, daß dieser Akt die Verwandlung bringen wird, es ist eine Ahnung von einem Leben ohne Phantasie, Befreiung von der Welt der Kinostars. Doch allmählich treten die Bilder hervor:

»Sie kamen aus dem toten Winkel des Bewußtseins, blaß, leise, fast unwahrnehmbar, und dann, als mein Tempo und meine Seufzer sich steigerten und ich versuchte, sie zu verscheuchen, indem ich mich in eine isolierte Nische verkroch, kamen sie näher und immer näher, arbeiteten sich zum Mittelpunkt und dann in den Vordergrund der Gehirnwindungen vor, und die Stimmen waren die sanften, drängenden Stimmen von Frauen.«[12]

Reihenweise Phantasiegestalten, die seinen Namen flüstern, die eine wichtige Rolle in seinem Leben behaupten; seine Hoffnung, ohne sie leben zu können, ist rasch aufgegeben. Am Abend schleppt er seine Freundin ins nächste Kino, wo er sich wieder glücklich in die Leinwandwelt, in die Arme von Doris Day wirft.

Gewiß, manche Phantasien nehmen wohl diesen Zwangscharakter an. Statt einige Segmente der Welt zu verwandeln, machen sie ganze Bereiche dieser Welt unhaltbar. Aber sie derart ›außer Kontrolle‹ geraten zu lassen, ist ein gefährlicher Weg, aus der Realität auszubrechen. Es ist der Weg in den Irrsinn, denn er hebt schließlich die Differenz zwischen Innen und Außen in der Weise auf, daß Visionen und Halluzinationen, Vorstellungen und Realität, Wahnideen und Überzeugungen sich nicht mehr dialektisch aufeinander beziehen.

Unser Gefühl, daß unser Innenleben etwas ganz Besonderes ist, gepaart mit unserer Furcht, es ›mit uns durchgehen zu lassen‹, veranlaßt uns vielleicht, Veränderungen der Realität zu versuchen, indem wir unsere Phantasien in die reale Welt einbringen. Mit anderen Worten, statt Phantasien nur als Beifügungen zu bestehenden Scripts zuzulassen, machen wir uns tatsächlich daran, unsere Phantasien als Scripts zu verwirklichen, unseren Imaginationen konkreten Ausdruck zu geben. Doch die Möglichkeiten, die Realität durch solche Techniken zu verwandeln, sind dadurch beschränkt, daß die anderen Leute sich den Darstellungen unserer Phantasie widersetzen und daß die Situationen, in denen sie stattfinden müssen, dafür ungeeignet sind.

Es gibt zahlreiche historische Beispiele für Leute, die über die Mittel verfügten, ihre privaten Phantasien als Scripts zu verwirklichen, die imstande waren, das Bühnenbild, die Requisiten und die Truppe unterstützender Figuren zusammenzubringen. Der Umstand, daß diese Bedingungen im Alltagsleben meist nicht gegeben sind, bedeutet, daß die Phantasien weniger öffentlich inszeniert werden; sie nehmen eine mit dem täglichen Leben vereinbare, ja deckungsgleiche Form an. Und oft ist die Chance ihrer Inszenierung abhängig von der Gegenwart eines ›anderen‹.

Nehmen wir z.B. die Humphrey-Bogart-Phantasie. Es beginnt damit, daß ich mich – mehr oder weniger selbstbewußt – mit seiner Leinwandpersönlichkeit und seiner Leinwandexistenz identifiziere. Ich stelle mir vor, wie es wäre, selbst so zu leben. Allmählich nehme ich ein paar Bogart-Posen an: Ich zünde meine Zigarette auf die für ihn typische Weise an, kräusele die Lippen zum richtigen bösen Lächeln. Freundinnen werden zu Laureen-Bacall-Figuren schematisiert, und meine Kneipe verwandelt sich in Ricks Bar in *Casablanca*. All dem aber sind Grenzen gezogen. Selbstbewußtheit durchschaut schon bald meinen Bluff, wenn mein Blick auf mein Spiegelbild fällt oder wenn jemand schmunzelnd beobachtet, wie ich mich beobachte. Vor allem jedoch kann ich meine Phantasie nicht wirklich durchhalten, mich nicht ganz in sie investieren, solange nicht eine Bühne, ein Script und die entsprechenden Requisiten da sind. Vorstellbar immerhin ist, daß ich über die finanziellen und sonstigen Mittel gebiete, um die Welt nach meiner Phantasie zu gestalten, wie der Held aus John Fowles' *The Collector*, der Frauen wie Schmetterlinge fängt und sammelt. Wenn jedermann mehr Geld und mehr Zeit hätte, so stellt er fest, würde dergleichen öfter geschehen.

Aber meistens, wie gesagt, behalten wir unsere Phantasien für uns. Und wenn wir einmal mit anderen darüber sprechen, so in aller Regel über die weniger extremen oder exzentrischen Vorstellungen – solche, die aufgrund ihrer Vereinbarkeit mit Aspekten der beherrschenden Realität in existierende Scripts eingebettet werden können. Bei manchen Anlässen freilich kommen Menschen zusammen und stellen fest, daß sie jeweils des anderen bizarre Phantasien teilen. Jetzt ist die Phantasie nicht mehr ein individuelles geistiges Mittel, dessen wir uns dann und wann im Alltag bedienen; mit Hilfe eines ›anderen‹ können wir sie ausgestalten, und sie rückt in den Mittelpunkt unseres Lebens. Die klassische klinische Bezeichnung dieses Phänomens ist die *folie à deux*, eine Situation, in der zwei Menschen aktiv ihre extreme Phantasie bis zu dem Punkt kultivieren, an dem die Scripts für ihre Inszenierung zusammengesetzt werden können.

So können Leute, die feststellen, daß ihnen eine megalomanische Phantasie gemeinsam ist, sich bewußt daranmachen, deren Ausarbeitung zu organisieren. Allmählich erwerben sie eine Reihe von Requisiten, die dazu beitragen, sie als mögliche Realität zu konstituieren. Neben den Regalen mit Büchern von Hitler, De Sade und Nietzsche hängen dann Bilder von Tod und Zerstörung, vielleicht auch etliche wirklich mit der Phantasie verbundene Objekte: Messer, Pistolen, Uniformen. Die Phantasie ist immer noch weit davon entfernt, in ein Script eingebettet zu sein, das ein megalomanisches Verhalten ermöglichen würde. Ja, solange sie in diesem Zustand der Ausarbeitung ist, kann ihr ›phantastisches‹ Wesen durch die

Abhängigkeit von konventionellen Philosophien und materiellen Artefakten geschwächt werden. Gleichwohl ist sie aus den Gedanken heraus und in die Welt getreten. Aus privater psychischer Obsession ist eine kollektive ›Exzentrizität‹ des Verhaltens geworden.

Dies also ist der Fall, wenn die Phantasie aus ihrer gewohnten Rolle fällt; wenn sie die typische Komplementärbeziehung zwischen Imagination und Realität stört, wenn sie eine eigene, besondere Welt schafft, oder eine Enklave in der realen Welt, in die wir uns hin und wieder zurückziehen, wenn die beherrschende Realität allzu bedrückend erscheint.

Derlei Beispiele genügen aber nicht, um der Phantasie den Status eines magischen Ausbruchsweges zuzuschreiben. Denn meist helfen die Phantasien uns lediglich, den Tag zu überstehen, indem sie uns die fragwürdige Sicherheit geben, daß da ein Teil von uns selbst ist, der nicht völlig in den Routinen und Gewohnheiten aufgeht. Und selbst dieser Trost ist rasch durch das Wissen in Frage gestellt, wie abhängig die Phantasieproduktion vom allgemeinen Kulturfundus ist.

Anscheinend erben wir nur wenig von jenem imaginativen Reichtum der Kindheit. Die äußere Welt ist bald stramm von der inneren getrennt, und zurück bleiben ein paar Allerweltsassoziationen, eine Reihe von B-Serien-Filmen, die wir uns gelegentlich anschauen, wenn es an äußeren Reizen fehlt, oder wenn wir so tief in Selbsttäuschung befangen sind, daß wir glauben, es gebe noch ein inneres Refugium, in dem wir uns vor den harten Schlägen der Realität verstecken könnten.

5 Freiräume, Ausbruchswege und Enklaven der Identität

Im Hinblick darauf, daß es wenigstens in der Natur einige Ordnung und Vorhersagbarkeit gibt, soll Einstein bemerkt haben: »Gott ist heikel, aber er ist nicht geradezu gemein.« Ähnlich ist die Gesellschaftsordnung, so heikel sie sein mag und so seltsam die Ausbruchsversuche aus ihr erscheinen, doch nicht so gemein und pervers, als daß sie nicht klar erkennbare Lösungen böte für die Probleme, die sie erzeugt.

Relativierung und Selbstbewußtheit lösen nicht immer unser Problem, wenn wir mit unseren Routinen und unseren Scripts unzufrieden sind. Und unsere Lebensscripts bieten unseren Phantasien nicht immer hinreichend Platz. Wir suchen anderswo nach Mitteln, um Routine, Langeweile, mangelnde Individualität und Frustration zu bekämpfen. Wir wollen einen ›wirklichen‹ Ausbruch, die Flucht, um uns zeitweilig von der beherrschenden Realität zu absentieren, uns im Spiel zu finden, in Frieden und mit neuen, stärkeren symbolischen Mitteln unsere Identität aufbauen zu können. Eben solche Zufluchtstätten richtet die Gesellschaft ein, und sie markiert sie mit Wegweisern. Ja, sie markiert sie so gut, daß sie, wie wir in diesem Kapitel zeigen werden, selbst Teil der beherrschenden Realität werden.

Durch das Bereitstellen solcher Zufluchtstätten scheint die Gesellschaft zu antizipieren, daß ihre Verhältnisse spielerisch abgewandelt, ihre Regeln gelockert, ihre Pforten auch einmal geöffnet werden müssen. Und da zu den Scripts, die solche Vorkehrungen begleiten, noch die Phantasie hinzutritt, können wir davon sprechen, daß diese Refugien Orte sind, wo die beherrschende Realität sich auch einmal verabschieden darf.

Wir brauchen solche Vorkehrungen, weil Techniken wie die Selbstbeobachtung und Selbstdistanzierung begrenzt sind. Diese können, wie wir sahen, sogar insofern kontraproduktiv sein, als die Verwirklichung des Selbst im Widerspruch zu Aufgaben und Rollen die Aufmerksamkeit auf den Umstand lenkt, daß es keinen Sektor des Lebens gibt, in dem wir wirklich zu Hause, wir selbst, frei wären. Selbstbewußtheit kann das Geflecht von Arbeit und Familie noch routinierter und vollends unerträglich machen. Die

Distanzierungstechniken werden immer verzweifelter gebraucht, je mehr der Einzelne sich und andere davon zu überzeugen sucht, daß er mehr ist als nur Arbeiter, Ehemann, Vater. Um zu zeigen, daß wir mehr können, als diese Strukturen zu unterlaufen und uns davor zu drücken, suchen wir uns neue Rollen zu schaffen und in spezifische Ausbruchsscripts einzusteigen. Wir geben uns der Vorstellung hin, daß es einige Aktivitäten, einige Rollen geben muß, in denen wir uns ganz engagieren und die genügend mit unserer Identität vereinbar sind, um, gerade in ihrem Vollzug, die Verwirklichung dieser Identität zu erlauben. Auch suchen wir nach Gebieten, die keine Spannung oder Störung zwischen Phantasie und Script androhen: Der Freiraum ist ein Ort, an dem wir unsere Phantasien ausagieren können, oder an dem das Handeln keinerlei wesensfremde Phantasien braucht, die es verwandeln.

Wir bewohnen gleichzeitig mehrere Welten, folgen verschiedenen Interessen zugleich, die sich danach unterscheiden, wie viel Individualität, Vertrautheit, Freiheit von Zwängen sie gewähren. Wir betreten hier Bereiche, wo die Erfüllung der Aufgabe als Selbstausdruck gilt, wo die Bekundung von Distanz unangemessen ist und Behauptungen, daß eine Handlung oder Tätigkeit sinnlos sei, regelrecht tabu sind. Die Pfade dorthin sind institutionalisiert, nicht weil wir sie als solche erlebten, sondern weil sie von der Gesellschaft so kategorisiert werden. Diese Exkursionen, wiewohl von der Gesellschaft als Entlastungsreisen zugelassen, müssen – ähnlich wie die Phantasie – sorgfältig reguliert und überwacht werden. Denn in ihrem Verlauf kann die Realität gar zu weit fortrükken und dabei Ausblicke auf alternative Realitäten eröffnen, die radikale Konsequenzen haben könnten. Der ›Geschmack der Freiheit‹, den ein auf Ehrenwort beurlaubter Häftling genießt, kann die Art, wie er das Gefängnis erfährt, wesentlich verändern. Der Aufenthalt in einem Freiraum ist also mit Risiken verbunden. Die zeitweilige Absentierung vom Alltag bedeutet stets ein Wagnis, auch wenn der Rückweg klar vorgezeichnet ist und der Ausflug meist nur bis zum Rand der alternativen Realität führt.

Recht seltsame und zum Teil völlig unvereinbare Lebensbereiche fallen unter das Rubrum Freiräume: Vom Fahrkartensammeln bis zur Psychoanalyse, von Massenferien bis zu LSD-Trips, vom Roulettespiel bis zum Eintritt in eine Kommune reicht das Spektrum, ihnen allen ist eine ähnliche Ausbruchbedeutung gemeinsam. Es sind Auswege. Gemeinsam ist ihnen zudem eine eigentümliche Spannung zwischen dem Bekannten und dem Unbekannten, dem Sicheren und dem Gefährlichen, dem Neuen und dem Konventionellen. Wenn wir uns für eine dieser Aktivitäten entscheiden, kaufen wir womöglich ein recht standardisiertes Element des Alltagslebens. Für die Zeit und das Geld, die wir in ein Hobby investieren, erwerben wir vielleicht lediglich etwas, das in den Augen anderer wie ein weiterer Job aussieht. Unsere Urlaubsbuchung bringt uns Sonne, Strand und Mahlzeiten ein. Mit unserem Einsatz am Spieltisch verschaffen wir uns Geselligkeit, einen amüsanten Zeitvertreib und die Chance eines finanziellen Gewinns. Wenn wir den Joint anzünden oder die LSD-Pille schlucken, kaufen wir Entspannung, Sensibilität und eine Vielfalt physischer Sensationen.

Viele dieser Programme aber sind mit Risiken verknüpft. Ja, sie werden unter Hinweis auf diese Risiken angepriesen: Wenn du diesen Urlaub buchst, diese Wette abschließt, diese Pille schluckst, dann könnte dir etwas Ungewöhnliches widerfahren. Dein Leben könnte sich verändern: durch die plötzliche Entdeckung einer neuen kulturellen Welt im Urlaub, durch den dramatischen Übergang von Armut zu Reichtum nach einem Lottogewinn, durch die bewußtseinserweiternde Entdeckung deines wahren Selbst nach Einnahme einer Chemikalie.

Andere wesensmäßige Verhaltensmerkmale solcher Freiheiten als die freiwillige Beteiligung lassen sich schwer feststellen – so unterschiedlich sind sie im Inhalt. Es sind Gebiete, in denen der Mensch sein Selbst nicht verkauft. Am besten wären sie nicht anhand ihrer eigenen Merkmale zu klassifizieren – diese können ganz alltäglich und uninteressant sein –, sondern aufgrund jenes Segments der beherrschenden Realität, vor dem der Einzelne sich drücken oder das er verdrängen will. Es gibt *Enklaven der Aktivität,* mit denen die Leute sich – durch Hobbies, Spiele, Sport – einen sicheren Platz für Selbstausdruck und Identitätsarbeit abzugrenzen suchen; *Wanderungen in neue Landschaften,* wo die Leute mit Hilfe von Urlaub und Abenteuer die Routine verlassen, um eine geeignete Situation fürs Ausagieren ihrer Phantasien zu finden, und *Seelenwanderungen,* bei denen mit Hilfe von Drogen und verschiedenen Therapien eine ›innere Reise‹ unternommen wird.

Hobbies

Das Hobby ist eine der reinsten Formen des Freiraums. Die tatsächlich ausgeführte Tätigkeit ist dabei unwichtig. Fast alles ist dazu geeignet, solange wir freiwillig seinen Rhythmen und Forderungen gehorchen. Der ›Heimverschönerer‹, der Gärtner, der Modellbauer, der Briefmarkensammler – sie alle verrichten Tätigkeiten gleich jenen, die in den Augen anderer Routineanpassung oder Selbstdistanzierung verlangen. Doch sie unterscheiden sich dadurch, daß der Einzelne behauptet, hier finde sein wirkliches Leben statt, hier suspendiere er seine Selbstbewußtheit, weil die Aktivität an sich eine Gelegenheit zum Selbstausdruck biete. Vielleicht sind wir überrascht, wenn wir erfahren, daß jemand Zündholzschachteln oder Bierfilze sammelt, doch wir würden niemals behaupten, daß dies kein Hobby sei, solange wir erkennen, daß er es freiwillig und völlig außerhalb seines Arbeitslebens tut.

Das Hobby ist ein Freiraum, in dem es sehr viel Routine und relativ wenig Selbstbeobachtung oder Selbstbewußtheit gibt. Typischerweise ist es eine Welt nicht-menschlicher Objekte – Briefmarken, Schmetterlinge, Blumen, Holz, Boote, Elektrodraht –, und tatsächlich kommt es beim Hobby vorwiegend darauf an, diese unbelebte Welt zu organisieren, klassifizieren, arrangieren, erfassen und schließlich zu beherrschen. Das Hobby ist eine Mikrosphäre verwaltbarer Objekte, ähnlich wie die Spielwelt des Kindes, und seine Verrichtungen sind zwanghaft und ritualisiert. Wir können unser Bewußtsein suspendieren, denn es gibt kaum jemanden, mit dem wir in Interaktion treten könnten. Die Handbücher, Fernsehprogramme und Kataloge für den Gärtner richten sich ausschließlich auf die Verbesserung der Techniken, die Beherrschung einer Welt von Samen, Schnecken und Kompost. Niemand kümmert sich – und daher brauchst du es auch nicht – um deinen Verhaltensstil, deine Gefühle, ob du spontan und herzlich bist. Die anderen in deiner Hobbywelt noch vorhandenen Menschen – der Händler, bei dem du die Briefmarken kaufst, deine Mitbewerber um die schönste Schmetterlingsammlung – sind in rein funktionalen Rollen präsent.

Das Hobby wird oft als sakrosankter Ausbruch aus dem täglichen Einerlei verstanden – die räumliche Anordnung der Gartenenklave, des Spielzimmers, des Bastelkellers oder -speichers verstärkt dies noch –, auch als Mittel, das Gewicht der Alltagsroutine abzuschütteln. Verhaltensmäßig und subjektiv bleibt es aber für die meisten Menschen ein ›Zuhause‹. Der Gärtner, Briefmarkensammler, Taubenzüchter, Forellenfischer, Modelleisenbahn-Fan stemmt sich nicht gegen eine feindliche und fremde Welt. Er buddelt sich kleine Freiräume. Selbst wenn ihm die Welt hin und wieder wie ein Gefängnis vorkommt, versteht er diese Freiräume doch als Chance, die Zeit in diesem Gefängnis entspannt und vergleichsweise angenehm zu verbringen.

Gerade weil solche Freiräume im normalen Lebensplan vorgesehen sind, sind sie nicht gegen Infektion gefeit. Gewiß können Menschen so nachdrücklich von ihren privaten Hobbies absorbiert werden, wie es bei der Arbeit nie der Fall wäre; dennoch gibt es kaum Grund anzunehmen, daß die gleiche Selbstbewußtheit, die über anderen Lebensbereichen wacht, nur deshalb suspendiert ist, weil diese Bereiche als ›Freizeit‹ klassifiziert und durch die entscheidende Tatsache gekennzeichnet sind, daß der, der seinem Hobby nachgeht, nicht eigentlich seine Zeit, seine Energie und sein Selbst verkauft. Auch wenn tatsächlich kein anderer anwesend ist, läßt die Welt dich nicht in Ruhe. Die Auslöser solcher Selbstbewußtheit sind zahlreich: die Banalität der Tätigkeit selbst (findet man denn wirklich sein wahres Selbst, indem man Briefmarken in Alben klebt oder große Gurken züchtet?), die Einsicht, daß viele andere sich mit der gleichen Sache beschäftigen, die Ritualisierung des Erlebnisses durch die Massenmedien, die höchst kommerzialisierte und vorgeprägte Form, in der man gezwungen ist, sich mit Zeitschriften, Klubs, Bastlerinfos und Do-it-yourself-Werkzeug zu vergnügen.

Mit anderen Worten, jede dieser Enklaven kann von eben der Bewußtheit überschwemmt werden, die zu Zynismus und Distanzierung von den ›unfreien‹ Bereichen unseres Lebens Anlaß gibt. Die Dürftigkeit der Freiräume ergibt sich aus ihrer Koexistenz mit anderen, phänomenal unstimmigen Welten. Sie bezeichnen den Versuch, ein Stück ›natürlichen‹ Verhaltens in einer Zeit zu bewahren, in der die Multiplizität von verfügbaren Rollen und Aktivitäten alles zu relativieren droht.

Manchmal freilich bleiben diese Sonderwelten erhalten, da es eine Gruppenideologie gibt, die ihre wesenhafte Bedeutung, ihr Potential der Selbstverwirklichung überhöht. Man zitiert Helden, deren

Persönlichkeit sich nur aus ihrer völligen Identifikation mit der betreffenden Aktivität verstehen läßt. Die meisten Hobbyfreunde besitzen ihr spezielles Gegenstück zu Guiness' *Buch der Rekorde:* eine Mythologie, der zufolge hervorragende Taten – die größte Gurke, die schwärzeste Rose, die meisten Zündholzetiketten – die den Gläubigen erwartende Belohnung verkünden.

Bleibt allerdings die Schwierigkeit, die Integrität jener Enklave der Selbstverwirklichung innerhalb der ›realen‹ Welt zu gewährleisten. Wird dies bloß zu einer weiteren Routine oder einer weiteren Aktivität, *gegen* die wir unser Selbst behaupten, oder finden wir *in* ihr unsere Identität? Die Integrität des Freiraums wird noch gründlicher bedroht durch die kulturelle Anerkennung und Förderung der zu ihr gehörigen Aktivitäten. Das Hinzutreten des Wettbewerbs zum Beispiel vergiftet den Freiraum durch Rachsucht, Neid, Eifersucht – wie sich an der klassischen Verdächtigung zeigt, der preisgekrönte Kürbis- oder Hundezüchter habe gemogelt. Und dann ist die private Welt des Philatelisten, des Modellbauers, des Trimm-dich-Sportlers auf einmal dem Gespött preisgegeben durch jene Fernseh- und Radiokomödien, deren Humor weitgehend auf dem Verulken der kleinen Intimitäten des häuslichen Alltags beruht. Es fällt schon ein wenig schwerer, zu unserer Zündholzschachtel-Sammlung in der Mansarde zurückzukehren, nachdem wir im Fernsehen gesehen haben, wie eine solche Obsession von den Mattscheiben-Komödianten zur Erheiterung von Millionen lächerlich gemacht wurde.

Routine und Selbstbewußtheit können Gefahren für jenen Teil unseres Lebens bedeuten, den wir als ›wirklicher‹ denn jeden anderen bezeichnen. Akzeptieren wir die Einsicht, daß die betreffende Aktivität weitgehend banal und ohne ›Sinn‹ ist, so betrachten wir sie leicht als Routine – als Aufgabe, die kaum für Engagement oder Identitätsarbeit taugt. Sie ist nun ›unter unserer Würde‹ – bloße Wiederholung. Andererseits bewirkt das Hinzukommen von Selbstbewußtheit, daß diese Aktivität nur eine unter anderen ist, es distanziert uns von ihr, so daß ihre Selbstverwirklichungsfunktion in Frage gestellt wird. Wir schicken uns an ›auszubrechen‹ aus dem, was unser Ausbruch sein sollte. Diese Infragestellung ist sozusagen unvermeidlich; aber denjenigen, die in ihr Hobby nur ein geringes Maß an Widerstand oder Ausbruchs-Status einbinden, macht sie wohl weniger aus. Jemand, der sich mit einem esoterischen Hobby – etwa Zündholzetiketten sammeln oder Schiffe in

Flaschen bauen – vergnügt, wird keineswegs von Angst oder Verzweiflung bei dem Gedanken gepackt, im Fernsehen aufzutreten oder in Guiness' *Buch der Rekorde* aufgenommen zu werden, ja, er wird sich vielleicht sogar über diese Anerkennung freuen. Was für den einen kulturelle Kooptierung (Vereinnahmung) bedeutet, kann für den anderen ein Gefühl der Individualität begründen.

Routine, Selbstbewußtheit und Kooptierung lauern also stets am Rande dieser Aktivitätsenklaven, stets auf dem Sprung, hereinzubrechen und ihre unerwünschte Gegenwart zu erhärten. Sie sind die Vertreter einer Welt der Instrumentalität, gerade jener Welt, die das Hobby in Frage stellen will. Die Spielwelt des Kindes ist vor solchen Eindringlingen sicher; in seiner ungeordneten Welt begrüßt es freudig Routine und Wiederholung, niemals wird es durch Selbstbewußtheit und Absurdität beunruhigt; es ist immun gegen Kooptierung.

Derlei Gefahren nehmen eine ganz andere Dimension an, wenn das ›harmlose‹ Hobby zu ernst genommen wird. Das Hobby ist für gewöhnlich ein relativ sicherer Ausbruchsweg. Risiken drohen allerdings, sobald es zur Obsession wird und das phantastische Element überhand zu nehmen droht. Die Comics sind bevölkert mit Charakteren, deren Hobby zu einer ihr ganzes Leben beherrschenden Obsession wird, wie bei Kirby Groomkirby in N.F. Simpsons *One Way Pendulum,* der seine Tage, Jahre damit zubringt, Krämerwaagen das Singen zu lehren. (»Natürlich ist's eine Form von Flucht, Eskapismus«, bemerkt eine der Figuren wohlwollend zu Kirbys Hobby.) Bill Skanklys klassische Antwort auf den Vorwurf, er halte Fußball für eine so wichtige Sache wie Leben und Tod, lautete, daß Fußball »viel, viel wichtiger ist als Leben und Tod«. Wörtlich genommen ist dies ein Rezept für ein anderes Script, das das Leben ins Hobby einbezieht. Etwas Phantastisches, wie wir in Kapitel 8 sehen werden, ist jetzt möglich.

Spiele

Hobbies sind nicht das einzige, was in unseren Aktivitätsenklaven stattfindet; sie sind auch der Ort, wo wir Spiele spielen. So wie Hobbies kann man sich zwar auch Spielen einsam hingeben – Patience oder Kreuzworträtsel; aber anders als bei den Hobbies brauchen wir zum Spielen in aller Regel einen anderen, damit Einverständnis oder Wettbewerb möglich ist.

Spiele, die ein geringes Element an Phantasie und kaum Bezug zu irgendwelchen signifikanten Scripts haben, werden nicht benutzt, um die beherrschende Realität in Frage zu stellen. Sie sind lediglich Zeitvertreib: Scrabble, Federball oder Domino werden schwerlich mit mehr Bedeutung ausgestattet. Doch die meisten Wettbewerbsspiele und Sportarten, deren Geschehen meinetwegen ebenso banal ist, können zum Schauplatz erheblicher sozialer Dramen werden. Selbst für eher einfallslose Kommentatoren unserer Freizeitaktivitäten ist es inzwischen ein Gemeinplatz, die Welt von Schach, Golf, Fußball, Krickett und Poker mit Metaphern und Bedeutungen auszustatten, die weit über die unmittelbare Aktivität hinausweisen und den Spieler in die Sphäre des Spektakulären, des Tragischen, des Ironischen, des Heroischen, des Komischen, des Melodramatischen projizieren.

Der Ausbruchs-Status der Spiele ist abhängig davon, wieviel in sie investiert wird und in welchem Maß Phantasien mobilisiert werden. Spiele der untersten Ebene, wie etwa Scrabble oder Domino, verlangen nicht nur keine Phantasiebeteiligung, sondern bieten auch wenig Raum für die Identitätsarbeit. Es stehen keine zwingenden kulturellen Scripts bereit, die uns aus der Welt entführen könnten. Auf nächsthöherer Ebene finden wir jene vielen Sportarten und Spiele, die ebenfalls nicht aus Gründen des Ausbruchs ausgeübt werden – Fitbleiben, Persönlichkeitsentwicklung, Zeitvertreib –, die aber als Aktivitätsenklaven aufgefaßt werden können, in denen ein gewisser Selbstausdruck möglich ist, und die Dramen eigener Art schaffen, während sie bei kulturellen Dramen Anleihen machen. The Hustler, The Cincinnati Kid, Hemingways Stierkämpfer, Mailers Boxer, Bukowskis Jockeys – sie alle führen Szenen der Leidenschaft, des Konflikts, der Sexualität und des Terrors auf, die weit über die einfachen Verhaltenssequenzen des Spiels hinausgehen. Und dies ist der Grund – das weiß jeder, der mit einigem Engagement Spiele spielt –, weshalb es nicht nur darum geht, daß zwei erwachsene Männer auf einem Podest aufeinander eindreschen, daß jemand einen Lederball tritt, daß jemand sein Pferd über Hindernisse hetzt. Einzig unser alter Feind, die Selbstbeobachtung, zwingt den Spielern solche Definitionen auf. Rettung bietet ihnen – wie dem Hobbyfreund – nur der Appell an die Phantasie, an legendäre Darsteller und Spieler, an Oberscripts. Das ›Tor des Monats‹, das ›Spiel des Jahres‹, die Ruhmeshalle, die Chroniken, Fotos, Poster, Biographien großer Persönlichkeiten garantieren die Chance, das banal Alltägliche der Aktivität zu transzendieren. Und gerade die Kraft, die diese Scripts schafft – die kommerzielle Kooptierung –, erinnert paradoxerweise daran, daß Individualität, Beherrschung der Objektwelt und Selbstausdruck ebensogut Waren sein können, die von Profis verkauft werden.

Bei konventionelleren Spielen und Sportarten können die Leute selbst entscheiden, wieviel Phantasie sie in ihre Tätigkeit investieren wollen. Man kann entweder jemanden mit einem gepolsterten Handschuh verdreschen oder sich für die Emanzipation der Schwarzen schlagen. Manche Spiele indes sind eindeutiger auf den Gebrauch der Phantasie angewiesen. Ein gutes Beispiel ist das Gesellschaftsspiel der Erwachsenen. Du kannst nicht Monopoly spielen, wenn du es ebenso unbeteiligt wie Klickern oder Kastelhupfen spielst. Es wird von dir erwartet, daß du dich in die Identität eines millionenschweren Immobilienhändlers projizierst, daß du aus den vorhandenen Symbolen eine (wie immer zerbrechliche) imaginäre Welt erzeugst. Die Realität spielt nicht die gleiche Rolle wie in den konventionellen Spielen, wo Tore, Knockouts, Treffer und Rekorde die ›realen‹ Objekte der Veranstaltung sind.

Neuerdings gibt es Gesellschaftsspiele, die kompliziertere Phantasien als jene konventionellen des geschäftlichen Erfolgs beteiligen. Diplomatie-Spiele, Agenten-Spiele, Krieg-Spiele – sie alle eröffnen neue, ritualisierte Phantasien. Sogar der einst tabuisierte Bereich der Sexualität wird Spielen wie ›Libido‹ dienstbar gemacht. ›Traust du dich, Libido zu spielen?‹ fragt die Reklame, und natürlich trauen wir uns, denn außer dem starken, obschon kurzlebigen Gefühl der Relativität und Freiheit, das alle institutionalisierten Ausbruchsmanöver kennzeichnet, schreibt das Spiel gleichzeitig vor, daß der erfolgreiche Spieler teuflisch achtgeben muß, sich zu distanzieren und zu beobachten. Weniger sicher abgeschottete Sexspiele wie Frauentausch und Partnerparties sprengen die subtileren Schranken solcher Ausbruchsbahnen. Gewiß bieten sie eine ritualisierte Chance, geläufige Phantasien zu inszenieren – etwa: Du nimmst von einer Party eine fremde Frau mit oder schläfst mit der Frau deines besten Freundes –, doch die Folklore und die sozialwissenschaftliche Erforschung solcher Aktivitäten zeigen, daß die Selbstbewußtheit sogleich wieder zur Stelle ist und daß die Enklave von den gleichen Kräften verfinstert wird – Schuld, Angst und Absurdität –, die den ›normalen‹ Sex beherrschen.

Noch eine weitere Kategorie von Spielen gibt es, auf die wir im Zusammenhang mit der Therapie noch einmal zurückkommen werden: Seelenspiele, Sozio- und Psychodramen, Phantasie-›Workshops‹ und dergleichen mehr. In wörtlichem Verständnis des neofreudianischen Bestrebens, das Bewußtsein in einen Zustand des reinen Spiels und der Unschuld zu führen, unbeeinträchtigt durch die ›hang-ups‹ der Industriegesellschaft, weisen manche populären Therapien die Ausbrecher an, Befreiung durch Spiele zu finden. Deren höchstentwickelte Version ist das Psychospiel: ›Seelische Übungen‹, die eine außergewöhnliche Wahlfreiheit gewähren, so als könnte man sterben und rückblickend sein Leben betrachten, sie beleben Erfahrungen wieder, die man als Kleinkind hatte, oder verwandeln einen in ein mythisches Tier. Der Anspruch solcher Spiele und die Motivation derer, die sie spielen, sind natürlich viel grandioser als beim Bridge oder Autorennen. In der Regel jedoch ist, wie wir sehen werden, der ›Als-ob‹-Charakter des Spiels vorsätzlich auf Anpassung statt auf Widerstand gegen die beherrschende Realität gerichtet. Ähnlich wie das Ethos der Public Schools behauptete, daß Rugbyspielen ›gut für den Charakter‹ sei, suggerieren die Psychospiele, daß es die Ehe festige, wenn der Mann die Rolle der gelangweilten Hausfrau ausspielt.

Doch schon die Fetischisierung der Authentizität, die bei den Psychospielen betrieben wird, macht offenbar, wie verletzlich diese Aktivitätsenklave ist. Dem ehrgeizigen Krickettspieler wird empfohlen, er solle den Schläger wie Gary Sobers führen, nicht aber Gary Sobers sein. Dem Psychospiel-Spieler dagegen wird eingeschärft, tatsächlich so zu tun, als sei er ein anderer, etwa seine Frau, sein Chef oder sein Vater. Dies stellt wohl schwerlich die Realität in Frage, außer natürlich, wenn das ›So tun als ob‹ weitergeht, wenn das Spiel aus seiner Enklave in die tägliche Routine übergreift. Zwar ist es vergnüglich für den Gefängniswärter und den Gefangenen, wenn sie unter der Leitung des nach Morenos Methode ausgebildeten Gruppentherapeuten einmal ihre Rollen vertauschen; aber alle wissen, daß, wenn sie jenen Trakt des Gefängnisses verlassen, wo solche Gruppendramen aufgeführt werden (bezeichnenderweise meist im Hobby- oder Spielraum), das Spiel vorbei ist, die Realität wieder zupackt.

Glücksspiele

Bei manchen der Spiele, über die wir sprachen, ist ein Element des Glücksspiels beteiligt. Viele beruhen auf der Bereitschaft der Spieler, ihre Identität, ihr Verständnis der beherrschenden Realität teilweise aufs Spiel zu setzen. Die Idee, uns selbst oder Teile unserer Welt dem Zufall zu überlassen, bleibt jedoch nicht auf jene strukturierten Anlässe beschränkt, die wir Spiele nennen. Ideen wie Glück, Chance, Schicksal und Risiko durchdringen oft unseren Alltag. Im Augenblick ist die Lebensroutine vielleicht stumpfsinnig und monoton; aber es besteht die Möglichkeit, daß etwas passiert. Doch selbst wenn wir vielleicht an den Zufall glauben und uns auf ihn berufen, um Zwischenfälle in unserem Leben oder in dem anderer zu erklären, fällt es uns schwer, uns seinem Zugriff auszusetzen. Die Vorstellung, daß er uns ohne Vorankündigung überfällt, ist kaum mehr als eine geläufige Phantasie, die den Tag überstehen hilft; aber merkwürdigerweise gibt es dafür keine Scripts.

Die Hoffnung, daß der Zufall die Realität in Frage stelle, führt uns daher in Enklaven, wo die geeigneten Beschwörungsrituale vollzogen werden. Diese Enklaven umschreiben unmittelbar jenen Teil unserer Welt, der aufs Spiel gesetzt werden kann. Der reine Zufall könnte uns in einen König verwandeln, uns auf eine einsame Insel versetzen, uns von unserer Familie, unseren Freunden und der Arbeit befreien. Der strukturierte Zufall, wie er uns in Bingosälen, Spielkasinos und beim Pferderennen begegnet, zahlt den einen Identitätsdividenden aus und kassiert die Einsätze anderer, die die Mittel der Verwandlung, nicht aber die Verwandlung selbst liefern.[1] Das Unvorhersagbare ist noch präsent, doch die Kultivierung der Unvorhersehbarkeit in vorhersehbaren Formen versöhnt nun den Zufall mit anderen Merkmalen des sozialen Lebens.

> »Der Spieler ist zwar der Sinnlosigkeit des Zufalls preisgegeben; allein indem er auf dessen Gunst rechnet, indem er ein durch diesen Zufall bedingtes Leben für möglich hält und verwirklicht, stellt sich ihm der Zufall doch in einem Zusammenhang des Sinnes ein.«[2]

Gleichwohl wirkt in allen Glücksspielen ein subversives Element der Phantasie. Die Instrumentalität ist meist gering, trotz anerkannter ›Geschicklichkeit‹, trotz bewußter Anwendung eines Systems. Noch der geschickteste Spieler arbeitet mit magischen Vorstellungen darüber, wie die Karten fallen, wie die Zahlen kommen. Worauf es ankommt, ist: Selbstausdruck und die Kultivierung eines Stils: Die episch ausgedehnten Poker-, Würfel- und Roulettespiele in manchen Filmen sind ein dauernder Vorwurf an jene, die mit Karten, Würfeln oder Chips so hantieren möchten, wie sie eine Drehbank bedienen oder eine Bilanz frisieren würden. Das Ausbruchsthema wird durch die stillschweigende Übereinkunft verstärkt, daß man den Stoff der beherrschenden Realität einsikkern läßt.

Dennoch kann es schwierig sein, die Phantasien lebendig zu halten – trotz aller Bemühungen von Wettlokalen und Spielkasinos, die Wechselfälle des täglichen Lebens auszuschließen. Ähnlich wird in manchen Bereichen, wo die Isolierung von der Alltagswelt unwirksam ist, das Wirken des reinen Zufalls weiter gehemmt, da die Spieler sich oft untereinander einigen, wie weit soziale Konventionen die Extreme von Glück und Mißgeschick einschränken dürfen. Die Spieler nehmen sozusagen vom Wirken des reinen Zufalls Abstand, indem sie anerkennen, daß beide, Verlierer wie Gewinner, nach dem Spiel in einer Weise zur Wirklichkeit zurückkehren müssen, die die Fortsetzung des Lebens erlaubt. Es gibt kaum Möglichkeiten, uns ganz in der Welt des Glücksspiels zu verlieren, die nicht entweder dazu führen, daß die Aktivität zur Routine verkommt, oder uns sonstwie an die beherrschende Realität erinnern. Gleichwohl besteht – wie die unterschiedlichen Reaktionen der beiden Darsteller im Film *California Split* zeigen – die Möglichkeit, daß die ›Sinnlosigkeit des Zufalls‹ mitunter paradoxerweise die einzig lebensfähige Enklave von Sinnbedeutung schafft: eine wirklich alternative Realität.

Sex

Und noch einen nationalen Zeitvertreib gibt es, der als Aktivitätsenklave zu bezeichnen ist – ein Feld unseres Lebens, auf dem wir uns zeitweilig vom täglichen Einerlei entfernt wähnen dürfen, ein Gebiet, wo wir uns der Identitätsarbeit hingeben können, ohne Gefahr zu laufen, uns in Routine und Monotonie zu verlieren. Dies ist der Sex.

Ein Blick in die Bahnhofsbuchhandlung zeigt die Popularität einer seiner wichtigsten kulturellen Formen: der Masturbation. Bücher und Zeitschriften, die den Bedürfnissen der Wichser dienen wollen, übertreffen an Zahl bei weitem die anderen Hobbyfreunden – dem Gärtner, dem Lok-Fan, dem Briefmarkensammler – gewidmeten Publikationen. Und für fortgeschrittene Spezialisten gibt es in jeder größeren Stadt Buchhandlungen, die eine ganz auf die feinen Interessenunterschiede der Kundschaft eingestellte Lektüre feilbieten. Der Gärtner, der sich hauptsächlich für die Züchtung von Narzissen interessiert, muß sich wohl oder übel mit Zeitschriften begnügen, in denen auch andere gartenpflegerische Vorlieben zur Sprache kommen; doch der Onanist findet ohne weiteres Publikationen, die sich ausschließlich mit seinem Verhalten und seinen Vorlieben befassen – weiblicher Sadismus, päderastische Homosexualität, lesbischer Masochismus. Nicht daß derlei Magazine ausdrücklich bekennten, den Bedürfnissen des Onanisten zu dienen. Es werden stets andere Gründe für die Veröffentlichung der Bilder und Stories vorgeschoben; besonders heuchlerische Begründungen erscheinen in den Massenblättern. Die Nackte auf S. 3 von *Sun* – schamhaft mit stabreimenden Sprüchen wie ›Polly packt aus‹ oder ›Molly machts möglich‹ ihre Blöße kaschierend – soll ganz unschuldig die Freuden des Frühlings, das erste frische Bad der Saison, die Lust an fernen Urlaubsstränden illustrieren. Deutlicher geben die Kiosk-Nackedeis ihre sexuelle Bedeutung zu erkennen. Offenherzige Leserbriefe und Artikel begleiten die Bilder. Wir erfahren ausführlich von mancherlei esoterischen Sexualpraktiken: »Und wie war ich erst überrascht, als die Schwester meiner Freundin in unser Schlafzimmer kam, sich auszog und zu uns ins Bett kletterte. *Welch eine Nacht.* Können auch andere Leser von ähnlichen Erlebnissen berichten?« Kein Wort über das Hobby, dem das Buch eigentlich dient. Will man wissen, wie man einen preisgekrönten Kürbis züchtet, so wird die Gartenzeitschrift einen stracks auf S. 56 verweisen, wo die praktischen Ratschläge stehen. In *Playboy* oder *Penthouse* dagegen findet sich keinerlei Hinweis auf die Masturbationsvorlagen, die das Faltposter auf S. 23 bietet – ›Tolle Tanga-Tina‹, das Mädchen des Monats.

In letzter Zeit hat dieses Hobby sein traditionelles Männerimage verloren. Ähnlich wie Yacht- und Golfklubs den Frauen ihre Tore öffnen, gibt es heute auch für die Onanistin Bücher, Zeitschriften und Zubehör. In den Katalog der technischen Hilfsmittel für den Hobbyfreund – Bohrmaschine, elektrischer Rasenmäher, Biokultivator – gehört heute auch der Vibrator. Jetzt kann jeder sich als Masturbant bestätigen, und die meisten von uns tun's.

Wie anderen Hobbies auch wird der Masturbation in der Regel ein bestimmter Platz im Haus zugewiesen – nicht Garten oder Speicher oder Keller, sondern Bad und Klo. Es gibt auch Orte, wo Masturbationshilfen öffentlich angeboten werden – das Striplokal, der Pornoschuppen –; aber tatsächlich zu masturbieren ist dort von der Geschäftsleitung untersagt. Bei Stripshows geschieht es nicht selten, daß die Darsteller mittendrin unterbrechen, um jemand im Publikum zurechtzuweisen, der offenbar masturbiert. Einmal erlebten wir, wie die Stripperin ihre schlaff-sinnliche Routine unterbrach, an die Rampe vortrat, mit dem Finger auf einen Mann im Publikum zeigte und ihn als ›dreckigen Wichser‹ beschimpfte. »Spar dir's für nachher auf'm Lokus!« rief sie und fuhr mit der Darbietung fort.

Für manche Leute gewinnt die Masturbation nicht den Status einer Aktivitätsenklave. Sie bleibt ein Randphänomen und hat nicht mehr Ausbruchsbedeutung als andere zeitweilige Tätigkeiten. Wie die anderen Aktivitäten, von denen wir sprachen, wird sie nur dann bedeutsam, wenn sie als Teil eines Lebensbereichs verstanden wird, in dem wir uns frei vom Routinecharakter unserer sonstigen Existenz fühlen, wenn sie von Empfindungen der Erregung und Wonne begleitet ist. Einmal auf diese Weise konstituiert, kann sie rasch ebenso zwanghaft und ritualisiert werden wie andere Hobbies. Vielleicht wird ihr eine bestimmte Tageszeit reserviert, werden bestimmte Vorkehrungen der Kleidung und Haltung als wesentliche Elemente betrachtet. Selbstbewußtheit wird vermieden. Zwar mögen wir in der Öffentlichkeit die Aktivität bespotten, doch es kommt selten vor, daß wir nicht mit ganzem Engagement dabei sind.

In einer Hinsicht indes unterscheidet sich die Masturbation von den meisten anderen Aktivitätsenklaven; sie wird von der Phantasiekomponente beherrscht. Was wir hier organisieren, arrangieren und manipulieren, ist nicht ein Ensemble unbelebter konkreter Objekte – Briefmarken, Schmetterlinge, Blumen –, sondern eine Auswahl mentaler Vorstellungen, die so arrangiert werden müssen, daß eine erfolgreiche physiologische Reaktion erfolgt. Auch wenn Bücher und Zeitschriften als Requisiten den Akt begleiten, werden sie nicht einfach gedankenlos angestarrt, sondern dienen als Rohstoff für die Produktion von Vorstellungen. Man hat sogar behauptet, daß die komplexe Synchronisierung von Vorstellungen und Verhaltensweisen bei der Masturbation diese zu einer wichtigen Schulung für jene allgemeine mentale Manipulation symbolischen Materials mache, die im Alltag verlangt wird.[3]

Ironischerweise fördert gerade diese starke Phantasiekomponente die Chance, daß Aspekte der beherrschenden Realität in die Aktivitätsenklave eindringen. Denn es fällt schwer, uns die Einmaligkeit unserer Phantasien einzureden, wenn wir sehen, wie sie in Büchern, Zeitschriften und Filmen institutionell propagiert werden. Sobald wir einsehen, daß das ›Mädchen des Monats‹ Millionen Lokusse und nicht nur unseren ziert, erscheint unsere Enklave uns vielleicht weniger individuell. Gleichwohl können wir diese Einsicht, wenn sie zu aufdringlich zu werden droht, uns vom Leib halten, indem wir weiterhin an die ›Einmaligkeit‹ unserer Phantasiebearbeitung des Rohmaterials glauben, vielleicht gar unterstützt durch das taktvolle Schweigen des Verlegers über den tatsächlichen Nutzbrauch, für den die abgepackten Phantasien bestimmt sind.

Wenn schon die Masturbation ihren Platz unter den Aktivitätsenklaven hat, dann gibt es keinen einsichtigen Grund, die andere Form der sexuellen Aktivität – den Geschlechtsverkehr selbst – auszuklammern. Vielleicht ist er rigider als die Masturbation auf einen Ort beschränkt, und gewiß ist er zeitlich stärker festgelegt. Das nächtliche Bett ist wohl die Standardsituation, nach der wir uns alle sehnen, auch wenn wir zeitweilig durch die Umstände zu anderen Alternativen gezwungen sind. Und obwohl auch der Sexualverkehr Bestandteil der Lebensroutine, ein bloßer Aspekt der beherrschenden Realität werden kann, wird er doch hartnäckig als eine Aktivität aufgefaßt, in der wir ›wir selbst‹ sein oder ›aus dem Alltag aussteigen‹ dürfen. Kaum vorstellbar, daß sein Status dadurch in Frage gestellt werden könnte, daß er nachlässig mit anderen Hobbies und Zeitvertreiben in der Rubrik ›Aktivitätsenklaven‹ zusammengeworfen würde. Mehr noch als bei der Masturbation besteht das Gefühl, daß dies eine Aktivität ist, die sich solcher Klassifizierung widersetzt.

Wir reden meist so, als ob es Sex einfach *gibt;* er ist durchdrungen von Vorstellungen wie Intimität, Spontaneität und Natürlichkeit, deren jede ihn von der Öffentlichkeit, Determiniertheit und Künstlichkeit trennt, die unser übriges soziales Verhalten kennzeichnen. Vielleicht gestehen wir zu, daß es kulturelle Merkmale gibt, die ihm eine gewisse Relativität verleihen, z.B. das unterschiedliche Maß, in dem Individuen und Gesellschaften die Notwendigkeit betonen, andersgeschlechtliche Partner zu wählen, sowie die unterschiedliche Bedeutung, die sie gewissen anerkannten Formen und Techniken zur Erreichung des Orgasmus beilegen. Aber dies sind Nebensächlichkeiten von kultureller Realativität. Sie mögen beachtet werden oder nicht, doch sie tun der Vorstellung keinen Abbruch, daß es etwas gibt, das wir Sex nennen und das sich durch eine natürliche *und* spezielle Qualität auszeichnet. Diese Vorstellung von der Natürlichkeit des Geschlechtsverkehrs hat mitunter zu ernsthaften Theorien geführt, die behaupten, daß die Konzentration auf Sexualität die Untergrabung der gesamten beherrschenden Realität nach sich ziehe. So wurde der Sex als *der* Schlüssel dargestellt, der die Tür zum totalen Ausbruch aufschließt. *Make love - not war* heißt es, und damit »wird die Schöpferkraft des Natürlichen gegen die destruktive, todbringende Macht der technokratisch-bürokratischen Welt beschworen«.[4]

Aber welche Aspekte der Sexualbetätigung erlauben uns, sie als etwas derart Besonderes darzustellen? Das Verhalten selbst erscheint völlig vereinbar mit vielen anderen Aspekten der beherrschenden Realität. Schwerlich kann man sagen, daß der modernen Einstellung zur Sexualität jene Bewußtheit fremd wäre, die unsere Teilnahme an anderen Segmenten des täglichen Lebens kennzeichnet. Zum Beispiel zwingt die Sexualität die Beteiligten, eine formale Reihenfolge von Handlungen einzuhalten; so gibt es Stadien, die die Partner durchlaufen und die, auch wenn Drehungen und Wendungen zulässig sind, doch stets dem gleichen Grundmuster: Vorspiel, Verkehr und Orgasmus, folgen. Der Orgasmus ist das Ende der Aktivität, das Produkt, das durch die vereinte Anstrengung der Beteiligten geschaffen wird. Wird kein Orgasmus erzielt, so führt man dies auf Fehler in früheren Prozeßstufen zurück. Insgesamt wird der Erfolg zunehmend anhand der Zahlen von Orgasmen gemessen, die die Partner erreichen. Handbücher geben Ratschläge, wie die Produktionsnormen in diesem Bereich zu steigern sind.

Dieses Interesse für Produktionsphasen, Techniken und Endprodukte weist deutliche Parallelen zur Welt der Arbeit und Produktion auf. Es widerspricht der Tendenz der Psychoanalyse, die Sexualität als Quelle von Sinnbedeutung aufzufassen, die auch andere Welten speist, und zeigt, daß vielmehr Sinnbedeutungen und kognitive Stilformen aus anderen Bereichen in den ›natürlichen‹ Bereich der Sexualität einfließen können. Damit ist nicht gesagt, daß derlei fremde Bewußtseinsweisen unser Geschlechtsleben beherrschen, wie sie ja auch unsere Hobbies und Spiele nicht usurpieren; sie sind lediglich Elemente, die in diesen Freiraum eindringen und seinen einzigartigen Status der Selbstverwirklichung bedrohen können. Die Folge kann sein, daß die ›Einmaligkeit‹ unseres Sexualbewußtseins in Frage gestellt wird, doch es tut dessen ›Besonderheit‹ keinen Abbruch. Unser tatsächliches Erleben der Handlung hebt diese heraus, sie wird als etwas Spezifisches ›empfunden‹, mag sie auch in fremden Kategorien begriffen werden.

Wohnen diese Eigenschaften nun der Aktivität selbst inne oder sind sie kulturelle Zutaten? Gagnon und Simon meinen, daß die *besonderen,* mit der Sexualität verbundenen Gefühle sich aus den mit dem Akt einhergehenden Schuld- und Angstgefühlen ergeben.[5] Die Autoren behaupten nicht, daß alle sexuellen Empfindungen auf diese Weise entstünden, sondern nur jenes besondere Gefühl, das sie von anderen Tätigkeiten – etwa in der Feinschmekkerküche (der Vergleich stammt von ihnen) – abhebt. Ihre Argumentation geht von der Kindheit aus. Für das Kleinkind gibt es kein spezifisches sexuelles Verhalten. Die Stimulation von Teilen des Körpers ist eine allgemeine Quelle der Lust, und die Reizung der Genitalien ist lediglich ein Aspekt dieser Autoerotik. Schon bald aber wird dem Kind beigebracht, daß die Genitalreizung von anderen Formen der Selbststimulation zu unterscheiden ist; einem lokalen Aspekt einer generellen Aktivität wird ein sexuelles Vokabular aufgepfropft. Dies ist die Phase, in der die ›Sexualsphäre‹ entsteht, eine spezifische Lebenswelt, ausgestattet mit tabuisierten Wörtern und Handlungen, eine Welt, die von anderen abgehoben ist durch die besonders starken Emotionen, die ihr zugeschrieben werden. Das Kind ist nicht von Natur aus ein sexuelles Wesen, denn die kindliche Sexualität ist weder im Verhalten noch in der Erfahrung eine von anderen unterschiedene Aktivität. Bald aber wird sie dies, und damit erwirbt sie gewisse charakteristische emotionale Reaktionen, eben das besondere Gefühl.

Gewiß werden nun manche sagen, daß sexuelle Handlungen ihnen zwar ein »besonderes« Gefühl vermitteln, dabei aber leugnen, daß sie von Schuld- und Angstgefühlen begleitet sind. Darauf könnten wir lediglich antworten, daß jedermanns sexuelle Aktivitäten irgendwann durch solche Emotionen gekennzeichnet waren und daß daher Skepsis am Platz ist, wenn ihr Auftreten nunmehr bestritten wird. Wir könnten auch anders argumentieren und auf jene Fälle hinweisen, in denen das Sexualverhalten als etwas ganz Besonderes dargestellt wird. Es handelt sich dabei offenbar gerade um solche Anlässe, wo ein hohes Maß an Schuld- und Angstgefühlen zu erwarten ist – die erste Freundin, die erste Geliebte, das erste homosexuelle Abenteuer, die Erprobung neuer Perversionen, Gelegenheiten also, bei denen Sexualität unter ungewöhnlichen Umständen oder zu unüblichen Zeiten stattfindet.

Wir behaupten nicht, daß Sexualität unter anderen Bedingungen des Vergnügens entbehrt, sondern lediglich, daß die ›Besonderheit‹ der Erfahrung und mithin ihr potentieller Ausbruchs-Status ganz eigentümlich vom Maß der damit einhergehenden Angst- und Schuldgefühle abhängig ist. Die Hersteller und Verkäufer von pornographischen Filmen, Fotos und Magazinen wissen das anscheinend nur zu gut. Die Heimlichkeit, mit der solche Produkte vertrieben werden, weckt garantiert Emotionen, die eben dies Gefühl der Besonderheit auslösen. Hinterhöfe, düster beleuchtete Lokale und Lampen, die zum verschwiegenen Eintreten auffordern, das Türschild, das mahnt, daß, wer Zutritt begehrt, über 18 Jahre sein muß – all das ist geeignet, die Kindheitsängste und -schuldgefühle zu verstärken, die, wie wir gern glauben, angeblich hinter uns liegen.

Und genau dies ist das Paradoxe am Gerede von sexueller Befreiung. Wenn die Besonderheit der sexuellen Handlung von Gefühlen wie Angst und Schuld abhängig ist, dann wird in einer Gesellschaft, die Sexualität nur als eine Aktivität unter anderen auffaßt, Sexualität wie andere angenehme Handlungen erlebt. Dies heißt aber, von der Vorstellung Abschied nehmen, daß ihre Besonderheit es ermögliche, durch sie die alltägliche Realität zu unterbrechen. Denn die Befreiung der Sexualität aus den schuldbeladenen Hinterhöfen unserer Gedanken und unserer Städte zerstört auch ihr einzigartiges Potential. Dann ist es genauso absurd, durch Sexualität die beherrschende Realität in Frage stellen zu wollen wie mit Hilfe von Feinschmeckerküche oder Briefmarkensammlung.

Damit dies nicht als unnötig zynisch erscheint, betonen wir nochmals, daß wir von der Sexualität sprechen, wie sie in unserer Gesellschaft verstanden und erlebt wird. Wir sprechen von einem Phänomen, das, wie Hobby, Urlaub oder Drogengebrauch, in eine konkrete und phänomenale Enklave gepreßt wird; ein Phänomen, das, ähnlich wie die anderen, die wir geschildert haben, seine Gestalt nicht gänzlich aus seinem Wesen bezieht, sondern partiell durch die Einmischung fremder Elemente aus der beherrschenden Realität determiniert ist.

Die Verwendung von Wörtern wie ›natürlich‹ und ›instinktiv‹ mag auf den ersten Blick den Eindruck wecken, als besetze die Sexualität einen ausgezeichneten Freiraum innerhalb der beherrschenden Realität. Doch wir haben versucht zu zeigen, daß er nicht weniger als andere Freiräume, die hier geschildert wurden, gegen den Einbruch von Routine und übermäßiger Selbstbewußtheit, gegen zeitliche und räumliche Lokalisierung oder gegen das Eindringen von Bewußtseinsweisen aus der beherrschenden Realität gefeit ist. Das soll nicht heißen, daß Sexualität nicht dennoch Befreiung vom täglichen Einerlei verheißt, daß sie nicht dennoch das Gefühl erzeugt, sich auf einer anderen Ebene der Realität zu bewegen. Vielmehr besagt es, daß diese Aktivität – *wie die Gesellschaft sie konstituiert* – so beschaffen ist, daß dieses Gefühl ein zeitweiliges und vergängliches ist. Wer das in Abrede stellt, setzt sich dem Vorwurf der Absurdität aus; denn er hat nicht gelernt, daß Sexualität, ähnlich wie Hobbies und die anderen institutionalisierten Ausbruchswege, über die wir noch sprechen werden, *ihren Ort und ihre Zeit hat.*

Neue Landschaften

Urlaub

Hobbies und Spiele sind Formen des Ausflüchtemachens im Reich der beherrschenden Realität. Wollen wir sie mit einer Gefängnis-Metapher bezeichnen, so erscheinen sie als Mittel, die Zeit zu vertreiben. Unter dieselbe Metapher fallen auch Arbeitseinsätze jenseits der Mauern, Besuche, Wochenendurlaub, Freiheit auf Bewährung. In dieser Welt können Menschen sich heimisch fühlen, und gleichwohl haben sie das Bedürfnis, ›aus sich herauszugehen‹; sie werden mit dem täglichen Einerlei leidlich fertig, doch dann und wann ›fällt einem die Decke auf den Kopf‹; das vertraute Anstaltsregime läßt sich ertragen, aber bisweilen ›muß man das alles loswerden‹; Selbstdisziplin ist erträglich, indes man muß sich auch ›einmal hängenlassen dürfen‹. Der konventionellste Ausweg, den unsere Gesellschaft diesen Impulsen bietet, ist der Urlaub. Dies ist eine Situation, in der der Zwang gelockert, wenngleich nicht abgeschüttelt werden kann, in der die Identität sich wandelt, wenngleich nicht erlischt – ein Ort, wo das Leben sich verjüngt, obschon nicht verändert. Der Urlaub ist der archetypische Freiraum, der institutionalisierte Schauplatz für zeitweilige Exkursionen hinaus aus dem Reich der beherrschenden Realität. Statt eine kleine Aktivitätsenklave zu buddeln, schafft man sich buchstäblich eine neue Landschaft. Die Anstrengungen, die man an dieses Werk wendet, sind wahrhaft episch: Visa besorgen, Impfungen erleiden, vor Bussen, Zügen und Flugzeugen Schlange stehen, stundenlang in Verkehrsstockungen schwitzen, in Pfützen von Sonnenöl, Mückenspray und Babypisse rumliegen, besondere Kleider und Koffer kaufen, Unterkunft für die Katze, den Hund und den Kanari besorgen, die daheimbleiben. Marsmenschen, die die stokkende, qualmende, zehn Kilometer lange Ferien-Blechlawine der Autos beobachten würden, voll beladen mit schweigenden Omis, kreischenden Kindern und platzenden Koffern, müßten wohl annehmen, daß irgendein großer Gott seine Anhänger ruft. Was sonst könnte zu soviel Geduld, Hingabe und Ausdauer befähigen?

Mehr als jeder andere Alltagsausbruch ist der Urlaub eine verkleinerte Kopie der großen Ausbruchsbotschaften unserer Kultur. Religion, Folklore, Kunst und Massenkultur hallen wider von mächtigen symbolischen und allegorischen Botschaften über das Thema des Aufbruchs in ein neues Land. Pilger und Sucher nach Erleuchtung müssen durch neue Landschaften schreiten: Irgendwo draußen, jenseits der Mauern, ist der Heilige Gral, El Dorado, Shangri La. Und selbst jene, deren Suche nach innen führt, bedienen sich der Metapher einer physischen Reise, um ihr Trachten zu beschreiben: Man geht auf den *Trip,* auf die Entdeckungs*reise* zum eigenen Selbst. Themen wie Suche und Zuflucht, periodische Erregung und Befreiung von Zwang sind in unserer Kultur tief verwurzelt.

Hier wollen wir uns auf den Urlaub beschränken und nicht auf die Karnevale, Feste und Feiern eingehen, die in anderen Gesellschaften Ausbruchsbahnen darstellten. Und obwohl Massenferien an der Costa Brava, Tagesausflüge nach Margate, Pony-Trecken in Wales und Skilauf in der Schweiz kaum den Stoff hergeben, aus dem Legenden gemacht sind, könnten sie ohne die Legenden nicht überleben.

Ausbruch – das ist die explizite Botschaft hinter Planung, Verkauf und Arrangement solcher Ferien. Werbung und Kataloge der Reisebüros sind dicht angefüllt mit Ausbruchsbotschaften: Laß alles hinter dir, entspanne dich, sei du selbst, laß die Sorgen zu Hause, komm in eine neue, erregende Welt. »Dann und wann befällt uns alle der Drang, auszubrechen. Nichts mehr von Büroklatsch, trostlosen Straßenbahnfahrten, ermüdenden Streiks, Stromsperren und lästigen Erkältungen. Ein einziges langes angenehmes Leben in der Sonne, glücklichen Gästen Schnaps einschenkend und empfängliche Touristinnen beschwatzend«, schreibt William Davis in *High Life*, einer von British Airways herausgegebenen Zeitschrift, die kostenlos an die Passagiere verteilt wird; aber, so fährt er fort, »meist bleibt dies ein Tagtraum«. Und dann zählt er auf, was es kostet, dieses Traumscript zu inszenieren. Potentielle Landfahrer werden gewarnt, daß sie für ihre Phantasien möglicherweise hart arbeiten müssen. Da den Produzenten solcher Botschaften selbst Zweifel kommen, ob das Publikum wirklich glaubt, daß der Urlaub den Versprechungen gewachsen sein wird, beeilen sie sich, neue Botschaften zu ersinnen, die den konventionellen Urlaub – wie er in volkstümlichen Bühnen- und Fernsehstücken als Massentourismus karikiert wird – herabsetzen und neue Verheißungen aufrichten. Und je raffinierter diese werden, desto raffinierter wird auch die Meta-Botschaft, daß sogar die neue Erfahrung ein Reinfall sein kann: Wir erlauben dir, deine Phantasielandschaft zu betreten; aber vergiß nicht, daß es nur Phantasie ist.

Die Schwierigkeiten solchen Landfahrens sieht man an den neuen Formen der Werbung um Mittelschichtkonsumenten, die von ihrem Urlaub mehr erwarten als Entspannung, die eine *authentische* Erfahrung verlangen. »Die Beunruhigung der modernen Menschen durch die Seichtheit ihres Lebens und die Inauthentizität ihrer Erfahrung ist vergleichbar mit der Beunruhigung durch das Sakrale in primitiven Gesellschaften.«[6] Daher werden Sightseeing-Fahrer und Touristen motiviert, das Leben kennenzulernen, wie ›es wirklich ist‹, und sich mit den Eingeborenen einzulassen. Das Wort ›Tourist‹ wird zur abfälligen Bezeichnung für jemanden, der sich mit der offenkundigen inauthentischen Erfahrung eines Varietébühnen-Flamenco oder einer verwässerten einheimischen Kost zu begnügen scheint. Die Reklame verlockt, die ausgetretenen Pfade zu verlassen, und die Reiseleiter bereiten den inszenierten ›Blick hinter die Kulissen‹ vor: Orte, wo der Außenstehende den internen Betrieb wirtschaftlicher oder häuslicher Institutionen kennenlernen darf, zum Beispiel das Zubereiten und Kochen der landesüblichen Speisen: »Das Betreten dieser Orte erlaubt es den Erwachsenen, ursprüngliche Entdeckerfreuden wiederzuerleben, oder sich wie Kinder halb in und halb außerhalb der Gesellschaft zu fühlen, die Nase gegen die Glasscheibe gepreßt.«[7]

Ein weiterer Bestandteil des kommerziellen Angebots – beinahe das Gegenteil der Verheißung von authentischer Erfahrung – ist die Betonung von Phantasie, von möglicher Aufregung, Aktion und Abenteuer. Der Minitreck-Katalog von *British Airways* bietet ›Aktionsurlaub‹ an, weil »wir glauben, daß in jedem ein Stück von einem Entdecker steckt«. Es werden zufriedene Kunden zitiert, die Expeditionen durch die Sahara als »romantische Trips« bezeichnen, als Urlaubsform, die »attraktiv für den Weltenbummler ist, der schon alles andere gesehen hat«. Der Minitrecker ist tatsächlich ein »besonderer Menschenschlag«, junge Männer und Frauen »mit ausgeprägtem Sinn für das Abenteuer, die praktisch zu allem bereit sind, solange es nur aufregend und ungewöhnlich ist«. Ja, es wird noch mehr angeboten; der Autor Durrell wird zitiert, um den Griechenland-Minitreck zu verkaufen: »Andere Länder bieten Entdeckungen in Folklore und Landschaft; Griechenland bietet etwas Schwierigeres – die Entdeckung des eigenen Selbst.« Ein Territorium, wie geschaffen für die Identitätsarbeit. Könnte es verlockendere Aussichten geben?

Beim Durchstöbern von Urlaubsbroschüren nach solchen Botschaften entdeckten wir – mit Vergnügen – eine, deren Titel noch vor dem unseres Buches geprägt war: »Verbotene Wege des Ausbruchs.« Sie spricht den Kunden als »Lieber Abenteurer« an und lädt ein zum Ausbrechen, um »unsere wunderbare Welt zu erleben«, mit Landrover, heimeligem »Zweierzelt« und Expeditionen in ferne Winkel der Welt, wo »der Weg ebenso wichtig ist wie das Ziel«.

Die Phantasiekomponente in derlei kultureller Massenware ist offenkundig. Alles ist möglich – Aufregung, Spaß und, spezifischer, sexuelles Abenteuer. Die größere Offenheit, mit der kulturelle Fluchtwege heute katalogisiert werden, erlaubt es, eindeutiger auf die einst verschwiegenen Funktionen des Urlaubs hinzuweisen. Der Ferienflirt und die Urlaubsromanze sind fester Bestandteil von Witzen und Fernsehklamotten, die von Verführung auf spanisch oder italienisch handeln. Ein immer wiederkehrendes Thema der Urlaubsliteratur (etwa in *High Life*) sind – oft von Berühmtheiten verfaßte – Ratschläge, wie man den Ferienflirt richtig anfängt, durchführt und schließlich sicher beendet.[8] Die passende Haartracht, der korrekte Eröffnungszug werden sorgfältig vorgeschrieben. Und stets enthält das Script auch Vorkehrungen, daß die Phantasie nicht zu weit geht.

Ob die Reklamesprüche geglaubt werden oder nicht, ob der Urlaub solche Erlebnisse bietet oder nicht – das sind offene Fragen. Es gibt keinen Grund, weshalb all das, was wir hier über Selbstbeobachtung, Metabewußtheit und Rollendistanzierung gesagt haben, nicht auch für den Freiraum der Ferien gelten und sie zu etwas Routinemäßigem, Ritualisiertem machen sollte. Dies ist ja gerade die Sicherheitsnetz-Funktion, die der Urlaub erfüllt: Nach dem Trip kehrt man wieder nach Hause zurück. Der künftige Urlauber, der in der Broschüre blättert, ist gar nicht so dumm, wie satirische Sketche über den Massentourismus uns weismachen wollen. Trotz der Katalogfotos, die eine verführerische Flamencotänzerin zeigen, weiß er, daß er vermutlich in einer überfüllten Bar neben einer Sekretärin aus Leicester oder Düsseldorf ›landen‹ wird; trotz der präzisen Fahrpläne, Reiserouten weiß er, daß er auf Mahlzeiten, Besichtigungstouren und Flugzeugstarts warten wird. Trotz der überschwänglichen Beschreibung des Hotels rechnet er insgeheim damit, daß es ein Rohbau sein wird. Schon die Sprache der Urlaubsbroschüre enthält die Saat ihrer Zerstörung. Die Verheißung ist einfach zu schön, um wahr zu sein, zu phantastisch, um ein Script zu fundieren.

Der springende Punkt ist freilich, daß die Leute, weil sie eben nicht nur lernen, sondern auch lernen zu lernen, den Massenurlaub, das Wochenende an der See, die Großstadt bei Nacht in der Weise beobachten können, daß sie sich bewußt in die Phantasie hineinprojizieren und sie noch weiter von der Realität fortschieben. Daß Urlaub inzwischen eine Ware ist, daß er nach festen Formen und Ritualen abläuft, daß er satirisch verarbeitet wird, beraubt ihn ebensowenig seiner Ausbruchsfunktionen, wie es das Vergnügen eines Catch-as-catch-can-Fans schmälert, wenn er weiß, daß der Kampf getürkt ist. Der Fan kann seine Unabhängigkeit vom Ritual gerade dadurch beweisen, daß er eingeweiht ist und dies zeigt. Die Kritik des Intellektuellen, die Touristenschauplätze seien schlau geplante künstliche Trugbilder, »mühsam zusammengehalten durch die Sehnsucht nach Wahrem und Schönem«, ist daher fehl am Platz.[9] Touristen, selbst die nach Authentizität strebenden, sind durchaus imstande, ihre Enttäuschung darüber, daß sie Authentisches nicht gefunden haben, ironisch zu kommentieren: Sie durchschauen die inszenierte Authentizität des Touristenschauplatzes und lachen darüber. Ein Blick hinter die Kulissen – das heißt, die Erkenntnis, daß die Dinge nicht ganz das sind, was sie scheinen – ist ein beiläufiges Moment der Touristenerfahrung: »Was sie hinter den Kulissen sehen, ist nur eine andere Show: es schockiert, verblüfft und verärgert sie nicht, und sie äußern nicht das Gefühl, durch ihre Entdeckung desillusioniert zu sein.«[10]

Wir arrangieren die neue Landschaft gemäß unseren Phantasien, und daher ist das, was dort tatsächlich stattfindet, gar nicht so wichtig; das Urlaubserlebnis läßt sich in etwas verwandeln, das der kulturellen Botschaft, die es enthält, gleichsieht. Es ist wohl kaum übertrieben zu sagen, daß die üblichen Urlaubsgeschichten, in denen alles schiefgeht – die halbfertigen Hotels, der Bus, der in die falsche Richtung oder uns vor der Nase davonfährt, die verlorenen Koffer, die sprachlichen Mißverständnisse, das ungenießbare Essen und die Magenverstimmung und daß die Einheimischen einen übers Ohr gehauen haben –, eben nur deshalb zustande kommen, weil die Leute selbst es fertigbringen, daß derlei Dinge schiefgehen, und hinterher diese Geschichten genüßlich ausschmücken. Nicht nur durchschauen die Leute solche institutionalisierten Fluchtwege, sondern sie tun ein übriges und veranstalten mehr, als geboten wird.

Das läßt sich auch an Berichten über den typischen ›Abenteurerurlaub‹ feststellen.[11] Falls wir den Trip schon einmal gemacht haben, glauben wir nicht allzu fest an das versprochene Abenteuer und suchen nach anderen Gründen, etwa guten Bekannten unter den Reisegefährten. Doch der blutige Neuling akzeptiert die Möglichkeit, daß etwas passieren kann. Auf der Expedition allerdings kann die Realität sich unerwartet unangenehm bemerkbar machen. Wenn der Landrover im Sand steckenbleibt (ein Zwischenfall, den der Katalog als Abenteuer anpreist), so wird dies tatsächlich mit einiger Angst und Aufregung erlebt. Nach Hause zurückgekehrt, wird die Phantasiekomponente wieder eingefügt, und geringfügige Zwischenfälle, z. B. Unfälle oder Krankheiten, werden in großem Stil verklärt. Das Abenteuer ist immerhin eingetreten. Ähnlich erfüllt sich das Trachten nach einem neuen Selbst: Oft streift der Abenteurer bewußt einige Schichten seines alten Selbst ab – und posiert im anonymen Freiraum der Ferien als ein anderer. Beim

Gruppentreffen nach dem Urlaub entpuppt sich der Expeditionsanwalt oder -journalist dann beschämt als Schalterbeamter.

Immerhin ist es der ausgefallene Urlaub, der – genau wie das ausgefallene Hobby – unsere Daseinsweise in der Welt völlig verwandelt. Ferien sind nur – buchstäblich und metaphorisch – Exkursionen aus dem Reich der beherrschenden Realität hinaus. Die Veränderungen, zu denen sie führen, bewirken kaum je die Herausbildung alternativer Realitäten. Wir können von zu Hause fortgehen, doch wir vertauschen nur einen Teil unserer heimischen Welt, etwa das Wetter. Wahrscheinlich ist dies der entscheidende Punkt an den Selbstversorgerferien im Mittelmeer-Bungalow, wo die Familie mit einem britischen Freßkorb oder bayerischen Würsten begrüßt wird und wo man im Laden Tee bekommt, wie Mutter ihn macht. Auch wenn wir entspannt und unbelastet nach Hause heimkehren, können wir zum Beweis nur einen Sonnenbrand, jedoch kein neues Selbst vorweisen. Und obwohl das Gefängnis zeitweilig hinter uns blieb, triumphiert am Schluß die Ironie der Marktwirtschaft: Die Wohltat des Urlaubs stärkt lediglich unsere Fähigkeit, uns wieder an die Realität der Arbeit anzupassen.

Manche Entdecker, Weltenbummler und Abenteurer versuchen, sich gegen die Gefahr zu immunisieren, daß die Welt sie wieder einholt. Es sind jene, die mit dem Vorsatz aufbrechen, Komfort, Routine, Familie, Freunde, Sicherheit aufzugeben, um ihre Kraft, ihren Glauben und ihren Mut in einer feindlichen, fremden Umgebung zu testen.

Während aber den Reisenden und Entdeckern einer epischen Vergangenheit vielleicht wirklich der Ausbruch gelang, ist es heute ziemlich schwer, solche Hoffnungen einzulösen. Auch das Abenteuer ist inzwischen ein Massenartikel, kaum anders als der Urlaub von der Stange. Auf kommerziellen Safaris werden die Teilnehmer ermutigt, die realen Scripts getreulich zu simulieren. Bei der konsumfertig vorbereiteten Jagdexpedition in den tiefen Urwald versteckt der professionelle Führer sich höflich samt seiner Waffe, um die Jäger glauben zu machen, sie träten ganz auf sich selbst gestellt den wilden Bestien entgegen. Fette Manager begnügen sich bekanntlich mit einer Diät und äußerst spartanischen Lebensbedingungen, um wieder einmal den Geist des Abenteuers zu ahnen: Der Mensch allein gegen die Natur. Solche Trips unterliegen den gleichen Mechanismen der Realitätsverschiebung wie der konventionelle Urlaub. Wir tun so ›als ob‹, doch manchmal müssen wir auch so tun, als täten wir so als ob, weil sehr reale physische Gefahren tatsächlich eintreten können.

Auf einer anderen Ebene der Motivation finden derlei Entdeckungs- und Abenteuerfahrten oft im Geist des Wettbewerbs und der Eroberung statt, und in dieser Hinsicht unterscheiden sie sich kaum vom Wettbewerbshobby. Der Aufstieg zum Matterhorn, der Versuch, einen Ausdauerrekord in einer unterirdischen Höhle zu brechen, die Teilnahme an einer Segelregatta quer über den Atlantik sind vielleicht objektiv gefährlicher als Fischen, Briefmarkensammeln oder Gurkenzüchten; doch die Ausbruchsfunktion ist eine ähnliche. Der Unterschied ist, daß die eingegangenen Risiken vielleicht größer sind als erwartet, daß Werte mit im Spiel sind, die sich allerdings auf alternative Realitäten berufen, und daß legendäre oder zeitgenössische Vertreter dieser Werte dauernd als Vorbild herhalten müssen.

Fällt es beim Standardhobby oder -sport mitunter schwer, ihn als eine Möglichkeit zu sehen, uns selbst zu entdecken oder eine alternative Realität zu ahnen, so ist dies bei Abenteuern und Entdekkungen durchaus anders. Für den archetypischen Reisenden gilt das Versprechen, daß er irgendwo – in der Leere der arktischen Nacht, in der Einsamkeit des Ozeans, in der betäubenden Hitze der Wüste – aller schützenden Hüllen der Zivilisation entkleidet, von Langeweile und Routine befreit werden wird, um eine alternative Realität wahrzunehmen. Manchmal ist diese Realität lediglich eine kulturelle Variante – das Thema vom edlen Wilden –, und manchmal ist sie eher transzendenter Natur: ein kosmisches Bewußtsein oder die Erkenntnis, wie unbedeutend das eigene Selbst doch ist. Während solche Abenteuer heute keineswegs unmöglich sind, ist es doch sehr schwer, Bühne und Requisiten für das Script tatsächlich zusammenzubringen, ohne kulturell kooptiert zu werden. Eine Reise allein um die Welt hat gleich weniger von einem Ausbruch an sich, wenn sie von Pepsi Cola finanziert wird und wenn ein fünf Mann starkes Fernsehteam im Schlepp reist. Das große Abenteuer rutscht leicht in den gewöhnlichen Urlaub ab. Mit seiner Schilderung des ›Abenteuers‹ hat Simmel präzise erfaßt, daß diese Formen von Urlaub – wie andere Freiräume auch – gleichzeitig vereinbar und unvereinbar mit der beherrschenden Realität sind:

»Indem es aus dem Zusammenhange des Lebens herausfällt, fällt es [...] gleichsam mit ebendieser Bewegung in ihn hinein, ein Fremdkörper in unserer Existenz, der dennoch mit dem Zentrum irgendwie verbunden ist. Das Außerhalb ist, wenn auch auf einem großen und ungewohnten Umweg, eine Form des Innerhalb.«[12]

Massenkultur

Wir sprachen bereits von der Massenkultur als einer Quelle von Scripts und Phantasien. Allerdings fungieren Erzeugung und Konsumtion von Produkten der Massenkultur auch als eigenständige Freiräume, und aufgrund ihrer Sättigung mit Phantasiekomponenten enthalten diese Produkte ein starkes Potential für Realitätsverschiebung.

Die Erkenntnis dieses Potentials ist seit jeher das Hauptargument geläufiger Kritiken am eskapistischen Charakter der Massenkultur. Es wird gesagt – mit der Implikation, dies sei schlecht –, daß die Leute vor den ›realen‹ Problemen des Alltags fliehen, indem sie in die Phantasiesphäre des Kinos, der Comics, des Fernsehens, der Kunst und Literatur eintauchen. Dies sei das übliche ›Opium des Volks‹, so wird behauptet. Nun geht es uns hier nicht darum, polemisch für oder gegen diese These zu argumentieren, sondern zu untersuchen, in welchem Sinn exakt die Massenkultur Ausbruchsfunktionen erfüllen oder – allgemeiner gesagt – den Menschen in ein anderes Verhältnis zur beherrschenden Realität versetzen kann.

Unser Interesse an der Massenkultur als Vehikel für institutionalisierte Realitätsverschiebung bezieht sich wiederum eher auf ihre subjektiven Sinngehalte als auf ihre generelle gesellschaftliche Funktion. Unter gesellschaftlichen Gesichtspunkten pflichten wir den situationistischen Kritikern der Massenkultur bei: Keine Form der Kreativität, Innovation, Revolution oder Flucht ist immun dagegen, von der herrschenden Ideologie absorbiert zu werden – als Massenware unter anderen, feilgeboten im Supermarkt der Kultur. Sogar Kunstformen wie der Blues, der einst für seine Produzenten und Konsumenten starke Emanzipations- und Ausbruchsfunktionen erfüllte, kann durch Kommerzialisierung und Routinisierung solcher Bedeutung beraubt werden. Sie gewähren dann nicht einmal mehr zeitweilige Absentierung vom System. Debord hat recht: »Das ganze Leben von Gesellschaften, in denen moderne Produktionsverhältnisse herrschen, erscheint als gewaltige Ansammlung von *Spektakeln.* Alles was einst direkt erfahren wurde, ist als Schaustellung in die Ferne gerückt.«[13]

Obwohl Plastic wohl nicht das Wesentliche ist, so ist es doch immerhin etwas; auch wenn die Phantasien vielleicht synthetisch erzeugt und vermarktet werden, sind sie doch vorhanden, und die Leute *können* in ihren Zeremonien, Spektakeln und Ritualen eine Ahnung alternativer Realität »direkt erfahren«. Hier gilt das gleiche Argument, das wir im Zusammenhang mit der Authentizität auf Touristenschauplätzen vortrugen: Nicht daß die Leute Marionetten wären, die beim Karneval und Schmierentheater des Kapitalismus hoffnungslos manipuliert würden; vielmehr gibt es keine Garantie dafür, daß sie, einmal den Trick durchschauend – es ist alles nur Täuschung –, nicht weiter mitmachen werden. Daß die Leute die Massenkultur (ähnlich wie ihre Familie, ihre Arbeit, ihr Hobby) durch verschiedene Modalitäten erfahren und diese Erfahrung mit Distanzierung und Selbstbewußtheit aufnehmen können, bedeutet, daß ein grobes Kommunikation/Publikum-Modell der Massenkultur nicht funktioniert. Das Medium ist weder Message noch Massage: Es ist ein Freiraum, ein Ausbruchsweg zu anderen Regionen und eine Kraft, die die Batterien unserer Phantasie auflädt.

Worum geht es z. B. bei einem Abend im Kino? Primitiv gesehen, kann hier die Erfahrung selbst buchstäblich ein Freiraum sein: Fern von Arbeit und Zuhause dürfen wir friedlich im Dunkel sitzen, entspannt, außer Diensten und anonym. Hyperbewußtheit dieser Erfahrung kann sie zerstören. Für denjenigen, der sich in der Welt daheim fühlt, der einfach eine zeitweilige Befreiung von Zwängen will und nicht zuviel in diesen Ausbruch investiert, gibt es kaum einen Grund, warum solche Formen von Bewußtheit sich länger als für Augenblicke vordrängen sollten. Sie sind leicht unter Kontrolle zu bringen, und für den Gebildeten kann das Kino (wie jeder Leser der *Cahiers du cinéma* oder einer der vielen anderen intellektuellen Ratgeber fürs rechte Vergnügen am Kino sicherlich weiß) zu einem Fetisch, einem Kultgegenstand erhoben werden. Dafür gibt es bekannte Scripts: der Fanatiker, der Cineast, der Engagé. Diese Scripts haben ihre eigenen Bühnen in Gestalt des National Film Theatre, des Kommunalen Kinos, des Filmklubs, mit Requisiten wie pin-ups, Biografien, vollständigen Filmdrehbüchern und – wie unlängst – Langspielplatten mit dem kompletten

Ton von Filmen wie *Casablanca*.

Diesen drei Graden des Engagements – ins Kino gehen, sich distanzieren, Cineast werden – entsprechen die Arten, wie wir uns zur aktuellen Phantasiekomponente des Kinos verhalten. Auf primitiver Ebene steigen wir direkt in die Phantasie ein: Wir werden buchstäblich – wie die Reklame verspricht – in andere Welten versetzt. Während der schönen Stunden im Kino und noch danach, Tage und Jahre der Phantasie, leben wir in der Welt der Duelle, Rennwagen, Geheimagenten, Gangster, Pistoleros, schönen Frauen, Tragödien, Dramen. Alles an Magie und Mythe ist da. Was aber geschieht, wenn die Tricks bloßgestellt, die Mythen entzaubert, die Phantasien auf die Erde zurückgeholt werden? Manchen stößt das Durchschauen der Illusionen in eine Krise, und der Cineast ist gezwungen, die essentielle Unwirklichkeit seiner Erfahrung zu erkennen. In manchen Kreisen wird die Traumfabrik Hollywood kritisiert, weil sie angeblich die Gegenwart des Zuschauers ignoriert und so tut, als reflektiere das Kino die Realität. Ein für diese Haltung typischer Kritiker wirft dem bourgeoisen Kino vor, es spiele mit den Emotionen des Zuschauers und schlage aus seinen Identifikations- und Projektionsmechanismen Kapital, »um ihn subtil, heimtückisch und unbewußt zu verführen, an den Träumen und Phantasien zu partizipieren, die durch die bourgeoise kapitalistische Gesellschaft vermarktet werden.«[14] Solche Kritik fordert eine *Ultra*selbstbewußtheit, und sie dient als Begründung für ästhetische Neuerungen (die Brechts dramatische Theorien spiegeln), wie in Godards späteren Filmen, wo z. B. die Klappe sichtbar und hörbar fällt, um das Publikum daran zu erinnern, daß es nur einem Film beiwohnt, mit anderen Worten, um die unvermittelte Verquickung der Phantasie mit der Realität zu erschüttern. Auf dieser Stufe stehenzubleiben – als simpler Ausbruchsmechanismus verstanden –, hat den Nachteil, daß es, wie bei anderen Formen der Metabewußtheit, äußerst langweilig werden kann. Wir müssen also aus der Bewußtheitsspirale heraus und wieder in die Phantasie eintreten. Dies ist es wohl, was Pauline Kael meint, wenn sie sagt, daß »ein Film nur dann ein Film ist, wenn man so tun kann, als sei er nicht ein Film«.[15] Damit erreichen wir die dritte Stufe: Indem wir die Wendeltreppe der Selbstbewußtheit verlassen, tun wir so, als hielten wir die Phantasien für genauso real wie sonstwas.

Das Filmbeispiel läßt sich auch auf andere Unterhaltungen und

Spektakel unserer Zeit übertragen. Selbst jene Formen des Konsums wie Lesen, Schallplatten- und Radiohören, Fernsehen, mit denen ein konkreter Schritt in neue Landschaften verbunden ist, sind Freiräume, und sie projizieren phantastische Szenen. Man bedenke nur, wieviel wir in diese Freiräume investieren: Die Morgenzeitung bringt eine Story über Richard Burtons neuesten Flirt (Sex- und Erfolgsphantasien flackern bei uns auf); man blättert weiter zum Sportteil, wo das gestrige Tor von Keagan als ›alltäglich‹ bezeichnet wird (leichte Verärgerung, man steigt in das komplizierte Script ein, einen anderen Artikel über das Tor zu verfassen, überlegt kurz, wie Keagan zumute sein muß, wenn er die Zeitung aufschlägt); dann hört man Radio im Auto auf der Fahrt zur Arbeit (sie spielen den Schallplattenwunsch eines Pärchens in Stoke, das erinnert einen an den trostlosen Abend, den man dort einmal verbracht hat; die Musik selbst weckt Assoziationen an eine alte Freundin); im Büro, beim Kaffee, lange Diskussionen über die Zusammensetzung der Nationalmannschaft (sollte Boycott akzeptieren, ohne daß er zum Mannschaftskapitän gemacht wird? Wird der australische Mittelfeld-Spieler unserer Mannschaft nützen?); rechtzeitig zu den Fernsehnachrichten wieder zu Hause (Ankündigung neuer Stromsperren; sollten wir all das hinter uns lassen und in den Winterurlaub fahren?); während des ganzen Essens Debatte, ob Ferien (wird's wirklich eine Erholung, wenn wir die Kinder mitnehmen, ist es intimer, wenn wir einen Bungalow mieten, statt ins Hotel zu gehen? Aber geht dann nicht der ganze Urlaub mit Kochen und Abspülen drauf?); und nach dem Essen ab ins Odeon, um den neuesten James Bond zu sehen...

Ein solcher hypothetischer Tageslauf zeigt nicht nur, wie sehr wir uns mit Ausbruchsversuchen und Freiräumen beschäftigen, sondern auch, wie kompliziert das Hin und Her zwischen unserem täglichen Einerlei und jenen anderen Welten ist, die ihre eigene Logik und eigene Regeln haben. Dieses Hin und Her wird indes nicht immer als irritierend empfunden. Es hat sogar Rhythmen, an die wir uns gewöhnen. Unsere Phantasien und Gedanken um Kevin Keagan, James Bond, Richard Burton und den australischen Mittelfeld-Spieler stören unser tägliches Einerlei nicht sonderlich. Und dies zeigt doch, wie prekär diese anderen Welten sind: Je mehr wir sie absorbieren, desto fragiler sind sie als Zuflucht. Vermöchten wir nur – durch die ursprüngliche Fähigkeit des Kindes, sich in die Sphäre der Feen, Prinzessinnen und Zauberer zu projizieren –, diese Welten unter ihren eigenen Bedingungen zu sehen, so könnten wir uns ihren magischen Rhythmen überlassen. Das Kind realisiert die Magie, indem es seine eigene Welt von der ›anderen‹ her interpretiert: Das Schwesterchen ist eine Prinzessin, die Gartenlaube ein Schloß, der Hund ist ein Drachen. Unsere Bewußtheit verdammt uns dazu, genau umgekehrt zu interpretieren. Die beherrschende Realität liefert die Scripts, durch die wir die andere Welt sehen: Richard Burton hat Alimentenprobleme, der Schauspieler, der James Bond darstellt, ist gefeuert worden – werden wir im Urlaub die spanische Küche vertragen? Es braucht entweder schlaue Berechnung, um diese Scripts nicht die Landschaften der Massenkultur verwüsten zu lassen, oder das Gegenteil: ein überaus massives, fanatisches Engagement, so daß diese Scripts selbst Freiräume werden.

Kunst

Eine solche Analyse vorausgesetzt, ist es nicht schwer, von der Welt der Massenkultur in die Welt der Kunst überzugehen. Denn der traditionelle Vorwurf der Hochkultur (etwa vom Standpunkt, wie Leavis ihn vertritt) gegen die Massenkultur betont gerade deren desensibilisierenden Charakter. Statt ihr Publikum zu einer neuen Perspektive außerhalb der beherrschenden Realität zu führen, reproduziert sie lediglich – so diese Kritik – in attraktiver Weise die banaleren Merkmale dieser Realität. Dieses Konzept beharrt auf der Notwendigkeit, einen anders begründeten Raum der transzendentalen Endoxie zu bewahren, einen Raum, in dem sublime Wahrheiten über das Wesen des Menschen und seine Existenz konserviert werden. Die Kriterien, nach denen solche Wahrheiten zu erkennen sind, wurden ausführlich diskutiert und brauchen uns hier nicht zu kümmern; was uns interessiert, ist die Vorstellung eines besonderen Freiraums, der vom Künstler geschaffen wird und der von allen aufgesucht werden kann, die aus dem Einerlei der banalen Erfahrung ausbrechen wollen.

Vor allem müssen wir erkennen, daß diese Konzeption von Kunst, so als existiere sie in einem über- oder außergesellschaftlichen Bereich, sich nicht eigentlich aus dem Wesen der Kunst ableitet. Raymond Williams und andere haben nachgewiesen, daß die Idee einer künstlerischen Sphäre historisch mit der Entwicklung der industriellen Revolution zusammenhing – eines Produktionssystems, dessen Prinzip der Massenproduktion von Waren von manchen Schriftstellern und Künstlern als unvereinbar mit der künstlerischen Kreativität erachtet wurde.

Doch ähnlich wie bei allen anderen Freiräumen genügt auch hier der Hinweis auf die Relativität nicht, um die Möglichkeit zu verbauen, daß sie dennoch denjenigen, die sie für diesen Zweck gebrauchen wollen, Gelegenheiten zum Ausbruch bieten. Und sicherlich gibt es viele, die behaupten, ihr Kontakt mit der Kunst oder ihre Beteiligung an deren Herstellung sei eine solche Gelegenheit, sich von der beherrschenden Realität zu entfernen. Die Kunst stellt symbolisch eine neue Landschaft dar, obgleich sie für die meisten ihrer Konsumenten – die sich Madrigalchören, Schallplattenringen, Poesielesezirkeln anschließen – nur eine unter anderen Aktivitätsenklaven ist.

Allerdings ist nicht nur die Domäne der hohen Kunst eine gesellschaftliche Schöpfung, sondern auch die moderne Rezeption dieser Kunst. Est gibt eine künstlerische Attitüde, die anscheinend die Voraussetzung für die Aufnahme eines Kunstwerks ist. Ohne diese Attitüde (darauf hat unter anderen Kenneth Clark hingewiesen) sind die Möglichkeiten der Kunst, als Realitätstransformator zu dienen, beschränkt. Vielleicht gibt es Leute, die gelegentlich ins Museum gehen, dort einem echten Rembrandt oder van Gogh gegenüberstehen und hinterher sagen, dieses Erlebnis habe ihnen Befreiung von den Zwängen des Alltags gebracht; oder Kulturverächter wie Leonard in Forsters *Howards End,* der eine alternative Realität entdeckt, indem er Beethovens Fünfter lauscht. Doch es ist offenkundig, daß solche Erfahrungen wohl eher denen offenstehen, die Gelegenheit hatten, ein künstlerisches Bewußtsein zu entwickeln, die, wenn auch in elementarster Form, gelernt haben, Bilder zu betrachten, Lyrik zu lesen oder Architektur zu beurteilen. Dieses Sehenlernen meint weniger die Beherrschung irgendwelcher ästhetischen Prinzipien (obwohl auch diese dazugehören mögen) als vielmehr ein Wissen, was die Kunst uns ›geben sollte‹. Elementare Anleitungen – Handbücher für das Kunstgenuß-Script – raten uns, nach etwas Besonderem im Objekt zu suchen, einem inneren Sinn. Dieser Sinn geht uns nicht ohne weiteres auf, er verlangt Geduld. Daher muß man Zeit für die Betrachtung künstlerischer Waren aufbringen und auch für die richtige Stimmung, Situation und Gesellschaft sorgen. Wir sind also programmiert, eine

Offenbarung, irgendeinen Schlüssel zum Leben oder zur Natur zu entdecken, was uns hilft, uns zu verwandeln. So überrascht es denn nicht, daß die Konsumenten oft derlei verwandelnde Eigenschaften in der Kunst entdecken, daß sie behaupten, ihre Identität sei durch die Erfahrung verändert.

Wir sind allerdings nicht so naiv anzunehmen, daß das ›Kunstwerk‹ keinerlei wesenhafte Potenz hätte, daß es nicht das Banale transzendiere, sondern behaupten vielmehr, daß die Rezeptionsweise der ›persönlichen Offenbarung‹ ein besonderes Merkmal der Kunstbetrachtung in der modernen Gesellschaft ist. Das Wesen der Offenbarung ist festgelegt durch gesellschaftliche Vorstellungen von der verwandelnden Kraft, die der Kunst innewohnen ›sollte‹ (wie auch Sexualität und Drogen). Viele Künstler kennen dieses Verständnis der Kunst als ›Enklave‹ und behaupten entweder, daß ihre Werke unverständlich seien (daß sie keine innere Offenbarung, keine Botschaft über Identität oder Realität enthalten), oder daß ihre Bedeutung sich unmittelbar manifestiere (deren Aufscheinen nicht auf die Einübung einer bestimmten Kontemplation angewiesen ist). Mitunter versuchen sie, ihr Werk als Beunruhigung zu gestalten, damit die Reaktion aus den institutionalisierten Grenzen dessen, was ›Kunsterleben‹ bedeutet, heraustritt. In der nämlichen Absicht versuchen sie, den Rahmen von Museen, Büchern oder Theatern zu verlassen, um den üblichen Formen der Kunstrezeption zu entgehen. Doch mag ihre Kunst auch tatsächlich beunruhigende Visionen der alternativen Realität enthalten, die institutionalisierte Form ihrer Rezeption bewirkt jedenfalls, daß sie für viele weniger ein revolutionärer Impuls als vielmehr ein fest umschriebenes Gelände ist, das zeitweilige Befreiung vom täglichen Einerlei gewährt. Und so banal er klingt, so ist es doch wert, hier den Einwand der elitären Kunst zu zitieren, die behauptet, ihre Anstrengung sei dem alltäglichen Leben allzu entrückt, um auch nur entfernt an einen Ausbruchsversuch zu gemahnen. Dies ist's, was die Popkünstler erkannt haben. Doch indem sie Schuhe, Suppendosen und Hamburger in Kunstobjekte verwandelten, haben sie lediglich *diese* Objekte – statt Madonnen, Landschaften und Prinzen – zu etwas Geheiligtem und Besonderem gemacht. So wird das Zelebrieren banaler Objekte durch Pop art – anders als z. B. die Readymades der Dadaisten – schließlich als künstlerische Aktion akzeptiert. Angewidert von dieser Entwicklung schrieb Marcel Duchamp an Hans Richter: »Als ich die Readymades entdeckte, wollte ich die Ästheten abschrecken. Beim Neodada nehmen sie jetzt meine Readymades und finden darin ästhetische Schönheit. Ich habe ihnen den Bierkasten und den Nachttopf als Herausforderung ins Gesicht geschmissen, und jetzt bewundern sie sie wegen ihrer ästhetischen Schönheit.«[16]

Es liegt wohl eine gewisse Ironie darin, wie wir uns eifrig an Alltagsobjekte halten, um uns vom Alltag zu distanzieren.

Seelenwandern

Der Hobbyfreund geht in den Keller oder Garten, der Spieler hastet zum Sportplatz oder ins Casino, der Urlauber packt Kleider, Kamera und Sonnenöl in den Koffer, der Kulturfreak rennt durch Museen und Konzerthallen – aber alle um uns her, Männer wie Frauen, sitzen ganz friedlich da und leisten dem Alltag aktiven Widerstand, indem sie die Dinge im Kopf hin und her wenden. Allenfalls greifen sie nach einem Glas Whisky oder einem Joint, verschränken die Beine im Lotossitz oder suchen Hilfe bei einem Psychiater. Doch die Idee, auszubrechen, indem sie irgend etwas unternehmen oder Objekte manipulieren, gar ihre physische Umwelt tatsächlich verändern, ist ihnen fremd. Ihr Problem sitzt im Kopf. Das sind die Seelenwanderer.

Drogen

Der gelegentliche Gebrauch bewußtseinsverändernder Drogen ist ein prototypisches Beispiel für solche Formen der institutionalisierten Realitätsverschiebung. Angesichts des allgemein verbreiteten kulturellen Wissens über die Wirkung solcher Drogen können potentielle Gebraucher schwerlich behaupten, sie wüßten nicht, welche Erfahrung sie erwartet. Die Programmierung dieser Ausbruchs-Scripts ist sehr explizit. Der antizipierte Effekt variiert je nach Art und Intensität der Droge – von der milderen Wirkung, etwa Entspannung und leichte Stimmungsschwankungen, wie für Cannabis behauptet, bis hin zu spektakulären Folgen, etwa Ichverlust und mystische Einsicht, wie LSD zugeschrieben –, doch sie alle dienen dem gemeinsamen Ziel, aus dem Spiel auszusteigen. In diesem Sinn ist der Drogengebrauch ein Ausbruch aus der Realität

– obgleich die kulturelle Erwartung (und manchmal auch die tatsächliche Wirkung) dahin geht, die Ahnung von einer alternativen Realität zu vermitteln oder die bestehende zu verbessern. Natürlich ist's der Alkohol – mehr noch als die neueren psychotropischen Drogen –, der den klassischen kulturellen Fluchtweg öffnet: Wir trinken, um vor unserer Frau Ruhe zu haben, unsere Sorgen zu ersäufen.

Der ›Geselligkeitstrinker‹ ist nur in beiläufigem Sinn ein Kandidat für die Realitätsverschiebung. Was er erwirbt, ist Euphorie, Entspannung und ein Schmieröl, um die Gelenke der sozialen Interaktion beweglich zu halten. Da ist noch das unterschwellige – manchmal durch die Erfahrung bestätigte – Versprechen neuer Einsichten über sich selbst und andere am Werk: das klassische Thema *in vino veritas*, wonach beim Trinken das wirkliche Wesen erscheint oder wir unsere Freunde ›wirklich‹ kennenlernen. Im Hintergrund lauern zwar die Gefahren von Alkoholismus, Krankheit und Abhängigkeit, die Drohung, sich das Leben zu ruinieren. Doch dies sind Risiken, eingebaut, um die Leute vom Trinken abzuhalten; sie sind kaum attraktiv als Formen des Ausbruchs. Der Endzustand des Alkoholismus ist ein absolut pathologischer, während die Stationen auf dem Weg dorthin entweder abfällig qualifiziert (›Problemtrinker‹) oder routinemäßig verharmlost (›Geselligkeitstrinker‹) werden.

Anders als der Urlaub, der explizit mit der Verheißung spezifischer Ausbruchsmöglichkeiten vermarktet wird, wird Alkohol mit gänzlich nüchternen Versprechungen verkauft. Der Mann, der ›nur auf ein Bier‹ kommt, soll nicht mehr als Lustigkeit und nette Gesellschaft antreffen. Die Martinireklame schwärmt nur insoweit vom guten Leben, als sie die gleichen idyllischen Situationen verwendet, die auch zum Kauf bestimmter Zahnpasten, Deodorants oder Haarsprays auffordern. Jene Botschaften, die radikalere Formen des Ausbruchs und der Realitätsverschiebung propagieren – wie die Mädchen in der Wodka-Smirnow-Reklame, die nie ganz da sind –, nehmen sich selbst so bewußt auf den Arm, daß niemand sie recht glaubt. An kulturellen Vorbildern gibt es wenig, und nur bei Schriftstellern wie Malcolm Lowry finden wir eine ausgesprochene Apologie des Alkohols als Tor zur Transzendenz. Und diese Vorbilder finden unweigerlich ein tragisches Ende.

Die neueren bewußtseinsverändernden Drogen hingegen, obzwar von der konventionellen Gesellschaft völlig negativ beurteilt, bieten dem User die Aussicht auf einen wirklichen Ausbruch. Was wir mit Dope erwerben, ist zunächst eine kurzfristige Besänftigung der Probleme, eine Form von Entspannung, ein Mechanismus der Stimmungsveränderung – das ist alles, was der Gelegenheitsuser erhält. Aber die Drogenkultur ist voll von Botschaften alternativer Realitäten. In ihren verschiedenen Versionen, wie wir sie in Gurugestalten wie Timothy Leary, in der Hippie-Ideologie oder in der Identifikation mit östlicher Mystik vor uns sehen, werden extreme und wunderbare Versprechungen gemacht: völlige Ablehnung der formellen Arbeitswerte, Überwindung der Grenzen von Raum und Zeit, Entdeckung des eigenen Selbst, kosmische Identifikation mit dem Universum. Der User weiß – wie Goffmans Spieler – von der Möglichkeit, daß einige dieser Dinge immerhin geschehen könnten, daß ›es drin ist, über den Anlaß abzufahren‹. Doch es sind mächtige konventionelle Kräfte am Werk, die ihn in die entgegengesetzte Richtung ziehen können. Die massenhafte Verfügbarkeit und inzwischen auch die gesellschaftliche Anerkennung der ›weichen‹ Drogen erschweren es, daraus ein besonderes, nur den Privilegierten vorbehaltenes Erlebnis zu machen. Man weiß explizit, daß die Drogenerfahrung die neuen User vielleicht gar nicht verändert. »Ein angetörnter Spießer«, sagt Mailer, »ist immer noch ein Spießer.« Auch wird die Aktivität selbst ritualisiert und unterliegt den Zwängen der Marktwirtschaft. Die Drogenkultur steckt voll von Angebots- und Nachfrageproblemen, von Bustparanoia und Haß, von Angst und Mißtrauen. Statt ein Beispiel für die Ablehnung bourgeoiser Konsumwerte zu geben, spiegelt die Drogenkultur diese wider: Eine chemische Lösung für Lebensprobleme kaufen, bedeutet schwerlich, eine neue Realität hervorbringen.

Im übrigen gibt es die negativen Risiken, daß die Pille buchstäblich das Bewußtsein sprengt, daß das Experimentieren mit harten Drogen zur Sucht führt. Und wieder ist es eine Frage des Scripts, nach dem der Ausbruchsversuch abläuft: Die komplexen symbolischen Bedeutungen, die mit Drogen – im Vergleich etwa zu Hobbies – verbunden sind, lassen kaum eine andere Wahl, als irgendeine potente Ausbruchsbotschaft aufzuschnappen. Die Drogenkultur verachtet stets jene, die Chemikalien als ›Persönlichkeitskrücken‹ oder nur zur Entspannung, zum Zeitvertreib, zur Aufrechterhaltung der sozialen Interaktion benutzen. Die Anfälligkeit dieses Ausbruchsverfahrens liegt im prekären Gleichgewicht zwischen Erwartung und Effekt – ein Gleichgewicht, das der User nicht immer zu kontrollieren vermag.

Therapie

Die offenkundige Verheißung eines Urlaubs (ausspannen, alles loswerden) mit ihrer unterschwelligen Botschaft der Risikoübernahme hat eine merkwürdige Parallele im Bereich der individuellen Therapie. Hier spricht die offene Verheißung von Heilung und Rehabilitation (die Psyche reparieren, Konflikte lösen, Spannung und Angst abbauen), doch die unterschwellige Botschaft ist viel wichtiger und bezeichnet einen Ausbruchsweg für Kranke wie für Gesunde. Die Verheißung und – wie wir sehen werden – das Risiko sind nichts Geringeres als persönliche Befreiung, Ausbruch aus einem von der Seele errichteten Gefängnis.

Gewiß ist die Psychotherapie etwas anderes als ein ›institutionalisierter Ausbruch‹ oder Freiraum; doch im Sinn unseres Arguments ist dies ihre zentrale Funktion. Ihre spektakuläre Popularität in den letzten fünfzig Jahren und erst recht die jüngste Ausbreitung von Varianten wie Gestalttherapie, Encountergruppen, Sensitivitytraining, Bewußtseinsgruppen wirken zusammen in die allgemeine kulturelle Richtung, die wir hier nachzeichnen. (Eine neuere Schätzung besagt, daß rund 6 Millionen Amerikaner in irgendeiner Weise an Sensitivity-, Encounter- oder Persönlichkeitsentwicklungs-Gruppen teilgenommen haben. Und derlei Gruppen sind natürlich nur ein Teil des therapeutischen Imperiums.)[17] Diese Therapien offerieren höchst unterschiedliche, wenn nicht gar widersprüchliche Formen der Emanzipation. Um nur eine Dimension zu betrachten: Die Botschaft der Psychoanalyse besagt, daß das Gefängnis durch unsere Vergangenheit geschaffen ist; Marcuse meint, die Erinnerung von Vergangenem werde zum Vehikel künftiger Befreiung. Bei anderen Therapien dagegen liegt der Akzent auf dem Hier und Jetzt: Der Patient müsse jeden Aspekt seiner gegenwärtigen Situation überprüfen, bevor eine zukünftige alternative Realität möglich ist. Doch gleichgültig, ob Vergangenheit oder Gegenwart, Bewußtsein oder Unbewußtes, freie Assoziation oder ungezieltes Fragen, Gespräch oder Massage – das Ziel der Therapie ist stets, eine Veränderung des Bewußtseins zu bewirken.

Für Freud bedeutete psychische Manipulation alles andere als den

Eintritt in eine alternative Realität. Er war zu pessimistisch und skeptisch, um an eine solche Philosophie auch nur entfernt zu denken. Die klassische Botschaft der Psychoanalyse, wie Karl Menninger einmal feststellte, besagt, daß es nicht auf die Neurose ankommt, sondern darauf, wie man mit ihr lebt. Die neueren Kulttherapien bieten da Eindruckvolleres. Maslows *Human Potential Movement,* »revolutionärer als Bomben, Gewehre oder Parolen, befaßt sich mit nichtverbaler Erfahrung, veränderten Bewußtseinszuständen und verschiedenen Techniken, durch welche die Leute neue Möglichkeiten finden, sich zu identifizieren und ihr Leben voller zu erleben«.[18] Autogenes Training verspricht die totale Kontrolle sogar von Körperfunktionen wie Herzschlag und Temperatur. Masters und Houston (Direktoren der New York Foundation for Mind Research) verkaufen gar ein praktisches System zur Verwirklichung von ASCs (Altered States of Consciousness – veränderte Bewußtseinszustände), das zu vermehrter Phantasie und Kreativität führt, bis »wir eines Tages erstaunt auf die armselige Welt des Bewußtseins zurückblicken, die einst unsere war und die angeblich die reale Welt, unsere offiziell definierte und verteidigte Realität sein soll«.

Es duldet keinen Zweifel, daß manche Leute diesen Versprechungen glauben, ja, daß sie sogar derlei Erfahrungen haben. Doch wir können nicht annehmen, daß diese veränderten Bewußtseinszustände länger vor dem beharrlichen Zugriff der beherrschenden Realitätspolizei sicher bleiben. Wie sollen wir unsere Selbstbewußtheit suspendieren, wenn der Weg zur Befreiung gepflastert ist mit ASCIDs (Altered States of Consciousness Induction Devices – Vorrichtungen zur Einleitung von Bewußtseinsveränderung = eine Wiege, die den Körper des Patienten ruhigstellt, während sie ihn durch den Raum schaukelt), bioenergetischer Diät und Übungen, Orgonboxen, Biofeedback (= Alphawellenmonitoren zur Überwachung der eigenen Hirnwellen), Fastenkuren, Schafgarben-Orakeln, organischer Nahrung, Nacktbewegungsgruppen, OPLS (Optocinetic Perceptual Learning Devices – optokinetischen Wahrnehmungs-Lerngeräte = rotierende, trommelförmige Lichtboxen), sensorischer Deprivation, progressiver Entspannung durch Massage, Rolfen (eine von Ida Rolf erfundene Körpermanipulationstechnik, bei der man sich ›durch die Muskelfasern bis zur Seele vortastet‹)? Alle diese Aktivitäten sind nicht absurder oder zur Distanzierung tauglicher als Briefmarkensammeln, Federball-Spielen oder Pony-Trecken; aber sie sind's auch nicht minder. Und wenn sie schon den Anspruch erheben, so viel zu bewirken wie etwa manche Drogen, dann müssen sie sich allerdings gut gegen den Übergriff der Hüter der beherrschenden Realität vorsehen.

Auch die kulturelle Kooptierung solcher Massentherapien ist eine Gefahr. Nicht nur werden die praktischen Ratgeber in sichtlich ausbeuterischer Manier verkauft; auch die Institutionen, in denen dieses Seelenwandern stattfindet, sehen Schöpfungen eines alternativen Bewußtseins verdächtig unähnlich. Biofeedback-Systeme, Transzendentale Meditation, Divine Light Mission usw. werden nicht weniger konsumfertig angeboten und vermarktet wie Charles Atlas' Body-Building-Kurse. (Wenn wir darüber sprachen, wie langjährige Häftlinge mit ihrer beherrschenden Realität fertig werden, betrachteten wir *Mind Building* und *Body Building* tatsächlich als – in der wohlwollenden Phrase der Soziologen – »funktionale Alternativen«.)

Der vernichtende Angriff auf das Seelenwandern als Ausbruch in eine andere Realität, als Ort der Identitätsarbeit, wird kommen (und ist mancherorts schon im Gange), wenn diese Techniken vor den Karren der Marktwirtschaft gespannt werden. Direktoren, Manager und Fachleute werden dann in Begegnungsgruppen geschickt, Gruppenseminare und Sensibilitätstraining sollen ihnen zu angepaßter Leistung verhelfen. Es kann nicht mehr lange dauern, bis Werkskantinen bioenergetische Mahlzeiten servieren, bis Aufsichtsräte das I Ging werfen und Fließbandarbeiter ein zweckdienlich ausgewähltes Mantra singen.

Doch abgesehen von den Gefahren der Selbstbewußtheit und der kommerziellen Ausbeutung – welche Art Befreiung preist die Botschaft selbst an? In diesem Zusammenhang können wir die Massenkulttherapien und die psychedelischen Drogenkulturen gemeinsam abhandeln.

Alle diese populären modernen Therapien sind eng verwandt mit traditionellen östlichen Formen der Befreiung, nicht nur insofern, als beide auf eine Veränderung des Bewußtseins zielen, sondern auch weil sie das Individuum von sozialer Konditionierung, von Gewohnheiten, von Routinen zu befreien vorgeben. Befreien soll man sich auch davon, die Konditionierung zu hassen, denn dieser Haß stellt selbst eine Bindung an sein Objekt dar. Die Schwierigkeiten des Patienten sind nicht bloß psychologischer Art, sondern sind in den sozialen Institutionen, der Sprache und den Beziehungen verankert, in denen er gefangen ist. Der Kummer des Patienten wie die Schwierigkeiten des Uneingeweihten kommen aus dem *Maya:* nicht nur Illusion, sondern auch äußerliche Kultur. »Das Ziel eines Weges zur Befreiung ist nicht, das Maya zu zerstören, sondern es als das zu erkennen, was es ist, oder es zu durchschauen.«[19]

Solche Befreiung gleicht jener, die durch Selbstbeobachtung, Selbstbewußtheit und Distanzierung erreicht wird, wie wir sie in eher soziologischen Begriffen geschildert haben. Sie ist ebenso radikal in dem Sinn, daß sie das Fenster zu einer alternativen Realität aufstößt, wie sie konservativ ist, da sie nur ein Fenster öffnet.

> »Es ist die Aufgabe des Psychotherapeuten, eine Versöhnung zwischen dem fühlenden Individuum und den sozialen Normen herbeizuführen, ohne aber die Integrität des Individuums zu opfern. Er will dem Individuum helfen, es selbst zu sein und seinen Weg zu finden, ohne unnötig gegen seine Gemeinschaft zu verstoßen, also in der Welt [der sozialen Konvention] zu sein, aber von dieser Welt.«[20]

Dies ist genau das Gegenteil dessen, was die radikalen Ausbrüche auszeichnet, von denen wir noch sprechen werden. Diese eröffnen kaum die Chance einer ›Versöhnung‹ zwischen dem Individuum und der Gesellschaft. Sie bedingen allerdings das Risiko, die ›Integrität‹ des Individuums zu opfern. Und wer diesen Weg geht, muß wohl »unnötig« gegen die Gemeinschaft »verstoßen«; er ist weder »in« noch »von dieser Welt«.

Hier liegt die Gefahr der Therapie und anderer Formen der Selbstentdeckung, ob mit oder ohne Hilfe chemischer oder anderer Techniken. Denn die Realität kann sich so weit verschieben, daß es keinen Rückweg gibt. Wenn man ›nirgendwo mehr hingehen kann als nach innen‹, dann kann die Entdeckungsreise tatsächlich der Reise in die Schizophrenie gleichen, von der Laing spricht. Wie beim Glücksspiel und Drogengebrauch besteht das Risiko darin, die Botschaft zu ernst zu nehmen.

Wenn wir uns einer Therapie unterziehen, in der Art wie von Watts, Rieff und anderen dargestellt, so bleibt dies ein Übergangsstadium, eher eine institutionalisierte Ausflucht als der wirkliche Weg. Denn Therapien – besonders in ihrer traditionelleren Form – sind Ausflüchte, die absichtlich so angelegt sind, daß sie uns hierher zurückbringen. Wir reiten das Steckenpferd, ohne damit zu rechnen, daß dieses Pferd mit uns durchgeht. Es geht nicht darum, daß die dreimal wöchentliche Produktion von ›Einsichten‹ in Gegenwart unseres Therapeuten schließlich zur Routine wird und daß das Schauspiel Tausender Vorstadthausfrauen, die in Abendkursen Yoga lernen, nicht eben einer ›besonderen Erfahrung‹ gleicht. Das kompliziertere Problem ist, daß der bloße Akt, uns diesen Behandlungen, Regulationen und Aktivitäten zu unterwerfen, eine klassische Konfrontation mit zwei einander ausschließenden Botschaften bedingt. Einerseits ist da die unausweichliche Tatsache, daß Unterwerfung eine Flucht vor der realen Welt ist, andererseits vernehmen wir die häufige Beteuerung aller dieser Therapien, daß sie *keine* Flucht vor der Realität darstellten, daß wir schließlich zu unseren Familien und zur Arbeit zurückkehren müßten, wo die ›realen‹ Probleme liegen. Diese Widersprüchlichkeit der Ausbruchsbotschaft geht sogar jenen auf, die höchst vergängliche Anwandlungen von Selbstbewußtheit haben: Wir betreten das Zimmer eines völlig Fremden, legen uns auf die Couch und sprechen über persönliche Probleme; wir besuchen ein Wochenendseminar, um unsere Hemmungen loszuwerden, und lassen unseren nackten Körper von Leuten betasten, die wir nie zuvor gesehen haben; wir gehen als befreite Frauen in unser Consciousnessraising und kehren dann zur häuslichen Kochtopf-Routine zurück. Der Seelenwanderer stellt fest – zugegeben, nicht mit dem gleichen Gefühl physischer Unmittelbarkeit, wie es der Landfahrer kennt –, daß das Ausbruchsscript meist ein Heimkehrscript ist.

Aktivitätsenklaven, Landfahren und Seelenwandern lassen sich als gut abgesicherte Tunnels heraus aus der beherrschenden Realität auffassen. Aber die Wände dieser Tunnels sind zerbrechlich, und sie drohen jeden Moment einzustürzen. Bevor wir über einige weitere Ausbruchswege reden, wollen wir auf einen Einwand eingehen, der gegen unsere Vorstellung, daß jedermann sich in seinem eigenen besonderen Tunnel davonstiehlt, erhoben werden könnte. Tatsächlich sind diese Ausbruchswege so allgemein üblich, daß wir beide, die Autoren, sie beinahe alle ausprobiert haben.

Besuche uns einmal zu Hause, und du entdeckst ein Museum halbvergessener Relikte von diesen Ausbruchsversuchen und Freiräumen. Da ist das Makrobiotik-Kochbuch und die halbvolle Müslitüte, übriggeblieben aus jener Zeit, als wir uns emsig um Verjüngung durch bewußte Ernährung bemühten. Im Schreibtisch liegen Fragmente des unvollendeten Romans, der Befreiung vom Trott des akademischen Lebens verhieß. Die Bücherbretter sind voll von längst vergessenen Romanen und psychologischen Traktaten, die uns damals, als wir sie lasen, als Schlüssel zum Glück erschienen – als ein Weg, nett zu unserer Familie zu sein und mit den Plagen des Alltags fertigzuwerden. Neben den Papers und der eingerissenen Filterpappe liegen auf dem Wohnzimmerregal die alten Räucherstäbchenhüllen, die uns daran erinnern, daß der garantierte Gutnachtjoint noch vor ein paar Jahren die Pforte zu einer neuen Wahrnehmung war. In einem Schuhkarton vergilben die Fotos vom Bauernhof, der einmal den Ausstieg bedeuten sollte. An der Wand hängen Kopien von Klee und Picasso, gekauft vor 1967, als es noch wichtig erschien, unsere ästhetische Sensibilität zu pflegen. Zwischen den Socken im Schubfach funkeln die indischen Perlen, die wir für Pop-Festivals anlegten. Die verstaubten Bankauszüge weisen Daueraufträge für irgendwelche guten Vorhaben aus, an die wir uns nicht einmal mehr erinnern. Und im Schrank hinter der Treppe liegen vergessene Reiseprospekte, halbfertige Flugzeugmodelle, verschrumpelte Hyazinthenzwiebeln, unfertige Aquarelle, vegetarische Kochbücher, die Reste von drei selbstgegossenen Kerzen, ein nach Bier riechender Plastikeimer und eine häßlich stinkende Pilzkultur. Da gibt es sogar ein nie betretenes Zimmer im Haus, das uns an die Tage erinnert, als uns noch die Phantasie beflügelte, wandernden Hippiestudenten eine kommunemäßige Zuflucht zu schaffen.

Wenn wir trübselig die Scherben all dieser gescheiterten Ausbruchsversuche betrachten, dann fragen wir uns, ob es nicht doch einen Weg gibt, der zu rein und natürlich ist, um verhunzt zu werden, oder – falls dies nicht der Fall – ob nicht Hoffnung besteht, einige dieser Bruchstücke noch einmal zusammenzukitten, die für sich überaus anfällig für das Scheitern waren, gänzlich ungeeignet, unsere Suche nach Identität zu fördern. Kann es nicht einen einzigen, zusammengesetzten Freiraum geben, der minder gefährdet und aus dem der Ausbruch unnötig wäre?

6 Die Dinge zusammenfügen

Überlegen wir uns, welche Bedeutung diese frenetischen Aktivitäten, wie wir sie im letzten Kapitel erörterten, für den Einzelnen haben, dann zeigt sich ein offenkundiges Paradox: daß die Zuflucht zu all diesen Freiräumen und Enklaven oft gar nicht den Wunsch, auszubrechen, bedeutet. Ganz im Gegenteil. Es kann sich darin eine tiefe Zufriedenheit mit unserem gegenwärtigen Dasein, mit unserer geläufigen Anpassung an die beherrschende Realität bekunden. Der regelmäßige Wirtshaustrinker, die Familie im Jahresurlaub an der See, der Student, der Samstagabend auf dem Weg zur Disco einen Joint schmaucht, der Ehemann, der ein Standard-Flirtscript mit seiner Sekretärin durchspielt – sie alle begrüßen vielleicht eher die Reize, die die beherrschende Realität bietet, als nach besonderen Bereichen der Immunität zu trachten.

Alle diese Aktivitäten enthalten, wie wir sahen, die Aussicht auf Absonderung von der Welt: Hobbies, Ferien, Spiele, Abenteuer, Drogen und Sex sind besetzt mit Botschaften von Ausbruch und Identitätsverwandlung. Ja, wir sind in zunehmendem Maß von einer Ideologie umgeben, die jegliche Aktivität in einen potentiellen Ausbruch verwandeln will. Die Wirklichkeit ist gesättigt mit Fluchtbotschaften. Man schaue sich nur die vielen neuen Ratgeber in den Alternativbuchläden an: Da wird Zen angepriesen und Obsteinmachen, Yoga und Schach, sexuelle Befreiung und Federball. Du findest sogar Kataloge dieser Aktivitäten in Büchern wie *The Great Escape* (bezeichnenderweise in der Library of Congress unter dem Schlagwort ›Handbücher, Vademekums‹ katalogisiert), die Ausbruchswege verzeichnen wie Ashrams, Astrologie, Autogenes Training, Bioenergetik, Malen, Chorsingen, I Ging, Massage, Psychodrama, Sensitive Erweckung, Frauenbefreiung, Yoga, Voodookünste, Tanz, Okkultismus, Drogen, Sexseminare, Essen, Kajakfahren, Fischen, Freikörperkultur, Fallschirmspringen, Vögel beobachten, Reisen, Basteln... Und einem weniger esoterischen Publikum verkaufen die einschlägigen Annoncen in Periodika wie *Time Out* Partnerschaft per Computer und Charterflüge nebst Encountergruppen, Freien Universitäten und dem üblichen Klimbim des kommerziellen Underground. Sogar die Spalte ›Zu vermieten‹ offeriert dichte Ausbruchsscripts (›freie Apartments‹ etc.). An allen Ecken – Reklamewänden, Buchregalen, Schallplattenhüllen, Fernsehmattscheiben – bieten Miniatur-Ausbruchsphantasien sich an. Dies anscheinend ist die Bestimmung unseres Lebens als gespaltene Persönlichkeiten, deren Privatleben beunruhigt wird durch die Verheißung von Ausbruchswegen in eine andere Realität, und (wie merkwürdig) auch das Privatleben selbst stellt sich als Ausbruchsbahn dar.

Die Behauptung, daß alles zum Ausbruch dienen kann, hilft uns jedoch ebensowenig weiter wie die Meinung, daß es nicht nötig sei, nach Fluchtwegen Ausschau zu halten, daß das Leben ›alles biete‹. Die Kompliziertheit des Lebensplans läßt derart simple Anschauungen nicht zu, und die Handbücher und Ratgeber, die uns zwar helfen, jeden dieser Ausbruchswege zu beschreiten, versagen jede Hilfe, wenn es darum geht, diese Freiräume, Phantasien und Scripts zu einem gesamten Lebensplan zusammenzufügen. Die Abgrenzung des Freiraums, das ›Aufbrauchen‹ der Phantasie, die Wiederholung des Scripts lassen uns nicht weit kommen. Bestenfalls wird es uns gelingen, ein paar Ausbruchswege zu einem größeren Refugium zusammenzubinden: Die Ferien geraten zur Suche nach romantischer Liebe, Sex erfährt durch psychedelische Drogen eine intensive Transformation, die Schranken von Raum und Zeit werden niedergerissen, wenn wir den fröhlichen Abend mit Freunden zu einer einzigen verlorenen Woche sinnloser Trunkenheit ausdehnen.

Doch selbst diese Zusammensetzung von Freiräumen schafft möglicherweise nur eine marginale Erweiterung und Verdichtung unserer Fluchtzonen. Die Kompliziertheit des Lebensplans widersetzt sich weiterer Expansion: Ein krankes Kind zu Hause muß versorgt werden, im Büro muß ein dringender Bericht geschrieben werden, die Steuererklärung ist fällig, die Hypothekenzinsen sind zu bezahlen, das Auto muß repariert, der Gartenzaun ausgebessert werden. Die beherrschende Realität ist eine Welt der Zeitpläne, Routinen, Pflichten, Verantwortungen, Verabredungen und Treffpunkte. Wir müssen lernen, daß unsere vorübergehend ausgeweiteten Freiräume nur ›Bierreisen‹, ›Sauftouren‹, ›närrische Zwischenspiele‹, ›verrückte Anwandlungen‹, ›Ausbrüche‹ sind. Sie sind keine Stationen auf dem Weg zu einer alternativen Realität. So tröstlich sie auch sein mögen, sie bleiben klassifizierte Merkmale des Alltagslebens.

Wie läßt sich diese Klassifizierung rückgängig machen? Gibt es ein Mittel, die Freiräume mit dem übrigen Leben zu verschmelzen oder dieses ganz von ihnen bestimmen zu lassen? Manchmal, wenn wir uns nach dieser Möglichkeit sehnen, blicken wir vielleicht zurück auf die Kindheit als eine Zeit, in der wir anscheinend keine Gebote und Pflichten kannten, in der das blinde Dahinjagen auf Ausbruchswegen noch keine existentielle Notwendigkeit war.

Zurück zur Kindheit

Für das kleine Kind gibt es noch keine Freiräume, keine Enklaven innerhalb der Realität, denn die Realität selbst macht sich noch nicht fordernd bemerkbar. Die Kindheit ist eine »Periode der privilegierten Verantwortungslosigkeit und Freiheit von der Beherrschung durch das Realitätsprinzip«.[1] In dieser Zeit nehmen wir unseren Körper, die Objekte der Welt und andere Menschen im Spiel wahr. Das Spiel ist in dieser Lebensphase noch keine separierte, lokalisierte Aktivität oder Erlebensweise. Es ist noch nicht jene festgesetzte Spielstunde, die es dann in der Schulzeit wird; vielmehr ist es die gesamte, zwecklose, aber sinnvolle Tätigkeit des kleinen Kindes. In diesem Stadium darf die Phantasie restlos ausagiert werden. Personen und Objekte haben noch nicht jene unveränderliche, unwandelbare Identität, die sie zur Einbeziehung in die Tagträume der Kindheit ungeeignet macht. Alles ist noch wandelbar, so daß die Phantasien fröhlich mit Hilfe von Ziegelsteinen, Papiertüten und alten Gartenstühlen in ein Script eingebettet werden können.

Allmählich freilich differenziert sich diese Spielwelt. Wie die anderen Freiräume, von denen wir sprachen, ist das Spiel nunmehr eine Enklave im Leben, nicht mehr das Leben selbst. Dem Spiel werden bestimmte Tageszeiten zugewiesen, ja sogar ein Teil des Hauses wird als Spielzimmer reserviert. (Ironischerweise erfordert dies manchmal, daß der Vater seinen Freiraum, sein Hobby in den Keller oder in die Rumpelkammer verlegt.) Nun wird den Kindern gesagt, wann es Zeit ist, das Spiel abzubrechen; und wenn es bei der Inszenierung ihrer Phantasien kleine Katastrophen gibt, tröstet man sie: ›Es ist ja nur Spiel‹. Diese Grenzziehung rund um die Spielwelt des Kindes institutionalisiert die Aktivität noch nicht in der Weise, wie später Hobbies und Sexualverhalten durch ihre Beschreibung in tabellarischen Handlungsanweisungen, praktischen Ratgebern und Magazinen als Enklaven eingegrenzt werden. Eher schon ist das Spiel ein Ausbruch aus der Realität, nicht mehr die Realität selbst. Erikson sagt, daß das einsame Spiel für das Kleinkind ein unerläßlicher Hafen zur Stabilisierung der erschütterten Emotionen nach Zeiten heftigen Sturms auf den sozialen Meeren sei.[2] Diese ›Enklavierung‹ des Spiels ist ein Prototyp der Enklavierung anderer Aspekte des Kindheitsbewußtseins infolge der konfligierenden Forderungen der beherrschenden Realität.

Hobbies zum Beispiel treten genau zu dem Zeitpunkt auf, da das heranwachsende Kind ein erstes Gefühl der Distanz zwischen sich selbst und der Schularbeit bekundet, die nun nicht mehr als Selbstausdruck, nicht mehr als freiwilliges Tun empfunden wird. Die Entstehung dieser selbst-bewußten Haltung bereitet den Weg zur Entwicklung einer alternativen Vorstellung von Arbeit, die ›um ihrer selbst willen‹ getan wird und bei der die Gesellschaft Chancen der Selbstverwirklichung zuläßt. Damit ist das Hobby geboren. In der Regel erwarten wir von unseren Kindern, daß sie, bevor sie die Grundschule verlassen, diese Enklave für sich begründet haben. Die Lehrer fordern die Kinder auf, von ihren Hobbies zu erzählen; ein beliebtes Aufsatzthema heißt ›Mein Hobby‹. Kinderprogramme in Radio und Fernsehen tragen ihr Teil dazu bei, wobei fröhliche Erwachsene ihr kleines Publikum in die Wunder des Ausschneidens, Sammelns und Kleisterns einführen. Ist das Kind dann alt genug, um sich zur Universität zu melden, wird erwartet, daß seine Hobbies voll entwickelt sind. Das Immatrikulationsformular der Universität sieht extra drei Zeilen für ihre Beschreibung vor.

Ähnlich beruht die Entstehung der Sexualitäts-Enklave auf der Differenzierung, die im autoerotischen Spiel stattfindet. Der Körper wird nicht mehr als allgemeine Quelle der Lust empfunden, eingebunden ins tägliche Spiel, sondern als Objekt, das benutzt werden kann, um lustvolle Ressourcen zu erschließen. Er ist nicht mehr Ziel an sich, sondern ein Mittel zur Erreichung von Zielen wie Profit, Macht und Sexualität selbst. Autoerotik, nun nicht mehr Beigabe zu allen übrigen Aktivitäten, ist mit den meisten davon unvereinbar und wird zu einer privatisierten (Schlafzimmer, Bad) und lokalisierten (genitale Stimulation) Tätigkeit gemacht. Geprägt durch Segmente eines technologischen Bewußtseins, wird sie zur Sache von Genitalien und Orgasmen. Norman O. Brown beschreibt die Prozesse, die zur Herausbildung dieser Enklave führen:

»Wenn die normale Sexualität des Erwachsenen eine Struktur ist, entstanden aus dem kindlichen Vergnügen an der lustvollen Betätigung aller Teile des menschlichen Körpers, so ist das, was ursprünglich eine viel breitere körperliche Kapazität der Lust war, nunmehr räumlich eingeengt, auf ein bestimmtes Organ (Genitale) beschränkt und der [...] Fortpflanzung unterworfen.«[3]

Obwohl manche Freiräume wohl Assoziationen mit Momenten des unvergifteten Kindheitsbewußtseins erlauben, meinen wir, daß sie in Wirklichkeit Mutationen von Aspekten dieser frühen Lebenszeit sind. Durch ihre neue Rolle werden sie zu Alternativen zur dominierenden Realität verkürzt, ihre kindliche Autonomie verliert sich in der offenbar unkorrigierbaren Dichte der modernen Realität. Und diese Realität hat sich verwandelt in eine, die mehr oder minder ›reale‹ Rollen enthält, mehr oder minder ›freie‹ Aktivitäten, Bereiche, in die man ausbricht. Vielleicht ist es ›unsere Erinnerung an das Vergangene‹, unser Gefühl, daß die Schatten des Gefängnisses im Lauf der Jahre um uns her gewachsen sind, das uns zu dem bewußten Versuch veranlaßt, unsere Freiräume wieder zusammenzufügen: Drogen, Sexualität und ästhetisches Vergnügen sollen wieder unter dem gleichen realen oder symbolischen Dach beheimatet sein; die abgegrenzten Kategorien sollen aufgelöst sein. Wir überlassen uns der Vision einer Welt, in der Ausbruchsversuche nicht nötig sind, in der die Identität innerhalb der beherrschenden Realität glücklich verwirklicht werden kann.

Utopien und Eupsychien

Diese Vorstellung, eine Welt zu schaffen, die wieder unsere eigene wäre, ist ein vertrautes Thema revolutionärer und utopischer Programme. Nur eine dramatische Veränderung der bestehenden Strukturen, so wird gesagt, könne die Fragmentierung des modernen Menschen rückgängig machen, sein Gefühl der Entfremdung zerstreuen, ihn wieder zu einer Person machen, im Einklang mit seinen Freunden, seiner Arbeit und seiner Umwelt. Nicht alle diese utopischen Visionen richten sich gegen die gleichen gesellschaftlichen oder individuellen Merkmale als Hindernisse ihrer Verwirklichung. Manchmal werden Faktoren der Sozialstruktur als primär aufgefaßt; ohne Überwindung des Klassensystems bestehe keine Chance für die Entfaltung einer neuen Gattung von Menschen, die ihr Leben ohne periodische Suche nach Ausbruchswegen führen. Dies ist die Forderung des 19. Jahrhunderts nach gesellschaftlicher Veränderung als Voraussetzung der individuellen Veränderung; nennen wir sie die *utopische* Vision. Im Gegensatz dazu steht die Auffassung, daß die individuelle Veränderung entweder Voraussetzung für die gesellschaftliche Veränderung oder ein Ziel an sich sei; die Revolution müsse im Alltag, im Kern unserer heutigen Identität stattfinden. Zur Bezeichnung solcher Programme übernehmen wir von Maslow das Wort *Eupsychie*. Die utopischen politischen Bewegungen, besonders marxistischer Spielart, betonen die gesellschaftliche Strukturveränderung als Mittel zur Abschaffung von Entbehrung, Ungerechtigkeit und Ausbeutung. Stets unterstellen sie mehr oder minder, daß die Identitätstransformation im Kielwasser der Revolution folgen werde. Dies besagt nicht, daß diese Programme nicht die psychologische Metamorphose, die stattfinden soll, exakt zu ergründen versucht hätten. Die klassische marxistische Entfremdungsliteratur befaßt sich recht ausführlich mit dem ›natürlichen‹ unentfremdeten Zustand, der vor der erzwungenen Arbeitsteilung bestand – ein Zustand, der eng verwandt ist mit der Welt der Kindheit. Dort muß keine Identitätsarbeit geleistet werden, und Ausbruch ist nicht nötig, weil der Mensch sich mit den Früchten seiner Arbeit identifiziert, eins ist. Er ist in der Welt zu Hause.

Beinahe so lange, wie dieses revolutionäre Programm existiert, gibt es die Gegenkritik derer, die behaupten, daß diese Metamorphose der Identität nicht von selbst eintreten wird, daß das Programm deutlicher sagen muß, wie das tägliche Leben selbst zu verändern sei. »Jene, die von Revolution und Klassenkampf reden, ohne explizit das tägliche Leben zu meinen, ohne das subversive Element in der Sexualität und das Element von Routine in der Ablehnung des Zwanges zu erkennen, führen eine Leiche im Schilde.«[4] Oder, in unserer Sprache ausgedrückt: Wie wird eine Veränderung in Strukturen und Institutionen es ermöglichen, die Identitätsarbeit stets innerhalb der beherrschenden Realität statt gegen sie zu leisten? Eine Gesellschaft, in der der Mensch keinerlei Reflexivität, Relativität und Separation empfindet, ist unvorstellbar, und solange diese Merkmale bestehen, muß der Mensch zu institutionellen Bedingungen wie Arbeit, Familie, Sexualität und zwischenmenschlichen Beziehungen Stellung beziehen. Wir müssen uns explizit sowohl mit den psychischen wie mit den sozialen Strukturen befassen, auch wenn es manchen nicht klar ist, welche von beiden wichtiger sind. Denn, wie eine Parole es ausdrückt: »Wir wollen nicht eine Welt, in der die Garantie, nicht mehr Hungers zu sterben, gegen das Risiko vertauscht wird, an Langeweile zu sterben.« Die Antwort des Strukturrevolutionärs wird lauten, daß die Identitätsmetamorphose ›unvorstellbar‹ sei, weil jedes eupsychische Programm sich auf eine Zukunftsgesellschaft bezieht, die per definitionem noch nicht existiert. Es *gibt* kein Script dafür, wie Arbeit und interpersonelle Beziehungen sich verändern werden. Und sich heute mit kulturellen Domänen wie der Identität befassen, heißt unterstellen, daß das Bewußtsein in diesen Dingen eine freischwebende Identität sei, die ohne Bezug zu strukturellen Verhältnissen verändert werden könne. Die Frauenbewegung bietet heute ein Beispiel für das Schwanken zwischen dem utopischen und dem eupsychischen Standpunkt: Ist Consciousnessraising ein Ziel an sich, ein Vorspiel zur strukturellen Veränderung, oder gar etwas, auf das man zugunsten praktischer Reformen völlig verzichten könnte?

Grob gesagt, haben wir es mit drei Ideologien und Bewegungen zu tun: Verändere die Struktur, und die Identität wird schon von selber kommen; verbinde dein Programm der Strukturveränderung mit einem Identitätsprogramm; schaffe erst mal Klarheit im Kopf, bevor du die Struktur veränderst. Nachdem es in unserem Buch um die Identitätsarbeit geht, müssen wir die letzte dieser Möglichkeiten sorgfältiger erwägen. Denn was abwechselnd als Underground, Gegenkultur oder ›alternatives Leben‹ firmiert, hat sich im letzten Jahrzehnt als sichtbar zugängliches Programm für jene Identitätsarbeiter entwickelt, die nach totalen Lösungen suchen. Dies sind überwiegend eupsychische Bewegungen, wenngleich sie sich darin unterscheiden mögen, wie deutlich sie die Identitätstransformation als Schlüssel zur strukturellen Veränderung oder als selbständiges revolutionäres Programm definieren.

Das gegenkulturelle Programm gebietet die Subversion von Aspekten der Realität sowie eine Identitätstransformation. Daher wird die beherrschende Realität durch die Verschmelzung gewisser Kategorien attackiert, mittels derer die Welt routinemäßig wahrgenommen wird. Das landläufige Verhältnis zwischen Vergangenheit, Gegenwart und Zukunft wird außer Kraft gesetzt durch die entschlossene Beteuerung der Bedeutungslosigkeit von Vergangenheit und Zukunft und durch die Glorifizierung der Gegenwart – als Erfahrung des Hier und Jetzt. Die Zeit selbst wird aus ihrer zentralen Stellung als organisierendes Prinzip des Bewußtseins verdrängt; Armbanduhr und Wecker werden abgeschafft, und die routinemäßige Unterteilung in Tag und Nacht, Vormittag und Nachmittag wird ignoriert. Die übliche Trennung zwischen Arbeit, Hobby und Muße wird geleugnet. »Die Arbeit wird nur als Spaß, als Zeitvertreib, Obsession, Hobby oder Kunstform verrichtet und ist darum nicht Arbeit im allgemein akzeptierten Sinn.«[5]

Der im Script vorgezeichneten Natur der Alltagserfahrung wird Widerstand geleistet durch die Betonung von Natürlichkeit und Spontaneität, und die Phantasie wird gefördert durch den Rückgriff auf Okkultes, Psychedelia, esoterische Religionen des Ostens, Volksmagie und allgemeine Rationalitätsfeindlichkeit. Man versucht, eine Realität zu konstruieren, die scriptfrei, vorkategorial und phantasievoll wäre. Dies ist ein Versuch, zum Bewußtsein des Kindes zurückzukehren – jener reinen Welt des Spiels –, eine »unwiderstehliche, von Freude beherrschte und vom Spiel gestärkte Gegenkultur«[6] zu schaffen.

Mit diesem Angriff auf die beherrschende Realität geht die Verpflichtung zur Identitätstransformation einher. Der Hippie wirft seine frühere Identität weg, er macht sich bereit für die Seelenbekehrung. Manchmal wird solche Identitätstransformation durch Landfahren unterstützt: durch den Trip gen Osten, wo man sich selbst zu entdecken hofft, oder durch Seelenwandern, psychedelische Drogen, wobei man wirklich den plötzlichen Augenblick erleben kann, in dem die frühere Identität wie ein Mantel von einem abfällt. Diese innere Identitätswandlung ist gekoppelt mit dem wohlberechneten Einsatz symbolischer Mittel, um die Transformation auch anderen sichtbar zu machen. Der Hippie kultiviert seinen kulturellen Widerspruch durch die Wahl seiner Haartracht und Kleidung, durch die Art, wie er sich in der sozialen Interaktion gibt (wichtig, daß man ›cool‹ ist). Das Wesentliche am Hippiescript (oder Antiscript) besteht darin, ›die Dinge zusammenzufügen‹, was buchstäblich bedeutet, den rekonstruierten Charakter der beherrschenden Realität und die neu angenommene Identität zu einem Oberscript zu vereinigen – zu nichts Geringerem als einem neuen Lebensplan.

Das Problem bei der Verwirklichung gegenkultureller Werte ist, daß sie in phänomenal dissonanten Bereichen existieren, von denen sie zugleich parasitär abhängig sind. Heute ist es allgemein üblich, die Gegenkultur durch den Hinweis auf solche Dissonanzen zu kritisieren: Die Proklamation eines antitechnologischen Primitivismus umgibt sich mit HiFi-Tonbandgeräten und fortschrittlichen technischen Spielereien; der Appell an brüderliche Liebe und Gemeinschaftlichkeit kommt von Leuten, die Kleider tragen und Speisen essen, die durch die massive Ausbeutung der Armen produziert worden sind. Die Bedeutungslosigkeit der Zeit, die Irrelevanz von Vergangenheit und Zukunft wird von Angehörigen einer Gruppe behauptet, in der eine rigidere Altersschichtung herrscht als in anderen Gruppen der Gesellschaft. Mit dem Verzicht auf die Uhr läßt sich dem chronologischen Ablauf des Lebens nicht ausweichen, wo doch die ganze gegenkulturelle Aktivität selbst sich auf wenige Jahre im Leben eines Menschen beschränkt. Auch die Ablehnung der Arbeit kann nicht als einzigartige Reorganisation einer selbstverständlichen Erfahrung gelten, wenn unter anderen, nicht in der Gegenkultur lebenden Angehörigen derselben Altersgruppe chronische Arbeitslosigkeit herrscht und wenn man nicht anders als diese Gruppe Arbeitslosenhilfe in Anspruch nimmt, um das Anti-Arbeitsethos finanziell durchzuhalten. Unter solchen Umständen fällt es schwer zu beweisen, daß man selber auf andere Art arbeitslos ist als jeder beliebige ›Arbeitslose‹. Und falls die Arbeit im Geist von Freude und Freizeit getan wird, gibt es doch unvermeidliche Widersprüche zu den instrumentellen Merkmalen der Arbeitssituation. Noch der plakative Hippiebuchladen, die esoterische Undergroundzeitung sind auf ein paar Arbeiter angewiesen, die auf Freude und Freizeit pfeifen, um die Aufrechterhaltung einer Struktur zu ermöglichen, in der Nichtarbeits-Attitüden gepflegt werden können.

Solche Ungereimtheiten und Doppeldeutigkeiten gefährden das völlige Aufgehen im kollektiven Unternehmen. Der Aufbau der Identität ausschließlich im Rahmen der Kollektivität ist nur möglich, wenn jedes Gefühl von Reflexivität und Relativität ferngehalten wird. Die bestehenden Widersprüche schaffen die Möglichkeit, daß einzelne Mitglieder Identitätsarbeit durch Absonderung zu leisten beginnen. Sie kehren zu dem Konzept zurück, sich gegen die Gegenwartsrealität statt in ihr zu konstituieren. Die Vorstellung überhaupt, Identität ohne irgendeine Form von Absonderung und Verpflichtungslosigkeit zu begründen, ist ein Problem für die Mitglieder der Gegenkultur, ja für jede ideologisch organisierte ›außergesellschaftliche‹ Gruppe. Wo Verpflichtung und Engagement die Tagesparole sind, kann noch die geringfügigste Bekundung von Identität durch Absonderung – zum Beispiel, wenn jemand aus ›Laune‹ statt im Sinn der Gruppenziele handelt oder ein Gespräch mit Sarkasmus oder Zynismus eröffnet – als Verletzung der Mitgliedschaftsbedingungen erscheinen.

Doch über derlei kritische Einwände müssen wir hinausgehen und begreifen, daß sie nicht nur zynische Vorhaltungen der Heuchelei von Hippies und anderen Leuten sind oder pragmatische Feststellungen über die Schwierigkeit, alternative Lebensformen zu entwickeln, sondern aus einem Fehler in diesem ganzen Demodernisierungsprogramm herrühren. In einem zentralen Punkt hat die utopische Tradition recht. Wir können nicht einfach gegenkulturelle Wertungen übernehmen – also unser Bewußtsein verändern –, während die Institutionen, auf denen dieses Bewußtsein aufbaute, dieselben bleiben. Berger und seine Mitarbeiter geben dafür ein gutes Beispiel:

»Angenommen, wir warten in der Flughafenhalle auf unseren Flug und sehen die Piloten über das Rollfeld zur Maschine gehen – zwei stereotype Gegenkulturtypen mit wilder Mähne und Perlen, die mit lockeren Knien zu einem unhörbaren Rockrhythmus dahinschlendern, und einer von ihnen raucht einen Marihuanajoint. Würden wir an Bord dieses Flugzeugs gehen? Die Antwort ist wohl klar – wie groß unsere Sympathien für die Gegenkultur auch sein mögen.«[7]

Ein solches Argument ist geeignet, die Vorstellung von der alternativen Realität als einem vernünftigen Vehikel zur Transformation des Bewußtseins und der Identität aller Menschen zu durchlöchern. Es versucht, die Hippiebewegung in eine Nische innerhalb der beherrschenden Realität zu stecken. Die Gegenkultur ist dann nichts anderes als Schauplatz für Experimente der Realitätsarbeit und Identitätsarbeit, das symbolische Äquivalent zu anderen Freiräumen wie etwa Hobbies und Ferien.

Ein weiteres Problem, das das kulturelle Programm als Ausbruchsweg fragwürdig macht, ist, daß dieser Stil zu einer verkäuflichen Ware wird – und wenn er dies ist, kann er schwerlich für einen Wandel der Werte einstehen. Freiräume wie Hobbies oder Ferien werden – wie wir sahen – nicht *notwendig* durch die Kommerzialisierung oder kulturelle Kooptierung in Frage gestellt; der gegenkulturelle Freiraum jedoch ist so explizit *gegen* die Imperative der Technologie und der Marktwirtschaft konzipiert, daß jeder Übergriff von dieser Seite besonders peinlich sein muß. Wenn Liebesketten in Boutiquen verkauft werden, wenn große Firmen ihre Produkte in den Annoncen von glücklich konsumierenden langhaarigen Freaks anpreisen lassen und ›Loveburgers‹ an Touristen feilgeboten werden – wo bleibt dann unser Anspruch einer neuen Identität? Selbst die alte Hippiestraße nach Osten ist nicht mehr heilig: Keineswegs mehr die schweifende, von Hesse inspirierte Wanderschaft, bei der man auf der Suche nach dem wahren Selbst seinen materiellen Besitz abwirft, wird sie zum Pfadfinderstreifzug, wobei Haschisch statt Bohnen mit Speck konsumiert wird und in jedem American-Express-Büro am Wege die Überweisung von zu Hause wartet. Das Selbstentdeckungs- und Seelenbekehrungsscript verschiebt sich in ein routinemäßiges Urlaubsscript.

Bislang beschränkten wir uns auf die Schwierigkeiten, Werte der Gegenkultur innerhalb der konventionellen Gesellschaft zu realisieren. Doch die entschlossensten Ausbrecher auf den Pfaden der Gegenkultur haben diese Probleme längst erkannt; die Welt sich selbst überlassend, machen sie sich daran, ihre ganze Ideologie zu einem lebensfähigen Ganzen zusammenzufügen, das der Institutionalisierung zu widerstehen vermag. Dies sind die Mitglieder der Kommunebewegung.

Kommunen

Die neuen Kommunarden weisen explizit die Vorstellung zurück, als könne man durch Rückzug in den einen oder anderen Freiraum der beherrschenden Realität entgehen. Sie zeigen mit dem Finger auf das Vordringen des technologischen, kapitalistischen Bewußtseins in Bereiche wie Sexualität, Hobbies, Ferien und Drogen und erklären, daß nur eine Gesellschaft, die diese Elemente zu einem kollektiven Unternehmen vereinigt, überhaupt Chancen hat, eine alternative Realität zu konstituieren. So versuchen die Kommunen, das symbolische Verhältnis zwischen Hobby und Arbeit aufzuheben, indem sie die Hobbies der Mitglieder – Weinkeltern, Gärtnern, Stricken – zur einzigen *Arbeit* der Kommune erheben.

Das dem Selbstausdruck vorbehaltene Projekt wird vom Dachboden, aus dem Keller geholt und in den Mittelpunkt des Lebens gestellt. Drogen, Sexualität und sogar romantische Liebe verschmelzen zu einer kollektiven spirituellen Übung, die, wie man hofft, dauerhafte Veränderungen im Bewußtsein aller Mitglieder hervorbringen wird. Und die Integration all dieser Freiräume geschieht in einer neuen Landschaft – im Glauben, daß physische Isolierung mithelfen kann, die konkreten und symbolischen Übergriffe der beherrschenden Realität abzuwehren.

Die Kommunebewegung enthält viele unterschiedliche Ziele – religiöse, politische, therapeutische sowie Versuche, Gemeinschaftsbindungen wiederherzustellen und den Stress des anomischen urbanen Lebens zu vermeiden; uns interessieren hauptsächlich jene Kommunen, die ein explizites Programm für die Lösung der Alltagsprobleme besitzen. Dieses aber enthält stets zwei Hauptelemente: die Anstrengung, eine Struktur zu begründen, in der das Selbst wieder in seine Rechte eintritt, in der die Identitätsarbeit *durch* das Kollektiv statt *gegen* es geleistet wird, sowie den Versuch, eine Enklave zu schaffen, in der die trennenden Kategorien aufgelöst werden können.

»Wenn die Anhänger der Kommune alternative Definitionen der Realität bieten, mit denen sie zeigen wollen, daß die einzelnen sich ein Leben aufbauen können, wo Arbeit noch einen Sinn hat, wo Kameradschaft und Individualität sich fruchtbar kombinieren lassen, wenn sie ein Leben führen wollen, das ein integrales Ganzes ist und nicht aus fragmentierten, abwechselnd gespielten Rollen besteht, wollen sie die Subversion der konventionellen Gesellschaft von innen, indem sie den moralischen Mörtel herausschlagen, der das bestehende System zusammenhält. Sie wollen Alternativen und funktionierende Beispiele für die Tatsache liefern, daß der Mensch sich seine eigene Lebensumwelt schaffen kann.«[8]

Die Erfahrung der Kommunen und neuere Untersuchungen[9] zeigen aber inzwischen, daß sie nicht sonderlich für die »Subversion der Gesellschaft von innen« geeignet sind. Sie sind alles andere als perfekte Laboratorien der Selbst-Schöpfung. Ihre Mitglieder stehen vor dem Paradox (das wir ausführlich im Schlußkapitel erörtern werden), daß die Bewußtseinsstruktur, die gerade die Idee eines individuellen, einmaligen Selbst so zwingend macht, sich im Rahmen von Strukturen und Institutionen entwickelt, die diese Selbstverwirklichung erschweren. Die Kommune will Werte und Strukturen fördern, durch die die Menschen sich wieder als vielseitige und einmalige Individuen fühlen könnten; aber wenn jedermann nach seiner eigenen Identität sucht und aus der Außenwelt eine bestimmte Auffassung von Identität mitbringt, dann kann ihr kollektives Streben zu einem Nullsummen-Spiel werden. Was die einen haben wollen, muß den anderen genommen werden. Die Kernmitglieder schaffen es vielleicht, eine individuelle Identität herauszubilden; aber wenn sie diese besitzen und die anderen nicht, dann müssen die anderen dagegen anarbeiten oder die Gruppe verlassen. Kommunale Selbstidentität ist ein empfindliches Ding, die Identitäten müssen immer noch gegeneinander ausgehandelt werden, und dies ist um so schwerer in einer Situation, in der die formalen Strukturen (wie Arbeit, Ehe, Freizeit) absichtlich verwischt werden. Diese strukturellen Mängel werden als Persönlichkeitsprobleme erfahren, und die Kurzlebigkeit vieler Kommunen wird den Mitgliedern angekreidet, die ausziehen, weil sie das Gefühl haben, daß andere zu dominant, zu idiosynkratisch oder selbstsüchtig sind. Die grausame Ironie ist evident: Das Streben nach Individualität in der Kommune wird gerade durch diese Individualität bedroht.

Der Versuch, die beherrschende Realität durch die Schaffung einer prä-kategorialen Enklave auszusperren, ist gewiß noch prekärer als das Experiment der Identitätsarbeit. Ein erstes Problem für die Kommunen ist das Risiko, von der – abgelehnten – Gesellschaft kooptiert zu werden. Die Notwendigkeit, sich in der einen oder anderen Weise mit der Marktwirtschaft einzulassen, das Bedürfnis, Kriterien der Mitgliedschaft aufzustellen, widerspenstige Kommunarden zu disziplinieren und dem persönlichen Verhalten Regeln aufzuerlegen – all dies bringt Formen der Realitätswahrnehmung an den Tag, die sonst gern als unglückselige Relikte eines entfremdeten Bewußtseins verstanden werden. Das vorherrschende Bewußtsein spaltet sich ab von jedem Bezug zu technischen Produktionsweisen und genießt schließlich einen freischwebenden ideologischen Status, der unsere Ansichten über das Wesen gesellschaftlicher Beziehungen, der Gesellschaft und des Menschen selbst beeinflußt. Nun ist schwer zu erkennen, wie dieser Einfluß in einer Mikrogesellschaft zu vermeiden wäre, deren bloße Existenz von dem Wohlwollen der allgemeinen Gesellschaft abhängig ist, in der sie Hof hält.

Die Kommunarden sind natürlich nicht unempfindlich für diese Probleme und behelfen sich oft mit weitschweifigen Diskussionen über die trivialsten Aspekte des Lebens, um in deren Organisation Überreste eines entfremdeten Bewußtseins zu entdecken. Diese Distanzierung von Routine und von Scripts erscheint als Möglichkeit, den ordinären Alltagszusammenhang in Frage zu stellen. Aber die Selbstbewußtheit wird derlei transformierende Kraft schwerlich zulassen. Die Situation bleibt mehr oder minder dieselbe; die irdisch-banale Aufgabe muß noch immer erfüllt werden, nun freilich ohne die Wohltat einer Orientierung an der – dann und wann mit Erhalterphantasien garnierten – Routine. Es erscheint ziemlich albern, dem Druck der beherrschenden Realität entgehen zu wollen, indem man Aufgaben wie Geschirrspülen oder das Entleeren von Mülleimern zu Gegenständen extensiver Selbstreflexion, Diskussion und ideologischer Bedeutung macht, wie es in der Kommune geschieht.

Ein Beispiel dafür ist die Art, wie Kommunemitglieder die Arbeit verteilen, um nur ja nicht die Hierarchien, Ungerechtigkeiten und allgemeinen Unzufriedenheiten zu kopieren, die der Arbeitsmarkt draußen erzeugt. Eine Kommune hat dazu ein perfekt rationales und effizientes System entwickelt, das mit Arbeitsgutscheinen arbeitet.[10] Jede Woche müssen alle Mitglieder die gleiche Anzahl von Gutscheinen verdienen; die Arbeitsgutscheine werden derart berechnet, daß die abgearbeiteten Stunden mit einem Faktor 9 bis 15 multipliziert werden, der die Annehmlichkeit der jeweiligen Arbeit für das Mitglied reflektiert – je angenehmer der Job, desto niedriger der Faktor. Jeden Sonntag stellt jeder eine Präferenzliste für bis zu 63 Aufgaben zusammen, vom Wäschewaschen übers morgendliche Milchholen bis zum Abwaschen der Kochtöpfe. Die Präferenzlisten werden wöchentlich dem Gutscheinmanager ausgehändigt, der dann die Arbeit verteilt: Wer eine weniger bevorzugte Arbeit zugewiesen bekommt, verdient sich mehr Gutscheine.

So effektiv und durchaus rational dieses System auch sein mag, so bleibt doch ungeklärt, wie es die subjektiven Probleme der Arbeit lösen soll, ganz zu schweigen von den weiteren Problemen, die durch die zwanghafte Logik des Systems erzeugt werden. Führt dies nicht zu einer weit intensiveren Beanspruchung durch die Arbeit als in der ›Außenwelt‹?

Das kritische Dilemma, in das diese Kommunen zwangsläufig geraten, besteht darin, daß die ›Freiräume‹, die sie in ihrem Streben nach einem ›integrierten Ganzen‹ zusammenzufügen suchen, vielfach *gegen* die beherrschende Realität konstituiert wurden; sie sind Reaktionen auf diese Realität; ihre jeweilige Gestalt ist durch diese Realität konditioniert. Die Hoffnung, sie könnten in den Dienst anderer Ziele gestellt werden, sobald sie in eine neue Landschaft versetzt sind, ist gar zu optimistisch. Und tatsächlich scheint es so, daß viele dieser Aktivitäten ihr Flair eines ›Freiraums‹ verlieren, sobald sie ihre Opposition gegen die beherrschende Realität aufgeben. Hobbies zum Beispiel, die sich einst deutlich von der Arbeit abhoben, büßen ihre Aura ein, wenn sie in den Mittelpunkt der Realität versetzt werden. Ähnlich kann Sexualität, sobald in den Kommunen unter Berufung auf eine Ethik der freien Liebe legitimiert, alles Erregende verlieren – zusammen mit ihrem Status der Heimlichkeit und Opposition. Denn das Engagement in Freiräumen verlangt stets, daß wir uns aufs Spiel setzen; es bedeutet, die Phantasie zu riskieren, die Gefahr einzugehen, daß die Rettungsbojen der beherrschenden Realität nicht da sein werden, wenn wir sie brauchen. Auch ein derart banaler Freiraum wie das Hobby enthält das Risiko, in eine Obsession auszuarten, eine Betätigungsscholle zu werden, die vom Festland abtreibt. Das Risikoelement aber existiert mit freundlicher Genehmigung der beherrschenden Realität; wenn von dieser Realität kein Druck mehr ausgeht, stehen wir vor einer Anzahl freischwebender Alternativen, ohne Aussicht auf Entwicklung, denn diese Entwicklung ist auf Kontrast und Widerspruch, Ironie und Widerstand, Distanz und Besonderung angewiesen.

Vielleicht haben die Kommunen den Fehler gemacht, jene Dinge, die wir Menschen tun, um aus der beherrschenden Realität auszubrechen, zu realen menschlichen Bedürfnissen aufzuwerten. Aber diese Freiräume berühren das eigentliche Wesen des Menschen nur am Rande; im Grunde sind sie Produkte seiner biographischen Beziehung zur Gesellschaft.

Tatsächlich können wir die lokale Anfälligkeit der Freiräume nur dann ganz verstehen, wenn wir berücksichtigen, wie sie sich *gegen* die beherrschende Realität entwickelt haben – jene Prozesse, durch die ihr schließliches Erscheinungsbild durch eine Reihe von Kompromissen mit dieser Realität konditioniert wurde. Der Bewußtseinszustand, der einst bestand, bevor die Abgrenzung der Freiräume einsetzte, war die Kindheit. Und je gründlicher wir erkennen, daß das einzig wahre Paradies das verlorene Paradies ist, desto deutlicher wird, daß ein gemeinschaftlicher Versuch, eine Enklave zu schaffen, die dieses Paradies kopiert, noch klarer zum Scheitern verdammt ist als jener Weg zum Wiedergewinn der Vergangenheit, den wir allein beschreiten.

7 Momentane Flips aus dem Gefüge der Realität

Bislang haben wir ein verwickeltes Bild von den Beziehungen zwischen dem Menschen und der Alltagsrealität entworfen – ein Bild von den Mitteln, die symbolischen Formen, in denen die Welt sich uns darstellt, zu manipulieren. Mitunter mag unsere Analyse tief pessimistisch geklungen haben. Was wir mit der einen Hand gaben, nahmen wir mit der anderen fort. Wir gestanden dem Einzelnen zu, durch zeitweiligen Rückgriff auf Selbsterkenntnis, Rollendistanzierung, Scriptvermeidung, Phantasie oder Freiräume dem Druck der Realität zu entfliehen und ein Gefühl besonderer Identität zu entfalten. Dann aber gaben wir uns alle Mühe, zu beweisen, daß diese Mittel vielfach nicht nur reguläre, determinierte Aspekte von unser aller Leben, sondern auch eklatant konservativ sind. Sie helfen uns, die Wahrnehmung der Realität und ihrer Routinen kurzfristig beiseite zu schieben. Doch als wir diese Ausbruchswege untersuchten, stellten wir fest, daß sie kaum alternative Welten konstituieren. Vielmehr sind sie wackelige Gebäude, oftmals aus ebendem Material gebaut, das die Welt, aus der wir auszubrechen suchten, uns liefert. Je mehr wir versuchten, durch sie Entlastung zu finden, als desto brüchiger erwiesen sie sich. Die Phantasien, die das Dach trugen, begannen zu bröckeln, Selbstbewußtheit rüttelte an den baufälligen Mauern, während auf der anderen Seite der Straße schon die Armeen der Kooptierung und Kommerzialisierung sich formierten. Unser Ausweg aus der Gesellschaft war eine Sackgasse, er vermittelte uns die Illusion, wir bewegten uns anderswo hin, doch letzten Endes gewährte er uns wenig mehr als eine hinfällige, kurzlebige Absentierung von der Realität, kaum einen erfolgreichen Ausbruch aus ihren Zeitplänen und Konventionen.

Manchmal freilich geschieht es, daß wir die Welt betrachten und plötzlich bemerken, daß die vertrauten Perspektiven, durch die wir sie wahrnahmen, die kognitiven Themen, durch die wir sie begriffen, weggeglitten sind. Es kommt uns so vor, als sähen wir etwas zum ersten Mal. In solchen Augenblicken haben wir keine Scripts zur Hand, in die wir die Erfahrung sofort einordnen könnten, und es gelingt uns nicht, von dem Phänomen Abstand zu nehmen, durch eine Anwandlung von Selbstbewußtheit unsere

Unabhängigkeit von ihm zu bewahren. Auch ist es uns in solchen Augenblicken nicht möglich, das Geschehen in die Sphäre der Phantasie zu verweisen, denn es scheint ebenso sehr in der Welt wie in unserem Kopf lokalisiert. Solche Vorkommnisse nennen wir *momentane Flips aus dem Gefüge der Realität* oder Realitätsflips. Es gibt auch andere Namen dafür: Anfall, Sartori, Trance, Offenbarung, Flash und Vision; doch keines dieser Wörter kann uns als Oberbegriff dienen, denn sie implizieren bereits eine Interpretation der Bedeutung dieser Erfahrung. Das Wort ›Realitätsflip‹ hält die Möglichkeit offen, daß solche Augenblicke bedeutungslos sind, daß sie sich nicht von selber psychologischen, philosophischen oder religiösen Interpretationen anbieten. Solche Flips sind gewiß kein alltägliches Geschehen, obwohl sie, wie wir meinen, durchaus ein geläufiges Merkmal unserer modernen Kultur werden könnten. Eindeutig aber fungieren sie als Vorspiele zu Ausbruchsversuchen, und daher verlangen sie unsere Beachtung.

Wir wollen, ein Wort von William James übernehmen, um diese Realitätsflips zu beschreiben – sie sind »unerklärlich einbrechende Veränderungen des Bewußtseins«[1], Momente in unserem Leben, da wir plötzlich von einer (inneren oder äußeren) Kraft oder einer Idee erfaßt werden, die uns zu einer neuen Ansicht vom Wesen der Welt, von der Gesellschaft und von uns selbst bringt. Solche Momente treten zu sehr verschiedenen Zeiten unseres Lebens ein, an sehr verschiedenen Orten, sie kommen halb erwartet, meist unverhofft, vom Empfänger gefördert und unterstützt – oder geschehen mit völliger Willkür.

Wir können zwei grundverschiedene Beispiele nennen. Einer unserer Freunde erzählte von seinem Urlaub in Nordwales. Er wohnte in einer kleinen Hütte am Rand eines Dorfes. Zur Hütte führte ein langer, mit Schieferplatten belegter Pfad, der zwischen zwei sorgfältig beschnittenen Zypressen hindurchführte. Vor einem dieser Bäume stand eine große dreieckige Schieferplatte, die senkrecht in den Boden eingelassen war, so daß sie einem Grabstein glich. Eines Abends nun kehrte unser Freund von einem Spaziergang zurück, stieß die Gartenpforte auf und ging den Pfad hinab. Plötzlich wurden ihm die Umrisse der Zypressen und des Schiefergrabsteins vor ihm ganz eindringlich bewußt. Sein Blick wanderte vom einen zum anderen, er war gepackt von dem plötzlichen Eindruck, daß dieses Zusammentreffen merkwürdig und bizarr war. Er war unfähig, noch einen Schritt weiterzutun, gebannt durch die geometrischen Beziehungen der Objekte. Er berichtete von einem seltsamen Gefühl, als fiele für einen Moment sein ganzes Leben von ihm ab. Im nächsten Moment aber kehrte die Welt zurück, die Objekte nahmen wieder ihren vertrauten Platz im Raum ein, und er konnte seinen Weg fortsetzen. In diesem Fall gab unser Freund keine Erklärung für das Geschehen, er fand es völlig unerwartet. Er war in keiner Weise darauf vorbereitet, weder betrunken noch unter Drogen, und er hatte sich bisher nicht mit Ideologien oder Glaubenssystemen befaßt, in denen solche Erfahrungen eine wichtige Rolle spielen.

Dagegen zitieren wir den Fall von John Lilly, einem bedeutenden Wissenschaftler, der, unzufrieden mit seiner traditionellen wissenschaftlichen Arbeit, sich der Erforschung der Eigenschaften von LSD zuwandte.[2] Bei seinen ersten Experimenten ging es nur darum, die Droge einzunehmen und seine Erfahrungen auf Tonband festzuhalten; doch später beschloß er, die Einnahme von LSD mit Experimenten der sensorischen Deprivation zu kombinieren, an denen er vordem gearbeitet hatte. Bei diesen Experimenten legte Lilly sich in einen Tank voller Meerwasser, und zwar so, daß er an der Oberfläche schwimmen und Mund, Nase und Augen über Wasser halten konnte. Die Wanne stand in einem verdunkelten Raum, und Lilly legte sich hinein, nachdem er 300 Mikro LSD geschluckt hatte. In diesem Zustand, so berichtet er, trat eine völlige Veränderung seines Realitätssinns ein. Sein Körper »verschwand«, aber »irgendwie blieb er im Raum«. Er wurde von Gefühlen überwältigt. »Ich saß im Raum, ohne Körper, und doch war ich ganz da, zentriert. Ich fühlte mich phantastisch angeregt, voller Erfurcht und Staunen.« Und er erinnert sich, daß, als er von diesem Trip zurückkehrte, sein Leben verwandelt war.

In Lillys Fall haben wir es mit einem Mann zu tun, dessen frühere Erfahrungen mit dem ›Tank‹ und mit LSD ihn darauf programmiert hatten, das Unerwartete zu erwarten. Sein Realitätsflip kam nicht nur erwartet, sondern wurde auch durch chemische und technische Hilfsmittel unterstützt. Auch war er, anders als unser Freund aus Nordwales, im voraus mit gewissen Kategorien programmiert, in die diese Erfahrungen – wie erschütternd sie auch waren – sich einordnen ließen.

Zwischen der ›spontanen‹ Erfahrung in Wales und Lillys ›programmierter‹ Verwandlung gibt es noch zahlreiche andere Beispiele für Realitätssprünge. Diese kommen im Rahmen unterschiedlicher Erwartungen zustande. Viele Menschen hängen einer Weltanschauung an, die durchaus vereinbar ist mit plötzlichen Brüchen der Realität, mit plötzlichen Visionen alternativer Welten oder hinter dieser Welt liegender Mysterien. Vielleicht erkennen sie nicht immer, daß diese Vorentscheidung mit ihrem Realitätsflip zusammenhängt – ein Faktum, das William James veranlaßte, zur Erklärung solcher Dinge eine Theorie der unterschwelligen Motivation vorzuschlagen. Er spricht von der »unbewußten Inkubation von Motiven, die von einer wachsenden Erfahrung abgelagert sind«, bis sie schließlich hervorbrechen – im Augenblick, da der Realitätssprung eintritt. Allerdings will James damit keine restlose Erklärung geben. »Die Objektivität zwingt mich, einzugestehen, daß es mitunter Einbrüche ins Bewußtsein gibt«, oder Fälle, »wo sich nicht ohne weiteres eine längere unbewußte Inkubation nachweisen läßt.«[3]

Bei vielen, zwischen unseren Beispielen angesiedelten Fällen allerdings fehlen Anzeichen einer solchen unbewußten Bereitschaft – statt dessen sind sie durch die Mitwirkung verschiedener Hilfsmittel wie Alkohol, Drogen, besondere Umgebung, Fasten, sensorische Deprivation gekennzeichnet. Man hat sich vielfach bemüht, die Wirkungsweise solcher Auslöser zu untersuchen, entweder die Erfahrung herabzuspielen (du warst einfach bekifft) oder die Wege zur plötzlichen Erkenntnis (die Nacht auf dem Kahlen Berg) nachzuzeichnen. Zitieren wir Huxley:

»Krankheit, Meskalin, ein emotionaler Schock, ästhetische Erlebnisse und mystische Erleuchtungen haben, jede auf andere Art und in unterschiedlichem Maß, die Kraft, die Funktionen des normalen Ichs und seiner üblichen Hirnaktivität zu beeinträchtigen und damit der ›anderen Welt‹ Zutritt ins Bewußtsein zu erlauben.«[4]

Die Vorläufer der Realitätsflip-Erfahrung exakt festzustellen, ist wichtig. Nicht als einschränkende Erklärung, sondern weil sie möglicherweise Einfluß auf die nachträglich der Erfahrung beigelegte Bedeutung haben. Irgendwo zwischen den kontrastierenden Extremen des ungescripteten Erlebnisses bei der Hütte in Wales und der höchst programmierten LSD-Erfahrung im Tank liegen die eher problematischen Interpretationen. Hören wir Alphonse Ratisbonnes Bericht von den seltsamen Ereignissen, die ihm 1842 in Rom widerfuhren:

»Aus dem Café heraustretend, begegnete ich der Kalesche von Monsieur B. Er hielt an und lud mich ein mitzufahren, dann aber bat er mich, ein paar Minuten zu warten, während er eine gewisse Pflicht in der Kirche von San Andrea delle Fratte verrichten wolle. Statt in der Kalesche zu warten, trat ich selbst in die Kirche, um sie zu besichtigen. Die Kirche San Andrea war ärmlich, klein und leer; ich glaube, ich war fast der einzige dort. Kein Kunstwerk fesselte meine Aufmerksamkeit; ich ließ die Augen mechanisch über den Innenraum gleiten, ohne mich bei irgendeinem besonderen Gedanken aufzuhalten. Ich kann mich nur an einen völlig schwarzen Hund erinnern, der vor mir hin und her lief, während ich zuschaute. Im nächsten Augenblick war der Hund verschwunden, die ganze Kirche hatte sich aufgelöst, ich sah nichts mehr... Oder genauer, ich sah, o mein Gott, nur eines allein.

Beim Himmel, wie kann ich davon sprechen? O nein! Menschliche Worte reichen nicht aus, das Unaussprechliche auszudrücken... Ich wußte nicht, wo ich war: ich wußte nicht, ob ich Alphonse oder ein anderer war. Ich fühlte mich verwandelt und meinte, ich sei ein anderes Ich; ich suchte in mir nach mir selbst und fand mich nicht.«[5]

In diesem Fall gab es kaum Gründe, die uns Ratisbonnes Erlebnis hätten vorhersagen lassen. Und doch geschah sein Realitätsflip in einer ganz besonderen Umgebung – einer Kirche – und wurde nachträglich als Bekehrungserlebnis interpretiert. Wir wissen auch von William James, daß Ratisbonne, obwohl bis dahin areligiös, einen älteren Bruder hatte, der konvertiert und katholischer Priester geworden war.

Die Schwierigkeit, solche »unerklärlich einbrechenden Veränderungen des Bewußtseins« in diesem und anderen Fällen zu interpretieren, besteht darin, daß wir uns auf retrospektive Berichte verlassen müssen und daß diese bereits eine gewisse Interpretation der Ereignisse enthalten. Manchmal läuft eine solche Interpretation wohl darauf hinaus, das Ereignis als bedeutungslos abzutun, und in diesem Fall werden die Ausgestaltung der Erfahrung und die damit verbundenen Gefühle nicht berichtet. In anderen Fällen aber ist die Schilderung der Gefühle sehr viel wichtiger. Und hier nun wird das ›Wesen‹ des Realitätsflips infiziert durch die Konstruktion, in die die Erfahrung gestellt wird. Folgen wir Ratisbonnes Schilderung weiter, so stellen wir zunehmend fest, daß sie in ein explizit religiöses Vokabular gekleidet ist. Obwohl der Autor einen Moment nicht zu wissen schien, wo oder gar wer er war, erkennt er doch rasch die religiöse Bedeutung dessen, was ihm widerfahren ist. Er hat keine Ohnmacht, keine Wahrnehmungsstörung, keinen Anfall erlitten. Er ist ›bekehrt‹ worden. Nun ist aber die Fähigkeit, solche Erfahrungen begrifflich zu erfassen, nicht universell gegeben. In Gesellschaften, die den Begriff ›Bekehrung‹ nicht in bezug auf religiöse Erfahrungen verwenden, hätten Menschen, die ähnliche Sensationen wie Ratisbonne erleben, nur die Wahl, darüber zu schweigen oder die Erfahrung mit anderen, ähnlichen Phänomenen zu vergleichen, die in der Gesellschaft anerkannt sind. Bekehrung ist kein beliebiger Begriff, den jeder übernehmen könnte, der Empfindungen jener Art hat, die Ratisbonne berichtet. Sie ist vielmehr eine spezialisierte Art und Weise, wie manche Gesellschaften und/oder Religionen dergleichen Dinge mit anderen Aspekten des Lebens in Übereinstimmung bringen. Die Missionare, die im 18. und 19. Jahrhundert aufbrachen, um Eingeborene zum Christentum zu bekehren, standen daher vor einer doppelten Aufgabe: Sie mußten nicht nur die Eingeborenen bekehren, sondern sie mußten sie auch zum Begriff der Bekehrung selbst bekehren.

Es ist interessant, daß William James, trotz allen Interesses für das besondere Wesen der religiösen Erfahrung, bei seiner Erörterung der »Augenblicks«bekehrung sich veranlaßt sieht, keine spezifische Meinung über das Wesen solcher Vorgänge zu vertreten. Er nimmt an, daß es nicht eigentlich religiöse Erfahrungen sind; sie werden nur zu solchen gemacht. Dies besagt, daß sie durch Ursprung und Erscheinung für das Individuum neben andere Realitätssprünge zu stellen sind, die wesentlich nicht in religiösen Begriffen erfaßt werden:

> »Wenn wir von der Frage, welchen Wert sie für das zukünftige geistige Leben des einzelnen haben, überhaupt absehen und ausschließlich ihre psychologische Seite betrachten, dann erinnern uns so viele ihrer Eigenarten an das, was wir außerhalb der Bekehrungen finden, daß wir versucht sind, sie neben andere Mechanismen einzuordnen.«[6]

Daraus folgt, daß es wenig Wert haben kann, Realitätssprünge nach ihrem Ursprung zu klassifizieren. Die Tatsache, daß sie so unterschiedlichen Ursprungs sind wie Drogengebrauch, Kultivierung religiöser Trancen, Beschäftigung mit mystischen Angelegenheiten, beeinträchtigt nicht ihr Potential, dem Einzelnen das Gefühl zu geben, er hätte Einblick in eine alternative Realität erlangt. Es geht nicht darum, ob manche dieser Erfahrungen ›realer‹ sind als andere[7]; die Frage ist, wie die Erfahrung nachträglich interpretiert wird.

Der Flip wird rasch angefüllt mit Bedeutungen, die sich aus seiner nachträglichen Konzeptualisierung herleiten, und erst diese sind für seinen Ausbruchsstatus von Belang, für unsere Identität signifikant. Wenn wir also in Ratisbonnes Bericht Sätze finden wie »Ich schauderte beim Anblick meiner Frevel«, so haben wir es bereits mit einer Interpretation zu tun, beruhend auf der Auffassung der Erfahrung als einer religiösen – einer Auffassung also, die mit Aspekten der beherrschenden Realität und bestehenden Identitäten wie der des ›Sünders‹ vereinbar ist.

Ein modernes Phänomen bietet ein weiteres Beispiel. In einer Untersuchung[8] über das ›Bekehrungserlebnis‹, das viele Hippies als Ausgangspunkt ihres neuen Lebens bezeichnen, finden wir immer wieder Dinge erwähnt wie die zeitliche und räumliche Desorientierung, die totale Auflösung der Persönlichkeit und die plötzliche Lösung von normalen sozialen Rollen und Routinen. Doch die Hippies, die von ihrer Erfahrung berichteten, beschränkten sich nicht auf derlei phänomenale Beschreibungen; manche behaupteten auch, daß sie in solchen Augenblicken die Sinnlosigkeit des Alltagslebens in einer kapitalistischen Gesellschaft empfanden. Ihr späterer Lebensstil, der auch die Ablehnung kapitalistischer Werte einschloß, fand sich bestätigt durch dessen prophetische Ankündigungen im Bekehrungserlebnis.

Als ein letztes Beispiel wollen wir einen der zahlreichen Versuche zitieren, die Essenz solcher erstaunlichen Momente der Einsicht auszufiltern – das kosmische Bewußtsein. Alan Watts, der große Popularisator der Zen-Variante von Bewußtseinserweiterung, fragt nach den gemeinsamen Zügen jener Augenblicke, in denen Menschen fühlen, daß die gewöhnliche Welt des Hier und Jetzt »Es« ist: die Gottheit, das Ziel und der Sinn des Lebens, die letzte Realität. Er gibt zu, daß es keinen wirklich befriedigenden Namen für diese Art von Erfahrungen gibt; sie als mystisch bezeichnen heißt, sie mit Visionen anderer Welten verwechseln; sie spirituell oder metaphysisch nennen heißt, unterschlagen, daß sie doch auch äußerst konkret und physisch sind, während der Ausdruck ›kosmisches Bewußtsein‹ selbst an Okkultes gemahnt. »Aber«, folgert Watts, »aus allen historischen Zeiten und Kulturen haben wir Berichte von dieser selben unverkennbaren Sensation, die in der Regel ganz plötzlich und unerwartet und aus keinem klar ersichtlichen Grund auftritt.«[9]

Dies wäre eine recht gute Definition unserer ›momentanen Flips aus der Realität‹. Aber wenn Watts fortfährt, das ›Wesen‹ dieser Sensation zu spezifizieren, definiert er bereits ein bestimmtes interpretierendes Script. Un dieses Script sagt: Das Universum ist so wohlbeschaffen, daß es keine Rechtfertigung braucht; die Existenz ist wegen der ›Eshaftigkeit‹ aller Dinge kein Problem mehr, die ganze Welt ist dein eigener Körper geworden, das unmittelbare Jetzt erscheint als Ziel und Erfüllung allen Lebens. Wiewohl Watts konzediert, daß solche Interpretationen sich auf eine Vielzahl bekannter Religionen und philosophischer Systeme berufen, glaubt er doch an eine fundamentale Identität der von ihm ›entdeckten‹ Erfahrung. Watts würde behaupten, daß er nicht Realitätsflips interpretiere. Doch der folgende Absatz aus Berensons *Sketch for a Self-Portrait* bestätigt mitnichten Watts Aussage, dies sei »einer der einfachsten und ›saubersten‹ Berichte« über die Sensation:

»Es war ein Morgen im Frühsommer. Ein silberner Dunstschleier schimmerte und bebte über den Linden. Die Luft war von ihrem Duft erfüllt. Die Temperatur war wie eine Liebkosung. Ich erinnere mich – als wäre es heute –, daß ich auf einen Baumstumpf stieg, und plötzlich fühlte ich mich in die Esheit eingetaucht. Ich bezeichnete es nicht mit diesem Namen. Ich bedurfte keiner Worte. Es und ich waren eins.«

Wir bestreiten nicht, daß es Erfahrungen jenseits von Namen und Wörtern gibt; doch das Problem bleibt bestehen, daß wir, noch wenn wir sie als ›unausdrückbar‹ bezeichnen, ihre ›Unbeschreiblichkeit‹ beschreiben, bereits Präferenzen für ›religiöse‹, ›mystische‹ oder ›pantheistische‹ Erklärungen der Erfahrung bekunden.

Die andere Seite

Derlei epistemologische Probleme im Zusammenhang damit, wie diese Interpretationen die ›Reinheit‹ der Erfahrung beeinträchtigen, brauchen uns nicht davon abzuhalten, nach der Signifikanz dieser Sinnbedeutungen für die veränderte Haltung des Einzelnen zur Realität und für seine revidierten Vorstellungen von Identität zu fragen. Wenn Realitätsflips die ›Pforten der Wahrnehmung‹ aufstoßen, was behaupten die Leute dann auf der anderen Seite zu finden?

Es gibt keine homogene Offenbarung, die allen momentanen

Flips aus der Realität gemeinsam wäre, und die Offenbarungen werden durch grundverschiedene, ja sogar widersprüchliche Beschreibungen wiedergegeben. Betrachten wir drei Beispiele dessen, was Leute gefunden zu haben berichten, wenn die Pforte zurückweicht. Diese beziehen sich auf *Ordnung*, *Selbst* und *Leben*, deren jedes unterschiedliche Verwandlungen erfahren kann.

Die auf die Ordnung bezogene Offenbarung führt zu ganz verschiedenen Vorstellungen über Kontinuität, Verbundenheit und Bedeutung. Einerseits entdecken manche Realitätsflipper eine – materielle, magische oder logische – Kontinuität, die alle Dinge und Vorgänge zu verbinden scheint. Die soziale Ordnung des Universums selbst erscheint als Muster angeordnet, dessen Konturen einem vordem nur durch Unwissenheit oder Ungeduld entgangen waren. Doch sie sind da und wollen nur entdeckt werden. Andererseits gibt es eine transformierende Vision der Welt, bei der alle Vorstellungen von Kausalität, Bedeutung und Verbindung aufhören. Dinge geschehen, aber ihre Regelhaftigkeit ist nur eine mechanische. Alles ist Zufall, Zweideutigkeit, Gegebenheit, Willkür. Bei dieser Art des Realitätssprungs verzweifeln wir daran, je Verbindungen zu finden: Solches Trachten ist illusorisch.

Die erste dieser Alternativen – die Entdeckung der Kontinuität – ist den meisten religiösen und mystischen Überzeugungen eigen, sie ist eine Variante zum Thema ›kosmisches Bewußtsein‹. Es wäre ermüdend, die Variationen der Idee eines Musters aufzuzählen; bei allen Versuchen, hinter das Wesen der religiösen Erfahrung der *philosophia perennis* zu kommen, steht eine solche Vision im Mittelpunkt.

Die entgegengesetzte Vision, nämlich die Unterbrechung aller Verbindungen, wird am klarsten – in etwas anderer Art – in verschiedenen Existenzphilosophien und in künstlerischen Bewegungen wie dem Surrealismus dargestellt. Die Welt Kafkas und Camus' ist bar aller Verbindungen und Verknüpfungen; das Absurde ist die Essenz. Shattuck, der die speziell surrealistische Realitätsversion behandelt, vermittelt anschaulich, was da aus seltsamen Zufällen und Koinzidenzen gemacht wurde.

»Normalerweise übergehen wir sie, lachen über sie oder erwähnen sie bestenfalls gegenüber einem Freund als Kuriosität und vergessen sie dann. Die winzige Epiphanie der unwillkürlichen Erinnerung, um die Proust die dreitausend Seiten seines Romans spann, hat bemerkenswerte Ähnlichkeit mit diesen Vorgängen. Der Unterschied ist, daß er es nicht überging, sondern sich darauf einließ und wie in eine geheime Öffnung in der Struktur der gewöhnlichen Erfahrung eintrat. Die Surrealisten gingen noch viel weiter. Getrieben von äußerster Neugier und sich selbst imponierender Kühnheit vernachlässigten sie alles andere und proklamierten diese Augenblicke als die einzig wahre Realität, als Erfahrung der Zufälligkeit sowohl als der verborgenen Ordnung, die uns umgibt.«[10]

Intellektuell nun mögen diese beiden Visionen auf irgendeiner Ebene vereinbar sein: Auch das Absurde könnte paradoxerweise eine ›verborgene Ordnung‹ bezeugen. Charakteristischerweise aber erscheint die plötzliche Offenbarung oder das, was hinter der Pforte ist, deutlich, beinah faßbar als das eine *oder* das andere. Entweder sehen wir die Sandkörner sich zu einer Ordnung formieren oder aber sie liegen als ursprüngliche, zufällige Masse vor uns. In beiden Fällen jedoch wird unser Gefühl der beherrschenden Realität verwandelt.

Die zweite Gruppe von Offenbarungen handelt von Vorstellungen über die Kraft des Selbst. Da kann in einer plötzlichen Vision das Selbst als immanent *und* transzendent erscheinen. Da gibt es nichts, was man nicht tun könnte, Drangsale, Hindernisse und Belastungen verschwinden vor unseren Augen. Man ist Herr all dessen, was man überblickt. Manche Einsichten, die nachträglich als ›mystisch‹ bezeichnet werden, reproduzieren diese Offenbarung, und ihr philosophisches Echo sind existentialistische Freiheitsvorstellungen und Nietzsches Idee des Übermenschen.

Die entgegengesetzte Vision ist ein sensationeller Verlust des Selbst. Man ist mit der Welt der Objekte verschmolzen, das Ich verschwindet, man zweifelt an der Substantialität der Existenz, ganz zu schweigen von dem Vermögen, als Subjekt die Welt zu beeinflussen. Man bedenke Ratisbonnes Erfahrung: »Ich wußte nicht, ob ich Alphonse oder ein anderer war. Ich suchte nach mir in mir selbst und fand mich nicht.« Oder man erinnere sich an die von Laing beschriebene Unsicherheit des Schizoiden oder Eliots Schilderung, wie es ist, wenn man den Fuß der Treppe erreicht und »nur für einen Augenblick das Erlebnis hat, als sei man ein Objekt, der Gnade eines böswilligen Treppenhauses ausgeliefert«. Oder an den Ausruf des Moslem: »O Gott, ich bin nur Teig in deinen Händen!« Wiederum lassen diese beiden kontrastierenden Visionen sich auf intellektueller Ebene vereinbaren, beide können abgeschwächt werden, um Ambiguität und Paradoxie gerecht zu werden. Wir aber interessieren uns für jene plötzliche Wahrnehmung, die uns das eine *oder* das andere Bild der Dinge aufdrängt.

Die letzte Gruppe von Offenbarungen ist – falls dies möglich ist – noch globaler in ihren Konsequenzen und stellt die beherrschende Realität noch krasser in Frage. Sie betreffen nichts Geringeres als das Wesen der Welt. Auf der einen Seite steht die mögliche, ganz plötzlich eintretende Wahrnehmung, daß dieses Leben alles ist. Keine anderen Realitäten, Leben, Kosmologien, Kräfte sind möglich. Falls an den Dingen etwas falsch ist, sind wir es, die sie verdorben haben. Wir brauchen nicht über die Form einer Blume, das Wunder der Geburt hinauszublicken, um das Geheimnis des Universums zu entschlüsseln. Es bedarf keiner Anstrengung, um die vollkommene Einfachheit der Dinge zu begreifen. In der Zen-Version heißt dies: »Stillsitzen, nichts tun/Das Frühjahr kommt, das Gras wächst von allein.« Auf der anderen Seite steht die Empfindung, daß die Offenbarung ein gewaltiges Mysterium eröffnet: Sie zeigt die Existenz einer anderen Realität, neben der die Welt, wie wir sie kennen, eine wahnartige, seltsam unreale Qualität annimmt. Es gibt ein anderes Leben, und wir haben es verfehlt.

Den momentanen Flip scripten

Dies sind also einige der Interpretationen dessen, was aus dem Realitätsflip zu lernen ist. Am Anfang des Kapitels sprachen wir davon, was die Flips und die Offenbarungen, zu denen sie führen, aus uns machen können. Nun wollen wir sehen, was wir aus ihnen machen können. Wie ordnen wir diese außergewöhnlichen Erfahrungen in unsere Lebensscripts ein?

Die einfachste und wahrscheinlich gängigste Methode dazu illustrieren uns unser Freund aus Nordwales und Shattuck mit seinen Bemerkungen, wie die meisten von uns sich zu solchen Koinzidenzen der Umwelt stellen: Wir übergehen sie, lachen über sie oder erwähnen sie bestenfalls gegenüber einem Freund als Kuriosität und vergessen sie dann. Oder, um es in Begriffen zu sagen, wie sie der Soziologie der Abweichung teuer sind: Wir *neutralisieren* oder *normalisieren* die Erfahrung. Sie wird abgetan oder einfach als eines jener Dinge wegerklärt, die eben von Zeit zu Zeit geschehen. Es ist, als hätten wir die Verbote und skeptischen Vorbehalte der Gesellschaft hinsichtlich anderer Realitäten oder mystischer Einsichten so tief verinnerlicht, daß wir solche möglichen Interpretationen aus unserem Bewußtsein verbannen, bevor sie uns infizieren können.

Eine bedeutsamere Art, die Realitätsverschiebung in unser Lebensscript einzupassen, besteht darin, ihre Botschaft auf intellektueller Ebene aufzunehmen. Dann sehen wir die Welt in Begriffen, die aus der Offenbarung hergeleitet sind, und beginnen andere, für selbstverständlich gehaltene Aspekte unseres begrifflichen Apparats umzuarrangieren, um sie mit der Offenbarung vereinbar zu machen. Es ist, als überspringe der Flip die disziplinierten rigorosen Übungen, wie sie die Ratgeber der Seelenwanderer empfehlen, und erreiche doch den gleichen Punkt. Die Zen-Erfahrung des Sartori oder der Augenblickserleuchtung ist hier wiederum die prototypische Interpretation – ähnlich wie Prousts monumentale Suche nach den Geheimnissen der Zeit einsetzt: »Man klopft an viele Türen, die sich ins Nichts öffnen. Gegen die einzige, die in die Wirklichkeit führt, nach der man hundert Jahre vergeblich suchen mag, stößt man zufällig, und sie schwingt aus eigenem Antrieb zurück.«[11] Die Erfahrung verwandelt also die intellektuelle Erkenntnis, auch wenn die Art, wie man sie erreicht (und anderen davon erzählt), buchstäblich über Worte erhaben ist: »Die sprechen, die wissen nicht / Die wissen, die sprechen nicht.« Man mag durch einen momentanen Flip verändert sein – in Huxleys denkwürdigen Worten: »Der Mann, der durch die Tür in der Mauer zurückkommt, wird nie wieder ganz derselbe sein, als der er hinausging« –, doch das Wissen bleibt im Kopf. Es ist eine intellektuelle Orientierung. Und doch gibt es Leute, die darüber hinausgehen wollen, die versuchen, die Erfahrung und ihre Lehre in ein laufendes Lebensscript oder in eine klare institutionelle Alternative einzubetten. Eine dritte Möglichkeit ist, daß die Erkenntnis uns zu einer neuen Lebensform bekehrt.

Das Schlüsselwort ist hier Bekehrung. Nach James' klassischer Definition ist es »der allmähliche oder plötzliche Prozeß, durch den ein bislang gespaltenes und bewußt falsches, unterlegenes und unglückliches Selbst geeint und bewußt richtig, überlegen und glücklich wird«.[12] Damit dies geschehe, muß der Betreffende, wie schon gesagt, zu der Idee der Bekehrung bekehrt werden: Er muß nicht nur einen Sinn in der Erfahrung sehen, sondern er muß diesen Sinn auch in einem bedeutungsvollen Symbolsystem unterbringen. Für den Hippie, der auf Einsicht wartet, für einen Wissenschaftler wie Lilly, der in seinem Tank schwimmt, für religiös Gläubige, die nach Lourdes fahren oder einen Berg besteigen, um eine Vision zu erleben, ist dieser Flip in das, was Holzner eine »epistemische Gemeinschaft« nennt, eine klar vorhersehbare Möglichkeit – obwohl dies *nicht* besagt, daß es nur eine Frage der ›Suggestibilität‹ sei. In solchen Fällen wird der künftige Bekehrte in eine Situation gestellt oder stellt sich selbst hinein, wo er bereits mit den geeigneten Definitionen ausgerüstet ist. In diesem Sinn ist er bereits bekehrbar: Er begreift sich als jemand, dem die Bekehrung widerfahren *kann* oder widerfahren *wird*. Wenn der Realitätsflip tatsächlich eintritt, scheint er buchstäblich das einzige zu sein, was überhaupt passieren konnte. Er bestätigt die bisherigen Schritte.

Wie wir vorhin einräumten, können wir niemals sicher sein, welche Bekehrungen zu dieser Gruppe zu rechnen sind, und welche ›reine‹ plötzliche Flips sind, die nur im Rückblick als Bestätigung eines praktizierten Symbolsystems gesehen werden. In beiden Fällen aber wird der momentane Flip Grundlage eines Lebensscripts von größerer oder minderer Dichte. Die religiösen und mystischen Versionen reichen von der völligen Hingabe an eine neue Lebensform, z.B. durch den Eintritt in ein Kloster oder eine Einsiedelei, bis zum Anschluß an eine Sekte, für die Offenbarungen, Visionen und Trancen als Routine gelten. Der springende Punkt ist die nachträgliche Einordnung dieser Erfahrung in solche Scripts: Das Leben muß sich tatsächlich in einer Richtung verändern, die mit irgendeinem etablierten Begriffsuniversum religiöser oder mystischer Art übereinstimmt. Ob aber das Gefühl der Verwandlung und die Entdeckung einer neuen Realität, die die Erfahrung anfangs begleiteten, mit dem neuen Lebensplan, mit den neuen Routinen und Wiederholungen, die in dem veränderten Leben auf uns zukommen, beibehalten werden können, ist angesichts unserer Ausführungen über Institutionen wie die Kommune zweifelhaft.

Es gibt Bekehrungen nicht nur zu religiösen und mystischen, sondern auch zu ästhetischen Scripts. Wir haben schon auf Prousts gewaltiges Werk hingewiesen, das seinen Ursprung der ›gleichen‹ plötzlichen Einsicht verdankte, die andere in religiöse Richtungen führte. Zaehner findet Proust »deshalb interessant, weil er nie auf den Gedanken kam, seine eigene Erfahrung als eine Wahrnehmung Gottes zu erklären, obwohl er über eine intime Kenntnis der katholischen Theologie und der katholischen Praxis verfügte«.[13] Der besondere Weg, den Proust beschritt – die Reise in die Vergangenheit –, ist nicht die einzige ästhetische Reaktion auf die Realitätsverschiebung. Die großen visionären Dichter und Künstler gingen in ganz verschiedene Richtungen. Rimbaud zum Beispiel vertrat wie Blake die Ansicht, der Künstler müsse sich üben, Visionen zu sehen: »Ein Wohnzimmer am Grunde des Sees, Moscheen statt Fabriken. [...] Der Dichter macht sich durch ein langes, immenses und logisch begründetes *Derangement* aller Sinne zum Visionär.« Sei es nun durch absichtliche Übung in Askese oder Hedonismus, sei es durch Einschließung in ein korkgetäfeltes Zimmer oder durch Einnahme von Drogen, das ästhetische Unternehmen versucht, sich den momentanen Sprung zunutze zu machen. Es erhält ihn intakt oder aktiviert das Potential seines Wiedererscheinens.

Es gibt auch konkretere Verfahren, Leben infolge eines Realitätsflips zu reorganisieren. Dies soll nicht heißen, daß die ursprüngliche Erfahrung weniger intensiv oder lebhaft wäre, als sie es bei denen ist, die später religiöse oder mystische Bahnen einschlagen. Der Flip, der zur religiösen wie zur ›Laien‹-Bekehrung führen kann, mag ausgelöst sein durch eine LSD-Pille, eine plötzliche Vision in der Kirche oder etwas so Alltägliches wie die Konjunktion einiger Zypressen und eines Schieferblocks. Selbst wo Stimmen, Visionen und mystische Botschaften fehlen, kann eine Falltür zum Ausbruch sich öffnen.

Benbow, der Rechtsanwalt in Faulkners *Sanctuary*, begibt sich auf die Wanderschaft, nachdem er plötzlich seine Frau verlassen hat. Auf die Frage, warum er dies tat, antwortet er: »Weil sie Krabben aß.« Und dann erklärt er, wie er jeden Freitag, all die zehn Jahre, die er verheiratet war, seiner Frau eine tröpfelnde stinkende Schachtel Krabben nach Hause brachte:

> »Den ganzen Weg nach Hause tröpfelt es, bis ich nach einer Weile mir selbst zum Bahnhof folge und mich abseits halte und Horace Benbow beobachte, wie er die Schachtel vom Zug abholt und sich damit auf den Heimweg macht, wobei er sie alle hundert Schritt in die andere Hand nimmt, und ich folge ihm und denke: Hier liegt Horace Benbow zwischen stinkenden kleinen Pfützen auf einem Gehsteig in Mississippi.«[14]

Entscheidend ist der Punkt, da Benbow sich abseitshalten und sich selbst beobachten konnte. Denn das Paradox am momentanen Flip ist, daß er, obwohl er ohne alle Selbstbewußtheit eintritt – und sogar eher als Ichverlust denn als gesteigertes Selbstbewußtsein beschrieben werden könnte –, an irgendeinem Punkt bewußt interpretiert werden muß. Entweder ist er etwas, das einfach geschieht – eine pränaturale Erfahrung jenseits menschlicher Erklärungen –, oder aber er bestätigt die Existenz anderer Formen von Wissen. Lilly zum Beispiel spricht davon, daß er vor seinem Experiment die Existenz anderer Universen und Räume sich habe vorstellen können, ohne sie eigentlich zu kennen:

»Vor dem Trip glaubte ich nicht an diese Universen oder Räume, aber ich definierte sie als existent. Während des LSD-Trips in der Wanne hielt ich diese Überzeugungen für wahr. Nach dem Trip löste ich mich dann davon und betrachtete das Geschehene als eine Reihe von Erfahrungen, von Konsequenzen der Überzeugung.«[15]

Wir selbst haben die meisten in diesem Buch geschilderten Ausbruchswege ausprobiert. Als Geschöpfe der Gewohnheit, Selbstbewußtheit, Scriptvermeidung und Phantasie, als promiskuitive Wanderer auf beinah allen institutionalisierten Fluchtpfaden und Teilhaber an den meisten Freiräumen können wir sagen: Das kennen wir schon. Was jedoch die momentanen Flips aus dem Gefüge der Realität betrifft, so müssen wir gestehen, daß wir uns noch auf Lillys vorexperimenteller Stufe befinden. Wir haben mitnichten Grund, die Existenz solcher Erfahrungen zu bezweifeln, und allen Grund anzunehmen, daß sie wohl in einem kategorialen Schubfach untergebracht werden müssen, wo sie vor dem Zugriff der Hüter der beherrschenden Realität sicher sind. Und während andere Wege versperrt oder abgesichert werden, kann man in einem ganz realen Sinn davon sprechen, daß die Wege zum Realitätsflip sich öffnen werden. Unser Zeitalter ist mehr als jedes andere das Zeitalter der ›Bekehrung‹. Äußere Hilfsmittel wie psychedelische Drogen, sensorische Deprivation und die verschiedenen Meditations- und Bewußtseinserweiterungstechniken, die wir in Kapitel 5 so skeptisch erörterten, breiten sich aus und werden zunehmend akzeptiert. Solche Hilfen zu gesteigerter Wahrnehmung, mögen sie als Lebensform noch so beschränkt sein, können dazu verwendet werden, um uns dem momentanen Sprung näherzubringen. Gleichzeitig zielt jene Psychologie, die explizit der Bewußtseinserweiterungsbewegung zugrunde liegt – zu ermessen etwa an der Popularität des Castanedaphänomens –, eindeutig dahin, die Pforten aufzustoßen. Dies ist der Unterschied zwischen Psychologien des *Modell-* oder *Theorie-*Typus (der Mensch ist so und so, er denkt und handelt nach diesen und jenen Gesetzen) einerseits und

Psychologien des *Landkarten*-Typus andererseits.[16] Landkarten sind pragmatisch; sie sollen uns helfen, unseren Weg zu finden. Sie sagen: ›Versuche so und so zu gehen, und ganz bestimmte Erfahrungen werden eintreten.‹ Östliche Psychologie und esoterische Systeme wie das von Gurdejeff gehören entschieden zum Landkartentypus, und ihre heutige Popularität wird zweifellos Pforten öffnen.

Aber, wir wiederholen es, dies ist ein zweischneidiges Potential. Landkarten, Handbücher und Wege der Wandlung legen vielleicht gar zu explizit fest, was zu erwarten ist. Schön und gut, daß man uns die Pforten der Wahrnehmung zeigt und vielleicht sogar auftut; aber wenn wir ›drüben‹ nur mit einem wissenden Lächeln begrüßt werden, dann ist die Reise womöglich nicht der Mühe wert gewesen.

8 Über die Mauer

Die Realitätsflips, von denen das letzte Kapitel handelte, lassen sich kaum als Formen des Widerstands gegen das Alltagsleben bezeichnen – wohl aber die Wege, die zu ihnen hin- und von ihnen wegführen. Nun aber wollen wir die Wenigen an jenem fremdartigen Punkt, an dem sie momentan aus der Struktur geflippt sind, sich selbst überlassen und rasch zu ihren prosaischeren Nachbarn zurückkehren, die sich emsig von der beherrschenden Realität fortgraben.

Wir haben die Hindernisse skizziert, die sich solchen Versuchen in den Weg stellen – Hindernisse, die nur zu oft den Ausbruch direkt zu seinem Ausgangspunkt zurücklenken. Dies aber bedeutet kein Scheitern. Oft werden solche Wege in völliger Kenntnis ihrer Beschränktheit beschritten, und ihr abrupter Abbruch wird keineswegs als beunruhigend empfunden. Noch die kurzlebigsten prekären Lösungen helfen uns ja, den Tag zu überstehen, und bringen uns Montag früh an den Frühstückstisch zurück, mit dem Gefühl, daß wir doch ›irgendwie‹ über dem täglichen Einerlei des Daseins stehen. Wir haben gezeigt, daß wir noch immer lebendig genug sind, um zu kämpfen. Wir haben noch nicht – was die Gefangenen im Sicherheitstrakt fürchteten – eingewilligt oder aufgegeben.

Dann gibt es freilich jene, die sich mit solcher zeitweiligen Erleichterung, solchem Siegesgefühl nicht begnügen. Sie engagieren sich viel intensiver in jedem Ausbruchsversuch oder für die Ausbruchsideologie überhaupt. Gleichzeitig erkennen sie, daß eine einfache Nutzung all dieser Mittel – Phantasie, Selbstbewußtheit, Freiräume – insofern prekär ist, als gerade dadurch das neu gefundene Verhältnis zur beherrschenden Realität bedroht wird. Daher lösen manche das Problem, indem sie wie wild die Ausbruchswege wechseln, den einen sofort verlassen, sobald Brüche sich zeigen, und sich gleich auf den nächsten werfen. Diese Verrückten finden sich in allen Bereichen der Gesellschaft, sie rasen von Bett zu Bett, schlucken eine gräßliche Droge nach der andern, stürzen sich in exotische Ferien und Abenteuer, muten sich gewaltige Programme des Kunstgenusses zu, versenken sich in Transzendentale Meditation, schreiben sich für die neueste Kulttherapie ein. Und sie distanzieren sich von der beherrschenden Realität, indem sie von ihrer eigenen Befreiung von Kummer und Sorgen viel Aufhebens machen und die Armseligkeit jener bedauern, die, da sie nicht über ganz so viel Selbstbewußtheit verfügen, in einem Routineverständnis des Tagtäglichen befangen bleiben.

Der eher auf Proselyten ausgehende Flügel der Kommunebewegung würde diese Leute vielleicht gern davon überzeugen, daß sie in der Kommune einen festen Ruhepunkt finden könnten. Immerhin wäre dort diese manische Suche vorbei, die Kategorien wären vermischt in einer einzigen, umfassenden Enklave. Doch diese Leute sind zu hedonistisch, zu individualistisch, um ihre individuelle Identitätsarbeit dem gemeinsamen Wohl zu opfern, gemeinsame Pflichten zu übernehmen, ihre Kräfte mit anderen zusammenzutun. Lieber flippen sie herum, mehr oder minder unsichtbar, nirgends zugehörig, vorübergehend alles Heil von diesem oder jenem Weg erwartend und jedes bindende Engagement meidend.

Einige dieser Leute indes gehen zu weit – und versuchen absichtlich, zu weit zu gehen. Sie setzen sich harter Zensur und Bestrafung aus, wagen sich gar in die Reihen der Abweichenden. Es sind Menschen, die gewaltige Extreme und spektakuläre Versuche riskieren, über die Mauer zu springen, ein neues Leben in einem Gebiet anzufangen, das einige Autonomie genießt, und jene Kräfte zu bekämpfen, die sie wieder einfangen könnten. Anders als die meisten Ausbrecher, von denen wir bisher sprachen, arbeiten sie nicht an den Rändern oder unter der Oberfläche. Meist sind sie gut sichtbar: einladendes Ziel für die Scheinwerfer und Gewehre der Wachtürme.

Wohin gehen diese Leute? Um es nochmals in einer Gefängnismetapher zu sagen: Wenn du über die Mauer steigst oder durch den Tunnel kriechst, willst du wohl einfach ›hinaus‹; aber du hast auch eine Vorstellung von dem Ziel, das du anstrebst: nach Hause oder auf die offene Straße. Ausbrüche aus der beherrschenden Realität lassen sich schwer nach ihrem Ziel klassifizieren, denn sie sind überaus abhängig von der Bewußtseinsverfassung, die sie prägt. Dennoch sind drei Hauptrichtungen vorstellbar: fort, nach innen, über alles hinaus.

Fortgehen, das läßt sich am einfachsten vorstellen, denn es entspricht buchstäblich der Metapher. Die Idee besagt, daß irgendwo jenseits der Mauern ein lebbares Leben möglich sei. Indem du fortgehst oder den Wirrwarr beseitigst, der dein Leben verpfuscht, kannst du dich unbehindert und frei bewegen. Risiken eingehend, materielles und psychisches Gepäck abwerfend, schreitest du in ein neues Land und in eine neue Existenz. Scott Fitzgerald gibt, im Anschluß an Spekulationen über seine Freunde, die solche Versuche unternahmen (und scheiterten), eine gute Beschreibung des Fortgeh-Stils, die für alle extremen Ausbruchsversuche einstehen kann:

»Dies brachte mich auf den Gedanken, daß diejenigen, die überlebt hatten, einen endgültigen Bruch geschafft hatten. Dies ist ein großes Wort, und es läßt sich nicht mit einem Ausbruch aus dem Gefängnis vergleichen, wo einen wahrscheinlich nur ein neues Gefängnis erwartet, oder man wird wieder in das alte gesteckt. Der berühmte ›Ausbruch‹ oder das ›Weglaufen von allem‹ ist der Ausflug in eine Falle, selbst wenn diese Falle die Südsee wäre, die nur für jene gut ist, die sie malen oder im Segelboot kennenlernen wollen. Ein endgültiger Bruch ist etwas, wovon man nicht zurückkehrt; das unwiederbringlich ist, weil damit die Vergangenheit aufhört zu existieren.«[1]

Für manche ist ein solcher ›Bruch‹ unvorstellbar, denn das Problem liegt ausschließlich im Kopf, im Bewußtsein selbst. Sie wissen im voraus, daß das Fortgehen nur in ein neues Gefängnis oder zurück ins alte führen wird. Ihr Ziel ist: *nach innen*, oder in Doris Lessings einfacher Zusammenfassung der Weisheit des Ostens: »Es gibt keinen anderen Weg als nach innen.« Das Selbst, die Seele, das Ich oder was immer die Instanz sein mag, die die Welt zu begreifen sucht, muß verändert werden – anstelle der physischen und sozialen Gestalt dieser Welt.

Ein letztes Ziel ist: *über alles hinaus.* Das Gefängnis ist weder die Seele noch die soziale Welt, sondern es besteht gerade in Vorstellungen wie Ausbruch, Flucht, Zuflucht oder Veränderung. Der Mensch ist größer als die Verhältnisse, und er ist stärker als seine physiologischen Bestandteile. Der Wille ist alles, und sofern der Mensch dies nur zu erkennen vermag, ist Transzendenz oder Erhebung über die Gesetze der Welt möglich. »Ich bin alles und werde alles sein«: Das ist die Botschaft des Übermenschen. Angesichts der totalen moralischen Relativität ist das Selbst unmittelbar, ist die Freiheit des Handelns absolut.

Dies sind die drei Hauptrichtungen, nach denen extreme Ausbrecher streben. Wie aber finden sie den Weg in diese Richtungen? Die Antwort klingt unerwartet. Denn wenn wir diese extremen Ausbrecher näher betrachten, stellen wir fest, daß sie durch die gleichen Tunnels gekrochen sind und sich in denselben Freiräumen tummelten, dieselben Bewußtseinsweisen favorisierten wie jene anderen Frauen und Männer, die bisher in unseren Kapiteln auftraten. Doch statt kurze Zeit in solchen Räumen zu verweilen, vorübergehend solche Lebensformen zu versuchen und dann durch den Zaun in die beherrschende Realität zurückzuschlüpfen, wollen sie diese kleinen Territorien zu Imperien ausbauen. Indem sie die Hinfälligkeit des Gebäudes und die Gefahr des Eindringens von Elementen der beherrschenden Realität ignorieren, erklären sie, daß diese enge Nische tatsächlich die ganze Welt sei, und machen sich daran, sie eben dazu zu machen. Man kann sonst nirgendwohin, dies ist das Zuhause – der Kampf ist vorbei. Die beherrschende Realität ist vermieden.

Hobbies, die vordem auf den Dachboden und die Abendstunden beschränkt blieben, breiten sich nun in alle Zimmer des Hauses aus und okkupieren auch die Arbeitszeit; Ferien, die sich früher in den Grenzen des Reiseprospekts hielten, nehmen so übertriebene Form an, daß sie wichtiger sind als das übrige Leben; Sexualität, Kunstgenuß, Glücksspiel, Teilnahme an der Massenkultur treten aus den Enklaven hinaus in das Zentrum. Jetzt gibt es nicht mehr ein wenig Kunst im Leben oder ein wenig Sexualität zu bestimmten Zeiten, sondern das Leben *ist* Kunst, es *ist* Sexualität. Und während Selbstbewußtheit vordem vielleicht eingesetzt wurde, um ein wenig symbolischen Widerstand zu leisten, wird sie nun ein zentrales Programm – das Selbst wird durch alle Windungen des Bewußtseins verfolgt, als das Selbst hinter dem Selbst und das Selbst hinter diesem Selbst. Phantasie ist nicht mehr ein Requisit des Alltags, eine zeitweilige Quelle geistiger Nahrung. Sie macht sich selbständig. Wir stoppen nicht mehr unsere Phantasien, um wieder in die Welt einzutreten, wir lassen sie laufen und folgen ihnen, wohin sie wollen. Und wenn es überhaupt Scripts gibt, werden sie mit solch manischer Intensität gespielt, daß Text, Requisiten und Bühnenanweisungen nicht mehr zu unterscheiden sind. Ja, dies sind die Spieler, die mit so viel Stil und Originalität improvisieren, daß ihr Agieren zum Wissensbestand der Allgemeinheit wird. *Sie sind es, die die Scripts kreieren.* Sagt man von einem, er handle *wie* sie, dann hat man ihr Handeln begriffen.

Fortgehen

1. Die Enklave wird das Leben

Ein Mann sitzt am Küchentisch, Abend für Abend, manchmal zehn Stunden nacheinander, und würfelt. Er ist umgeben von Büchern, Karten, Tabellen, Tagebüchern, Schallplatten, die alle einem Thema gelten: Baseball. Die Würfel entscheiden das Spiel in der Baseball-Weltliga: Jeder Wurf, jeder ausgespielte Schlag, die Attribute (Alter, Aussehen, Charakter) jedes Spielers, jeder gebrochene Rekord, die gesamte Finanzierung und Verwaltung der Liga sind im Spiel enthalten. Sein Schöpfer, Besitzer, Organisator, Herr und Sklave ist J. Henry Waugh: Alle Emotionen, Ekstasen und Tragödien des Spiels sind von ihm selbst produziert.[2]

Henry ist der absolute Hobbyfreund. Die Phantasie hat die Herrschaft angetreten. Niemand sonst kann in diese Welt eindringen (ein Freund, der kommt, um mitzuspielen, bringt das Spiel durcheinander, weil er die totale Obsession nicht begreift, und er wird hinausgeworfen). Es erfaßt Henrys übriges Leben: Seine Beziehungen (zu Freunden, seinem Chef, dem örtlichen Wett-Büro) sind völlig davon bestimmt, was im Spiel geschieht. Seine Arbeit, die stets das Geschehen in der Liga stört, gibt er schließlich auf, weil sie sich nicht mit dem Hobby verträgt. Keine Spur von Distanzierung, Selbstbeobachtung oder Selbstbewußtheit: Die Vorstellung, daß dies ›nur ein Spiel‹ oder ›nur ein Hobby‹ sei, ist für Henry absurd. Das Spiel ist das Leben selbst.

Nun ist Henry eine Romanfigur, ein Homunculus seines Schöpfers Robert Coover, und leicht lassen sich andere literarische Beispiele für diese extreme Flucht finden. Da ist John Fowles' Sammler, der pedantisch Frauen sammelt, als wären sie Schmetterlinge für eine Sammlung; und da ist der Held aus Malzbergs *Screen* (vorgestellt in Kapitel 4), ein Kinofanatiker, der völlig in die Sphäre der Leinwandcharaktere eintritt, die er beobachtet.

Im realen Leben werden solche Menschen in der Regel als Exzentriker oder Zwangscharaktere bezeichnet. Ihre Aktivitäten sind von unschätzbarem Wert für Fernsehproduzenten und Zeitungsredakteure, die nach ›Streiflichtern‹ zur ›Abrundung‹ ihres Nachrichtenprogramms oder für den redaktionellen Teil ›Erstaunliches aus aller Welt‹ suchen. Es herrscht kein Mangel an Leuten, die ihr Hobby zu einer Lebensform gemacht haben. Da ist der Sammler von Indianerschmuck, der auf einmal ein ›echter Indianer‹ ist, ausgerüstet mit Mokassins, Pfeil und Bogen, Federschmuck und einem Pferd. Da ist der Modelleisenbahn-Fan, der ein komplettes Bahnsystem aufbaut, das Tag und Nacht, das ganze Jahr hindurch nach festen Fahrplänen verkehrt; Pausen gibt's nur, wenn der Hobbyfreund wegen ›Tarifstreiks‹ seine Lokomotiven im Schuppen läßt.

Ein anderer erweitert sein Hobby, Schallplattensammeln, indem er sich in einen häuslichen Disc-Jockey verwandelt. Quer durchs Haus ziehen sich die Drähte der Anlagen, und er verbringt seine Tage in einer Glaskabine, seine Lieblingsnummern spielend und ansagend. Unterbrechungen gibt's nur zur Tischzeit, wenn seine Frau ihn ruft, indem sie an die Glasscheibe klopft, worauf er den ›Hörern‹ eine kurze Sendepause ankündigt.

In anderen Heimen bricht der Sex aus den Enklaven aus und wird zur Obsession. Die Wände hängen voll von Masturbationshilfen, Maschinchen und Apparaten zur Steigerung der sexuellen Leistung werden gesammelt, die Zimmer sind im Bordellstil dekoriert, pornographische Filme ersetzen das Fernsehen, Peitschen und Uniformen und dekadente Unterwäsche runden die Sammlung ab. Wir bekommen nur selten direkte Informationen über derlei Erweiterungen des Hobbies zu einer Lebensform, doch die kommerzielle Ausbeutung der zur Ausübung notwendigen Requisiten in Zeitschriften wie *Mayfair*, *Exchange and Mart* und *Collectors' World* lassen uns annehmen, daß diese Erscheinungen weiter verbreitet sind, als man aufgrund gelegentlicher Erwähnungen in den Medien annehmen sollte.

2. Leben als Kunst

»Die einfachste surrealistische Tat besteht darin, mit dem Revolver in der Hand auf die Straße zu laufen und nach Kräften aufs Geratewohl in die Menge zu feuern.« So lautet ein Satz aus dem *Zweiten Surrealistischen Manifest*, eine der extremeren Äußerungen jener ästhetischen Bewegung, die mit der Auffassung ernst machte, das Leben imitiere die Kunst. Die künstlerische Form sollte auf Zufall, Chaos und Chance beruhen, beschränkte sich aber nicht auf Experimente mit automatischem Schreiben, Träumen, Somnambulismus oder Herstellung von Collagen aus Zufallsobjekten. Angestrebt wurde eine Revolution des Alltags. »Die Tage des gesellschaftlichen Zwangs sind vorbei«: So begann das berühmte *Zweite Manifest*. Und wer mochte dies besser demonstrieren als die Künstler selbst? Die Kunst, aufs Geratewohl in die Menge zu feuern, umfaßte die beiden Prinzipien Gewalt und Zufall; beide inspiriert von der Verherrlichung des Traumes und der Phantasie, vom Angriff auf Verantwortung und Vernunft.

Die frühen surrealistischen Gewaltakte waren höchst selbst-bewußt: wenn Tanguy Spinnen fing und lebendig verspeiste, um die Nachbarschaft zu schockieren; wenn Dali Vorlesungen an der Sorbonne hielt, einen nackten Fuß in einem Milcheimer. Und dem waren bereits die Gewalttaten, Späße und Provokationen von Dada vorausgegangen, die die Grundlage aller späteren Versuche bildeten, den Angriff auf die üblichen Vorstellungen, wie die beherrschende Realität geordnet sein sollte, zu scripten. In einem empörten Bericht über eine Ausstellung von Max Ernsts Collagen hieß es:

> »Mit ihrem typisch schlechten Geschmack wenden die Dadaisten sich jetzt dem Terror zu. [...] André Breton kaute Streichhölzer, Ribemont-Dessaignes schrie dauernd: ›Es regnet auf eine Hirnschale‹. [...] An der Türschwelle zählte Rigaut laut die Autos und die Perlen der Besucherinnen...«[3]

Die surrealistischen Versuche, die beherrschende Realität durch die Auflösung der Unterscheidung zwischen Kunst und Leben anzutasten, war nicht minder extrem. Zum Beispiel jene höchst selbst-bewußten Akte, die die objektive Chance nutzten, für Breton »das Problem der Probleme«: die Beziehung zwischen Notwendigkeit und Freiheit. »Ein völlig aus solchen Zufällen bestehendes Leben zu erreichen, hieße Surrealität erreichen.« Und so versuchten diese Künstler tatsächlich, Zufälle herbeizuführen. Soupault lief durch die Straßen und fragte beliebige Passanten, wo er selbst wohne; wenn er ein Café betrat, schlug er vor, alle Gäste sollten ihre Getränke tauschen, spannte bei Sonnenschein seinen Regenschirm auf. Nicht daß alle diese Akte trivial und kindisch gewesen wären; vor allem warnten die Surrealisten vor der Mäßigung und bezogen selbst in ihren logischen Folgerungen extreme Positionen. In Aragons anschaulicher Prosa liest sich das so: »Bring dich um oder laß es. Aber zerr nicht deine schleichende Agonie, dein im voraus stinkendes Aas durch die Welt, laß den Revolvergriff nicht mehr aus der Hosentasche hängen, der unwiderstehlich zu einem anständigen Arschtritt einlädt. *Beleidige nicht den wahren Selbstmord durch dieses ewige Lechzen.«*[4]

Das surrealistische Unternehmen gilt ausnahmslos als gescheitert, da es auf eine Gruppe von Intellektuellen der Zwischenkriegszeit beschränkt blieb und Jedermanns Leben kaum beeinflußte. Als Massenbewegung war es ein Fehlschlag. Es handelte sich um eine kleine Gruppe von Menschen, die sich höchst artikuliert bemühten, ihre Kunst einzusetzen, um eine Revolution im Alltagsleben in Gang zu bringen. Ihre Beharrlichkeit und die Tatsache, daß sie mit ihren Ideen tatsächlich experimentierten, führte sie zur vollen Erkenntnis all der Spannungen der beherrschenden Realität, von denen wir sprachen: Sie beobachteten sich und feierten doch die Spontaneität; sie distanzierten sich von ihrer Rolle als Künstler und begründeten gleichwohl eine höchst selbst-bewußte künstlerische Bewegung; sie erfanden neue Scripts, die dann von ihren Nachfolgern in recht vorhersagbarer Weise routinisiert wurden; sie trieben die Phantasie ins Extrem und jonglierten dennoch stets mit dem Widerspruch zwischen den Ideen ›Das Leben ist hier‹ und ›Das Leben ist woanders‹; sie schufen einen Freiraum, der freilich unablässig von den Kräften der konventionellen Gesellschaft attackiert wurde. Doch insofern sie diesen Kräften Widerstand leisteten und entschlossen auf ihren einmal gewählten Ausbruchswegen blieben, muß man ihnen zugestehen, zumindest für Augenblicke der beherrschenden Realität entkommen zu sein. Zu ihrer Zeit sprangen sie über zu viele Mauern, als daß man sie leichthin hätte ignorieren können. Und stets waren sie ihren Verfolgern einen Satz, einen Gedanken, einen Sprung voraus. Das surrealistische Unternehmen bestand darin, die Kunst in Leben, das Leben in Kunst zu verwandeln. Duchamp beschritt diesen Ausbruchsweg so zielbewußt, daß es seine wichtigste künstlerische Äußerung war, fünfunddreißig Jahre lang nichts zu schaffen.

Eine Alternative zur Revolution im Alltagsleben, wie die Surrealisten sie vertraten, stellen jene Ausbrecher dar, die auf jegliche Suche nach der Realität hinter der Realität verzichten und sich statt dessen massiv für die anscheinend oberflächlichsten, vergänglichsten Erscheinungen der modernen Kultur engagieren. Es sind dies die Leute, die beschließen, gänzlich in der Welt des Spektakels zu leben, die Showbusiness, Broadway, Starkult nicht als fest umschriebene Enklaven betrachten, die man gelegentlich betritt und aus denen man routinemäßig wieder in die Welt von Heim, Kindern und Privatleben zurückkehrt, sondern als wahre ›Realität‹, als einzig angemessenen Schauplatz der Identitätsarbeit.

Das Wort ›oberflächlich‹ sagt diesen Ausbrechern nichts, es sei denn zur Kennzeichnung eines Lebens ohne Showbusiness. Die Welt des Kinos, in der Schönheit, Sexualität, Abenteuer und Erlebnis so viel bedeuten, muß gelebt, nicht nur beobachtet werden. Andy Warhol und sein Anhang sind in unseren Tagen das fortgeschrittenste Beispiel dafür, wenngleich die ursprüngliche Hollywoodwelt, die sie – und andere ›beautiful people› wie die Fiktionsfigur Myra Breckinridge – nachahmen, seinerzeit zweifellos ähnliche Merkmale zeigte. Für Warhol und seine Superstars *ist* das Leben ein Film, ob die Kameras mitlaufen oder nicht; und Filme *sind* Leben, selbst wenn dies bedeutet, daß uns Filme vorgesetzt werden, in denen kaum mehr geschieht, als daß Leute schlafen oder im Zimmer auf und ab gehen. Jedermann ist ein Star und zu jeder Zeit ein Star. Sexleben oder Drogenkonsum der Stars sind nicht nur Merkmale ihres Lebens, sie kennzeichnen auch ihre Filme und ihr Auftreten in der Öffentlichkeit. In dieser Welt tritt niemand je aus der Situation hinaus. Das Spektakel ist Realität; Schminke und Requisiten der Filmstudios sind Hilfsmittel zum Aufbau der Identität in allen Lebensbereichen. Niemand, der Warhols Schöpfungen kennt – zum Beispiel *Viva* oder ›seine‹ Biographie –, kann sicher sein, wer jeweils Schauspieler oder Publikum, Konsument oder Produzent ist. Der Preis für solches Engagement ist hoch; mehrere von Warhols Stars haben, nachdem sie sich auf diesen extremen Ausweg aus der beherrschenden Realität einließen, ihren Verstand, ihr Leben oder beides verloren.

Die Idee des Kinos als eigener ›Lebenswelt‹ bekundet sich auch in den Umtrieben von *Ken Kesey and the Pranksters*. High auf LSD, rittlings auf ihrem knallbunten Bus sitzend, fuhren Kesey und seine Mannen in Amerika umher und drehten einen Film über alles, was sie sahen, verschreckten Suburbia mit ihren unheimlichen Phantasien, Gewändern und Verhaltensweisen. Sie mußten ihren eigenen Film drehen oder sie hätten sich in jemand anderes Film verloren; und ihr Film sollte größer und gewaltiger sein als sonst jemandes. Und doch gab es noch einen Schritt weiter – die Fahrt nach *Edge City*, die Stadt am Rand –, an den Ort, wo die Filme enden und das ›Fließen‹ beginnt. Dort war es, wo man nicht mehr bloß Versionen der Realität, sondern die Realität selbst finden mochte. Nicht, daß Edge City geographisch zu definieren wäre – sie definieren hieße, sie verlieren. Man konnte nur dorthin aufbrechen.[5]

3. Trips an den Rand

Zwei Männer rasen mit Vollgas in einem roten Cabriolet durch die Wüste. Sie sind offenbar unterwegs zu einem Autorennen in der Nähe von Las Vegas. Der eine ist Zeitungsreporter, der andere wird als sein Anwalt vorgestellt. Im Kofferraum des Wagens liegen zwei Tüten Gras, 75 Kapseln Mescalin, fünf Löschpapierbogen LSD, ein Salzstreuer voll Kokain, Flaschen mit Pillen, Tequila, Rum, Bier, Äther und Amyl. In einem Zeitraum von drei Tagen werden diese Drogen, zusammen mit anderen, als Teil einer Wahnsinnsorgie dauernder Bewegung konsumiert, neben der die meisten Landfahrer wirken, als schlurften sie in die Küche, um sich im Kühlschrank ein Bier zu holen. Der Anwalt, an einem Jagdmesser fummelnd, liegt in der Badewanne, total weggeflogen auf Unmengen Acid. Beide Männer prellen Hotelzechen zwischen 29 und 36 $; verwüsten ihr Hotelzimmer; entführen gewaltsam ein minderjähriges Mädchen aus einem Flugzeug und stopfen sie voll LSD; nehmen – als mahnende Opfer der Droge – an einer nationalen Tagung der Drogenstrafverfolger teil; rollen durch die Hauptstraßen von Las Vegas, aus dem Fenster kotzend, Obszönitäten brüllend und Busladungen von Polizisten, die sich zur Drogenkonferenz drängen, Heroin zum Kauf anbietend.

Es handelt sich um *Fear and Loathing in Las Vegas*, und für Hunter Thompson war es nicht nur eine Art gewalttätiger Abgesang auf den American Dream der unbegrenzten Möglichkeiten, sondern auch eine ungeschminkte Ausdeutung der klassischen Urlaubsbotschaft an die Adresse derer, die ihrer institutionalisierteren Versionen überdrüssig sind. Hier der ›sozio-psychische Faktor‹:

> »Immer wieder dann und wann, wenn dein Leben kompliziert wird und der Bust ins Haus steht, bringt es die einzig reale Heilung, wenn du dich mit grausigen Chemikalien vollstopfst und dann wie der Satan von Hollywood nach Las Vegas rast. Um zu entspannen, sozusagen im Mutterleib der Wüstensonne. Klapp einfach das Dach zurück und drück drauf, schmier dir weiße Sonnenpomade ins Gesicht und fahr drauflos, mit voll aufgedrehter Musik und einer letzten Pinte Äther.«[6]

Dies ist nicht bloß ein Ausflug mit Picknickkorb zum Lake District. Exzesse und Greuel müssen in den Trip eingebaut werden, um die Grenzen gewöhnlichen Landfahrens zu transzendieren, um ein Reich so weit fort von daheim zu begründen, daß man buchstäblich und metaphorisch nicht mehr zu erreichen ist. Das bedarf guter Kalkulation. Jeden Moment kann die Polizei eingreifen, physische Erschöpfung überwältigt einen. Aber das Bewußtsein eines »schwindelnden High, das dir sagt, daß der Absturz kommt«, das gehört zu diesem High, »dem Moment der Wahrheit, dieser dünnen, schicksalhaften Linie zwischen Kontrolle und Katastrophe«. Für solche Ausbrüche muß man Risiken eingehen, und man baut Vorkehrungen ein, falls die Sache schiefgeht: »Kauf das Billett, geh auf die Fahrt [...], und wenn es mal ein bißchen stürmischer kommt, als du dachtest, gut, [...] schreibs eben ab als *erzwungene Bewußtseinserweiterung*.«[7]

Gewiß war Hunter Thompsons Trip nur ein zeitweiliger, und voraus ging ihm die episodische Erkenntnis, »immer dann und wann, wenn dein Leben kompliziert wird...« Das Extreme daran waren die Risiken des Trips, nicht der Gedanke an seine Dauer oder sein letztes Ziel. Bei anderen Ausbruchsversuchen vom Typ Fortgehen kommt dann die endgültige, schreckliche Erkenntnis, daß man, wenn man nicht für immer ausbricht, den Rest des Lebens im Gefängnis verbringen wird. Ausbruchsscripts dieser Art sind ein roter Faden in unserer Kultur: der klassische ›Unterwegs‹-Trip der frühen Beatniks, modernisiert in Keseys Taten und nochmals in Schwung gebracht durch Unterwegs-Filme wie *Easy Rider* und *Midnight Cowboy;* die Themen des romantischen Landstreichers und Stadtnomaden; der plötzliche Aufbruch in der Weg-von-zu-Haus-Tradition; die Fremdenlegion- und Matrosenmythologie; Mr. Pollys Sehnsucht nach Freiheit; der Gauguin-Trip in die Südsee; der Beatles-Song vom Mädchen, das von zu Hause weggeht – *Friday morning at nine o'clock*...

So gut sind diese Ausbruchsversuche durch Manifeste und Leitbilder dokumentiert, daß sie symbolisch-allegorische Qualität gewinnen. Sie erscheinen als Pilgerfahrt, spirituelle Suche nach Freiheit – wie in der modernen Gegenkultur, die Hesses Suche nach Erleuchtung auf der Wanderschaft nach Osten aufgreift.

Bei diesen Brüchen geht es um Befreiung, Risiko und Bewegung. Das Gefühl der Befreiung wird erreicht durch Abwerfen kostbarer Besitztümer, Identitäten, Verpflichtungen und Routine – um leicht in ein neues Territorium zu reisen. Der Versuch – in den extremen Versionen, die uns hier interessieren – gilt stets einem »sauberen Bruch«, wie Scott Fitzgerald ihn meinte: Laß alles hinter dir, reise leicht. Wichtig ist auch das Wissen von den Risiken: Wir können gefangen und wieder ins Gefängnis gesteckt, ja sogar getötet werden, falls die Sache schiefgeht. Simmels ›Abenteurer‹ verkörpert dieses Gefühl, alles riskieren zu wollen:

»Wo die Verwebung mit unerkennbaren Schicksalselementen den Erfolg unseres Tuns zweifelhaft macht, pflegen wir doch unseren Kräfteeinsatz zu begrenzen, uns Rückzugslinien offenzuhalten, den einzelnen Schritt nur wie probeweise zu tun. Im Abenteuer verfahren wir direkt entgegengesetzt: gerade auf die schwebende Chance, auf das Schicksal und das Ungefähre hin setzen wir alles ein, brechen die Brücken hinter uns ab, treten in den Nebel, als müßte der Weg uns unter allen Umständen tragen.«[8]

Und schließlich ist da das Gefühl der dauernden Bewegung. Obwohl es irgendwo in der Ferne ein Ziel gibt, ist der Ausbrecher oft um der Sache selbst willen unterwegs: Schiere physische Bewegung vermittelt eine potente Illusion der Freiheit. Unablässig flieht er vor, sucht er nach etwas, geht vorbei. Unvermeidlich, daß sein zielloses Unternehmen ihm selbst bewußt wird, aber er schiebt den Einspruch, den Zweifel beiseite und versucht, die Phantasie auszuleben, vor dem Griff der Gesellschaft sicher zu sein. Er weiß, daß jeder Freiraum schließlich infiziert wird, aber er glaubt, solange er nur in Bewegung bleibt, wird er gegen diese Kräfte immun sein. Im Herzen ist er pessimistisch, doch er hofft weiter.

4. Leben als Chance

Die Vorstellungen wie Glück, Schicksal, Chance und Risiko anhangenden Überzeugungen sind ein Mittel, Phantasie und Handeln miteinander zu verknüpfen. Wir können ein kleines Stück unserer beherrschenden Realität aufs Spiel setzen, es riskieren. Dies kann im normalen Leben geschehen, wenn wir's mit einem neuen Job, einer Romanze, einem Abenteuer wagen – oder in einem dafür vorgesehenen Freiraum wie dem Glücksspiel. Manchmal aber kann diese Auslieferung an das Unvorhersehbare extremere Formen annehmen als das Wagnis eines neuen Jobs oder der Kauf eines Lotterieloses.

Eine stilisierte Form solch extremen Ausbruchs hatten wir schon an den Surrealisten kennengelernt. Wie diese sich dem Somnambulismus, der Absichtslosigkeit, dem automatischen Schreiben und der Halluzination überließen, wie sie mutwillig Chance, Zufall und Koinzidenz herausforderten, das sollte Chaos und Unordnung in die akzeptierte Welt der Routine bringen. Doch wenn Breton schrieb, daß »nur die Phantasie mich des Möglichen bewußt werden läßt, und das genügt, um die furchtbare Beschränkung ein wenig zu lockern«, so war klar, daß er mit »furchtbarer Beschränkung« nicht die der Routine, sondern die des stabilen, integrierten Selbst meinte. Das Bekenntnis zum Automatismus implizierte auch eine Annahme der Unverantwortlichkeit: Die Ablehnung jeglicher Kontrolle über die eigenen Handlungen bedeutete Flucht vor der Kontrolle der Vernunft und den Imperativen der Moral. Die logische Konsequenz dieser Haltung ist die des Würflers (*The Dice Man*), und er sprang tatsächlich so endgültig über die Mauer, daß wohl nur wenige ihm folgen können.[9]

Luke Rhinehart ist ein erfolgreicher, glücklich verheirateter Psychiater, der um seinen fünfunddreißigsten Geburtstag die absolute Langeweile und Hoffnungslosigkeit seines Lebens zu erkennen beginnt. Da hilft nichts, weder Existentialismus noch Zen und ganz gewiß nicht die Psychiatrie selbst, die aus seinen Phantasien, sich umzubringen, andere zu ermorden oder zu vergewaltigen, akzeptable Dinge macht: »Du verstehst dich, du akzeptierst dich, aber du bist nicht du selbst.« Dies, so erkennt er, ist »eine konservative Doktrin, die dem Patienten garantiert hilft, gewalttätige, leidenschaftliche und ungewöhnliche Taten zu vermeiden, und ihm ein langes, respektables Leben mittelmäßigen Elends erlaubt«. Rhinehart hat alle Freiräume ausgeschöpft.

Überdrüssig dessen, was er ist, und sich bewußt, daß seine Ausbruchsphantasien ihn alle nur in neue Gefängnisse führen, erkennt er allmählich, daß die wirkliche Plage die eines stabilen, integrierten Selbst ist. Die Konsequenzen seiner Erkenntnis gehen ihm erst gänzlich auf, als er aus Laune zu würfeln beschließt. Wenn eine bestimmte Nummer fällt, will er die Frau seines besten Freundes und Kollegen vergewaltigen. Der Würfel gibt den Befehl, und von nun an beginnen wahrhaft Würfelleben und Würfeltherapie: »Erregt und stolz stand ich einen Augenblick vor meinem persönlichen Rubikon. Und dann überschritt ich ihn. In diesem Moment und für alle Zeit begründete ich in meinem Denken das nie zu befragende Prinzip, daß ich ausführen will, was der Würfel diktiert.«[10] Nun entwickelt die Geschichte sich zur manischen Chronik eines Lebens, in dem jede Laune, jede Phantasie, jede Ungereimtheit durch die ›Entscheidung‹ des Würfels beschlossen wird. Eine scheinbar alberne Phantasie, aber dahinter steht Rhineharts todernstes Argument (denn allen großen Ausbrechern ist es ernst), daß das Prinzip eines stabilen, konsistenten, integrierten Selbst – das den Mittelpunkt unserer säkularen und religiösen Überzeugungen bildet – nicht mehr ist als eine Ideologie, jedenfalls keine Garantie für persönliches Glück und Freiheit.

Denn das Projekt des Würflers ist nicht nur eine extreme Erkundung der Phantasieroute; es ist, weit bedeutsamer, eine extreme Lösung für das Problem der Selbstbewußtheit. Für jene, die vom primitiven, unkontrollierten Selbst zu maximaler Selbstbewußtheit fortschreiten, muß der Kampf zu einer optimalen Stufe der Selbstbewußtheit führen. Aber der Würfler erreicht das Unmögliche: Die totale Aufgabe jeglicher Ahnung eines Selbst. Erst noch entschied der Würfel über Dinge, die nicht eigentlich zählten: Arbeitsprobleme, Freizeitentscheidungen, sexuelle Vorlieben. Dies brachte ihn nicht an neue Orte und in neue Rollen, doch »während dieser ersten Monate des Lebens nach dem Würfel habe ich nie bewußt beschlossen, mein ganzes Leben vom Würfel beherrschen zu lassen oder mich zu bemühen, ein Organismus zu werden, dessen sämtliche Handlungen vom Würfel bestimmt wären«. Er fürchtete sich, weiterzugehen, und wirklich, je mehr er versuchte, sein Ego durch Würfeln zu zerstören, desto mehr wuchs es. Das neue Würfler-Ich eignete sich die alten Identitäten an: Psychoanalytiker, Schriftsteller, gutaussehender Mann, liebender Ehemann.

Schließlich – nach allerhand Einsichten, die sich ihm aus Experimenten ergaben, wie etwa der Verführung seines kleinen Sohnes zum Würfeln – erkennt Rhinehart, daß die Entwicklung des Selbst überhaupt – des Gefühls, jemand zu sein – eine Katastrophe, ein Irrtum der Evolution ist. Die Menschen müssen diesen Irrtum rückgängig machen, sich vom Selbstgefühl, von allen Grenzen, Strukturen, Konsequenzen, Gewohnheiten befreien. »Wie der Panzer der Schildkröte, so dient das Selbstgefühl als Schild gegen die Stimulation und als Bürde, die die Bewegung in möglicherweise gefährliche Regionen beschränkt.«

In diese gefährlichen Regionen bricht der Würfler nun mit seiner Entwicklung zum total zufallsbestimmten Menschen auf. Sein

Rest-Selbst verändert sich, während Übungen wie die ›Gewohnheitsunterbrechungswoche‹ und die erfolgreiche Bekehrung seiner Patienten zum Würfelleben die Erwartungen anderer Menschen an ihn völlig verändern. Seine Ehe und seine Karriere sind ruiniert. Bei einer Sitzung der Psychoanalytischen Vereinigung, in der über seinen Ausschluß befunden werden soll, legt er eine voll ausgeführte Rechtfertigung der Würfelphilosophie vor und bricht dann ganz aus seinen früheren Selbsten aus – wobei er als Vergewaltiger, Mörder und Rebell endet. »Die Fähigkeit der Oberselbste, sich gegen den Würfel durchzusetzen, schwindet, verfällt. Die Persönlichkeit ist zerstört. Der Mensch ist frei.« Diese Freiheit – so die Würfeltherapie – ist ein permanenter Flip aus den Problemen der beherrschenden Realität: Selbstheit, Gewohnheit, Routine. Der Bekehrte

> »fühlt sich befreit, wenn er erkennt, daß Probleme, die er möglicherweise hat, gelöst werden können, daß es aber nicht mehr seine Sache ist, sich darum zu kümmern: sie ruhen jetzt auf den breiten Schultern des Würfels. Er wird ekstatisch. Er erlebt den Übergang der Kontrollen von einem illusorischen Selbst auf den Würfel als Bekehrung oder als Errettung«.

Diesen Ausbruchsweg haben wir ausführlicher geschildert. Wiewohl manch andere Arten, über die Mauer zu springen, die wir in diesem Kapitel erörtern, ebenso extrem sind, ist keine so selbstbewußt auf die Probleme der beherrschenden Realität oder Identität bezogen, um die es uns geht.

Nach innen

1. Der altbekannte Weg

In den ersten Monaten unserer Lehrveranstaltung im *Durham Prison* trafen wir einen Häftling namens Jeff, einen kleinen nervösen Mann, der höflich den Diskussionen folgte, ohne selbst viel zu sagen. Anscheinend verschlang er all die Sprüche über Außenseiter, Anarchismus und die Ungerechtigkeit des Systems. Er bat um Klärung mancher Punkte, äußerte aber niemals seine eigene Meinung. Die anderen Männer hielten ihn für einen Einzelgänger und sprachen ein wenig abfällig über seine Phantasiewelt und seine Weigerung, aktiven Widerstand gegen das Gefängnisleben zu bekunden.

Jeff wurde schließlich in ein anderes Gefängnis verlegt, und bald erhielten einige aus unserem Kurs Briefe von ihm, die eine religiöse Bekehrung andeuteten und von Visionen in seiner Zelle sprachen. All dies wurde gemeinhin als Zeichen gewertet, daß das Gefängnis ihn um den Verstand gebracht hätte.

Um diese Zeit erhielt einer von uns beiden unerwartet Post von Jeff, woraus hervorging, daß er mitnichten durch Kräfte, die außerhalb seiner Kontrolle lagen, ›um den Verstand gebracht‹ worden war. Er schrieb: »Ich habe beschlossen, in meinem Kopf zu leben.«

Der Punkt, den er – im Mikrokosmos der Gefängniswelt – erreicht hatte, war der Ausgangspunkt jener ältesten aller Ausbruchsrouten: Die Welt läßt sich nicht ändern, nur die Art, wie wir sie wahrnehmen und erleben. Vielleicht war er wirklich – wie die anderen Gefangenen abfällig folgerten – in die Phantasie weggetaucht; doch dies war kein bloßes Überschwemmtwerden von Phantasien, wie wir es oben besprachen. Denn die Reisenden auf dem Weg nach innen leben nicht in den Seifenopern-Phantasien der Massenkultur. Sie haben Visionen eines anderen Zustands. Die Entscheidung, nach innen zu gehen, ist nicht bloße Manipulation kognitiver Prozesse zum Zeitvertreib oder zum reibungsloseren Ablauf einer Handlungsserie. Diese Reisenden beanspruchen für ihre innere Vision ontologische Überlegenheit und widmen sich ganz der Suche nach dieser Vision und sodann ihrer Aufrechterhaltung durch – symbolische oder chemische – Sakramente, die ihre Aufmerksamkeit von der materiellen, linearen Welt ablenken. Der letzte Zweck ist, ein Ziel zu erreichen, das nicht irgendwo ›draußen‹ ist – wie bei jenen, die fortgehen –, sondern innen. Das Gefängnis ist das Gefängnis der Seele.

Es wäre anmaßend, wollten wir versuchen, hinter das Wesen des Glaubenssystems zu kommen, das diese Lebensform stützt. In den großen Religionen des Ostens, seinen esoterischen psychologischen Systemen, in der Tradition der östlichen Mystik, in modernen psychedelischen Philosophien ist es stets die gleiche Botschaft. Unabhängig davon, ob die moderne Überlieferung von Glaubensinhalten des Ostens ›richtig‹ ist, ob die psychedelischen oder ›Human Potential‹-Versionen die Botschaft getreulich wiedergeben, alle diese Phänomene gehören zu der Kategorie ›Nach innen gehen‹. In dieser Hinsicht zumindest sagen die Texte des Buddhismus, Taoismus, Hinduismus und der Sufis tatsächlich das

›gleiche‹ wie die banaleren Versionen, die ein Timothy Leary oder Carlos Castaneda liefern. ›Ausdroppen‹ soll heißen, das soziale Spiel nicht mehr mitzuspielen, Authentizität und innere Freiheit zu kultivieren und Scheinengagements, Ehrgeiz und symbolische Belohnungen aufzugeben, um nach ›innerer Weisheit‹ zu streben. ›Antörnen‹ ist die Methode, dies zu erreichen: die plötzliche Bewußtheit innerer Zustände, gesteigertes Bewußtsein, all jene Erfahrungen, die wir als ›momentane Flips aus dem Gefüge‹ behandelten. Und ›Eintunen‹ ist die Konsequenz all dessen: die Veränderung von Werten und Reaktionen, die einen dazu bringt, auf Dauer für eine neue Bewußtseinsweise empfänglich zu sein.

Wer sind diese Leute? Jede Aufzählung spräche für sich selbst: ein Katalog der Mystiker, Heiligen, Gurus, Propheten, Visionäre und Seher, die diesen Weg erkundet und beschritten haben. Doch, wohlverstanden, ein Platz in diesem Katalog ist nur den Extremen vorbehalten. Dies sind Menschen, lebenslängliche Reisende, die alles opfern, um den momentanen Flip permanent zu machen, die nach dauerndem Dasein in einem Zustand der Ekstase verlangen.

2. Die Reise in den Irrsinn

Natürlich ist der Weg nach innen gefährlich. Er kann sich als Rückzug in eine Phantasiewelt darstellen, eine Welt, in der wir so weit weg von der beherrschenden Realität reisen, daß wir über den Rand stürzen. Einer dieser Ränder ist in unserer Gesellschaft der gesunde Verstand. Und gerade die Parallelen zwischen Mystik und gewissen, als Schizophrenie etikettierten Bewußtseinszuständen werden von einigen Schulen der modernen Psychiatrie ernst genommen. Wieder kommt es in unserem Kontext nicht darauf an, ob Schizophrenie und Mystik miteinander vergleichbar sind oder nicht, sondern darauf, daß sie als Beispiele der Reise nach innen verglichen werden *können.* Laing, der die Erfahrung des Psychotikers in diesem Sinn darstellt, bietet ein kulturell verfügbares Script für den Stil des ›nach innen‹. Wir können nicht leugnen, daß der Weg extrem ist, auch können wir – nach allem, was wir über Leute wie Artaud und viele andere namenlose ›Fälle‹ wissen – nicht bezweifeln, daß er beschritten wird. Das Eigentümliche dieses Weges ist nach Laing:

»*Sehen wir denn nicht, daß es nicht diese Reise ist, von der wir geheilt werden müssen, sondern daß sie selbst ein natürliches Mittel ist, unseren furchtbaren Entfremdungszustand, genannt Normalität, zu heilen?* Zu anderen Zeiten begaben Menschen sich absichtlich auf diese Reise. Oder wenn sie sich wider Willen auf ihr befanden, dann dankten sie dafür wie für eine besondere Gnade.«[11]

Wir brauchen wohl nicht Wörter wie ›Gnade‹, um überzeugt zu sein, daß Laings Schizophrene den gleichen Weg beschreiten wie die Mystiker. Er sagt deutlich, daß die letzte Quelle des Wissens durch die Erforschung des Innern aufgedeckt werden muß und daß das Ziel tiefer liegt als das Ich: eine existentielle Wiedergeburt. Und die psychotische Wahrnehmung dieser fremden Phantasiewelt, alles andere als pathologisch, ist jenen begnadeten Zuständen nahe, die die Mystiker anstreben und die sie nur durch Disziplin und Übung erreichen. Die Reise führt nach innen und rückwärts, durch und über das ursprüngliche Alpha und Omega von Erfahrung und Realität hinaus. Für Laing wird die Kluft zwischen innerer und äußerer Welt vom Mystiker wie vom Schizoiden in gleicher Weise überbrückt. Am Ende wird die Selbstbewußtheit, dieser stets sprungbereite Dämon, der alle unsere alltäglichen Ausbruchsversuche verfolgte, exorziert: Erreicht ist der Punkt eines Schwebens ohne Ich, ohne Gefühl für die Grenzen zwischen dem Selbst und dem anderen, zwischen Innen und Außen.

3. In den Tank

Wahnsinn und Mystik sind nicht die einzigen Bahnen nach innen. Immerhin wiesen sie jenen unerschrockenen Reisenden die Richtung, die alle möglichen Risiken eingingen, um ihre eigenen Seelenzustände zu erforschen, und damit anderen einen Schlüssel lieferten, um die Pforten der Wahrnehmung zu öffnen. Wir meinen nicht den, der gelegentlich psychedelische Drogen nimmt, auch nicht den, der mit jenen Techniken der Bewußtseinserweiterung hantiert, über die wir oben sprachen, sondern diejenigen, die ihr ganzes Leben der Erforschung jener Innenwelten widmeten, die anderen bisweilen in momentanen Sprüngen aus der Realität offenbart werden.

Ich denke z.B. an John Lilly, von dem wir bereits sprachen. Er war ein bedeutender Wissenschaftler, der sich einen Namen auf den Gebieten Biophysik, Neurophysiologie, Elektronik und Neuroanatomie gemacht hatte und auch ein qualifizierter Psychoanalytiker war. Als er das Ende der Straße konventioneller Wissenschaft erreicht, gibt er die Sicherheit des Laboratoriums auf – nicht aber die Logik der experimentellen Methode –, um die Konturen veränderter Bewußtseinszustände zu erkunden. Daran ist nichts sonderlich extrem, falls diese Erforschung sich auf die Untersuchung anderer beschränkt. Lilly aber studierte nicht nur – mit rücksichtsloser Härte – sich selbst, sondern setzte sich dabei auch ungewöhnlichen Gefahren aus. Er experimentierte mit langer Einsamkeit, mit sensorischer Deprivation und LSD (all dies kombiniert in dem Experiment, wie in Kapitel 7 beschrieben, bei dem er nach Einnahme einer großen Menge LSD in einem Tank schwamm), Hypnose und Unterwerfung unter einen Guru. Nach einem der Drogenexperimente machte er einen Selbstmordversuch. Eine Ahnung von den Gefahren, denen er ausgesetzt war, vermitteln seine Reflexionen nach einer besonders mühseligen Folge von Übungen:

»Während der Pampas machte ich mehrere ›körperliche Tod/Wiedergeburt‹-Erfahrungen durch. Ich zwang mich in Bereiche der Anstrengung, die, wie ich glaubte, meine Grenzen überstiegen. Ich riskierte buchstäblich, mit ›Herzversagen‹ infolge Überanstrengung rechnen zu müssen. Dieses ›Herzversagen‹ trat nicht ein. Ich stellte fest, daß ich eine Barriere der Angst in meinem Körper durchschritten hatte und in einen neuen, hochenergiegeladenen Raum des körperlichen Funktionierens gegangen war.[...] Um nach oben zu gehen, mußte ich mich durch das zwingen, was mich unten hielt – die Angst vor dem körperlichen Tod...«[12]

Wir führen Lillys Fall natürlich nicht nur deshalb an, weil er extreme Techniken vorstellt, sondern weil er ein Beispiel für jene ist, die von ihren Reisen zurückkehren und von der Bedeutung (und der Existenz – was die meisten von uns wohl bezweifeln) höherer Bewußtseinszustände überzeugt sind.

Über alles hinaus

1. Die Große Bestie

Aleister Crowley, die »Große Bestie«, der »verruchteste Mann der Welt«, der Mann, der »ein Gott werden wollte und als weniger denn ein Mensch endete, nachdem er im Lauf von zweiundsiebzig

Jahren mehr Männer und Frauen in den Suff, den Wahnsinn oder den Tod getrieben hatte als die meisten fleischgewordenen Teufel«, ist wohl der imposanteste unter den Reisenden auf dieser Ausbruchsroute, den wir auftreiben konnten. Ein Kapitel seines autobiographischen Romans *Diary of a Drug Fiend* heißt *Über den Gipfel.* Und tatsächlich ging Crowley bei allem, was er dachte und tat, direkt über den Gipfel.

Seine Ideen interessieren uns im Augenblick weniger als sein Leben. Sie speisten sich aus einer ungewöhnlichen Mischung von Buddhismus und Hinduismus, Tantra und schwarzer Magie, östlicher Mystik und Kabbala, Okkultismus und Paganismus. Seine Hauptidentität war Bestie 666: eine Inkarnation des Tieres aus der *Offenbarung Johanni* und der Code seiner Position des von ihm begründeten komplexen magischen Ordens, der, wie er meinte, schließlich das Christentum überwinden würde. Der Kern seines Glaubens war sein berühmtes Motto: »Tu, was du willst, so laute das ganze Gesetz« – ein simpler Satz (entlehnt von Rabelais und Blake), der den Glauben an die Ewigkeit als ultimative Einheit beinhaltet, in der alle Gegensätze, einschließlich Gut und Böse, versöhnt wären. Wie könnte man besser die Widersprüche und Forderungen der beherrschenden Realität überwinden, als indem man glaubt, »ich lebe in der Ewigkeit, und zeitliche Dinge sind für mich öde, stupide Symbole«? Besonders stupid und öde erschien Crowley jeder Versuch, so etwas wie Moral zu erkennen: »Es gibt kein Gutes. Das Böse ist gut. Gesegnet sei das Prinzip des Bösen.«

Dieses Prinzip (und das dauernd beschworene »Tu, was du willst«) führte Crowley zu jedem Exzeß:

> »Unsere Hohe Magick ist am höchsten, wenn auf ihrem schneeverhüllten Kraterkegel wir stehen in einer Luft zu jungfräulich um die Dünste der Ebene oder den Rauch der Städte zu kennen, Luft, die uns zu irrem Gelächter ansteckt, so daß wir die Arme emporwerfen und schreien: ›Liebe ist das Gesetz. *Love under will.*‹«

Das hieß ein Leben totaler, höchst selbst-bewußter Entschlossenheit, für sich eine Enklave zu schaffen und zu erhalten, die weit außerhalb der konventionellen Gesellschaft lag. In diesem Territorium praktizierte er ›Sexuelle Magick‹ – sexuelle Perversionen aller Art; gebrauchte fast alle zugänglichen Drogen, darunter Opium, Kokain, Heroin und Mescalin; beschwor alle vorstellbaren magischen Kräfte und Rituale; bekehrte (oder verdarb – je nachdem, wie man's betrachtet) eine Legion von Schülern und Adepten; und erprobte jede Möglichkeit außer Mord (ein Weg, den ein späterer Erbe seiner Ideen, Charles Manson, beschritt), soweit er nur exzessiv und verworfen war.

Crowley war sich bewußt, daß sein Machtgefühl eines üppigen dramatischen Scripts und einer Bühne bedurfte, auf der er es ausleben konnte. Zu seiner Zeit war er schottischer Edelmann, Magier, Drogensüchtiger, gargantuesker Verführer (nach Belieben ›Huren‹ aufgreifend), Poet, Einschleichbetrüger, Verräter, Hoher Priester und Pornograph. Obwohl von den konventionellen Zeitgenossen als Scharlatan und Betrüger verachtet, steht sein persönliches Engagement außer Zweifel. Dafür hielt er seine Show zu lange durch, war seine Selbstbeobachtung zu intensiv. Ein halbes Jahrhundert voller magischer Zeremonien, Schriftstellerei, verzweifelter Versuche, Geld zu besorgen, Liebesaffären, öffentlicher Auftritte und Skandale hielt er an der Logik seines Standpunkts fest, so absurd sie war (zum Beispiel seine Gewohnheit, Frauen, die er zum erstenmal sah, mit dem ›Schlangenkuß‹ zu küssen – d. h. sie mit zwei gefeilten Kaninchenzähnen in den Arm zu beißen –, oder sein gelegentliches Defäkieren auf den Teppich, wobei er erklärte, daß sein Exkrement heilig sei wie das des Dalai Lama). Kein Maß an Gespött und Verfolgung konnte ihn schrecken; sein Ausbruchsweg dahin, ein Gott zu werden, wurde beschützt, wie sein Biograph Symonds verrät:

»Sein Fortschritt in diese Richtung war zum Teil durch die Tatsache bedingt, daß er sich nicht vor dem Wahnsinn fürchtete; er stieß in Bereiche vor, die alle außer den Mutigsten und Tollkühnsten abschrecken mußten. Vom Standpunkt der okkulten Wissenschaften liegt sein Verdienst in dem System von Sicherungen (Vorsichtsmaßnahmen gegen die Besessenheit), das er ersann, um den Reisenden auf diesen geheimen und gefährlichen Bahnen zu schützen.«[13]

Das Verdienst von Crowleys Ideen für die okkulten Wissenschaften soll uns nicht weiter kümmern. Faszinierender erscheint uns das System psychologischer Vorsichtsmaßnahmen, das er entwickelte, um sich in Bewegung zu halten. So betrügerisch, absurd oder psychopathisch sein Leben war, so gelang es ihm doch, es außer Reichweite der Gesellschaft aufzubauen und die vielen ›geheimen und gefährlichen Bahnen‹, über die wir sprachen, zu vermeiden. Dies ging nicht ohne Preis, und es ging nicht ohne Angst und Depression. Seine letzten Worte sind überliefert: »Ich bin bestürzt.«

2. Es gibt kein Gutes. Es gibt kein Böses

»Beide hatten Nietzsche gelesen und das Evangelium des Übermenschen aufgenommen. Fragt man aber, warum genau sie mordeten, so lautet die einzig gültige Antwort, weil sie es *beschlossen.* Sie waren frei, sie waren intelligent, sie waren reich. Das Leben bot ihnen keinen Widerstand, keine Ziele, die den Einsatz lohnten, daher setzten sie sich ein imaginäres Ziel und spielten ein Spiel; dann wurde das Spiel Wirklichkeit.«[14]

So Colin Wilson über Leopold und Loeb, die berüchtigten Kindermörder der zwanziger Jahre. Nur über die allerwenigsten Mörder läßt sich dergleichen sagen, nur die allerwenigsten, die es mit einem ›Über alles hinaus‹-Glaubenssystem halten, handeln je so erschreckend extrem. Etwas aber ist an dieser ungewöhnlichen Konjunktion von Glauben und Handeln, das darauf hindeutet, was geschieht, wenn extreme Bewußtheit des Selbst mit im ›momentanen Flip‹ geschauten Offenbarungen der Omnipotenz des Selbst und der Bedeutungslosigkeit der sozialen Welt zusammentreten. Dieses transzendente Glaubenssystem – eine ausgestellte Version von Colin Wilsons ›Außenseiter‹-Mentalität – betont die totale Überlegenheit des Einzelnen, eine entsprechende Inferiorität und Schwäche aller anderen (der Masse, der Opfer), einen Dauerstatus der Erhabenheit über alle Beurteilung und Kritik, bewußte Amoralität sowie das Gefühl, seiner Zeit voraus zu sein. Es gibt buchstäblich kein Script, dem er die Phantasie anpassen könnte, und so muß er sein eigenes schaffen. Zum reinen Willen muß jetzt der definitive Akt hinzutreten, die legitimierende Geste, die ein völlig neues Drama inauguriert. »Sein nächstes Problem ist, einen *Akt* zu finden, einen definitiven Akt, der ihm Macht über seine Selbstzweifel und Fragen gibt.«[15] Der Akt muß extrem und irreversibel sein.

Ein solcher Akt ist der Mord, und es gibt zwei Typen des ideologischen Mordes, die zu den Extremen unserer ›Über alles hinaus‹-Kategorie gehören. Einmal den existentiellen Mord – literarisch dargestellt in Camus' Fremdem, Dostojewskis Raskolnikow und im wirklichen Leben personifiziert in Fällen wie Leopold und Loeb. Der Mord wird verübt, nachdem die Freiheit als Terror empfunden wird: Es geht nicht nur darum, tun zu dürfen, was man will, sondern um die Intensität dieses Willens: »Tu, was du willst, so laute das ganze Gesetz.« Wenn wir unsere Freiheit nicht in Anspruch nehmen, dann herrscht Leere, und diese Scripts beschreiben den Akt des Mordens oft als Ausbruch aus Routine, Langeweile und Trivialität. Doch nur wenige Morde fallen in diese Kategorie; andere werden verübt in Momenten der Leidenschaft, sind durch ökonomische Motive geprägt, sind vielleicht Sache des blinden Zwangs. Doch die Morde in den *Besessenen*, in *Schuld und Sühne* und die in Geschichte und Wirklichkeit vorkommenden Exemplare dieses Typs waren nicht Verbrechen aus Zwang, sondern aus Freiheit.

Daneben gibt es eine zweite Kategorie des ideologischen Mordes (auch er gehört zur ›Über alles hinaus‹-Richtung), bei der das Glaubenssystem des Übermenschen expliziter artikuliert ist. Das bekannteste Exemplar der letzten Zeit ist Charles Manson.[16] Mag unsere Kenntnis des Falles auch noch so sekundär und unklar sein, so gibt es doch kaum Zweifel daran, daß seinen grauenhaften Morden eine Art Erleuchtungserlebnis (ein Realitätsflip?) und die Bekanntschaft mit verschiedenen Philosophien (die Sanders seine ›sleazo-inputs‹ nennt) vorausgingen, die ihn in ein ewiges Jetzt versetzten, wo die Zeit transzendiert war und die irdischen Gegensätze von Gut und Böse, Leben und Tod als nicht existent oder identisch gelten konnten. Wie Zaehner richtig bemerkt, wäre es zu leicht, Manson als verrückt abzutun. Es leidet wohl keinen Zweifel, daß er wußte, was er tat, daß er über eine voll ausgebaute Kosmologie verfügte und daß er mit logischem Verstand nach seinem Glauben handelte.

Mit Crowley und anderen Mystikern teilt Manson den Glauben an die Transzendenz von Raum und Zeit (und daher des Todes) sowie an die Auflösung des Ich oder Selbst:

> »Das Ende und Ziel des Hinduismus wie des Buddhismus ist, in eine Form der Existenz überzugehen, in der Raum und Zeit und all die Gegensätze, die die menschliche Existenz plagen, gänzlich transzendiert werden und in der man buchstäblich für die Welt tot, aber in zeitloser Ewigkeit lebendig ist. Diesen rituellen Tod hatte Charlie bereits erlebt, und als Folge dieser Erfahrung lehrte er seine Schüler, daß sie sich auf diese Weise töten müßten, um andere zu töten und frei von Reue zu sein.«[17]

Manson und seine *Family* würden das Böse nicht in irgendeine äußere Region verweisen; ihren Ausbruchsweg fanden sie, indem sie dem Bösen in seiner äußersten Extremität frönten und es annahmen. Seine Übermenschen-Ideologie (manchmal bezeichnete er sich als Jesus Christus), seine Beziehung zu seinen Anhängern, seine Einstellung zu den Massen, sein Eintauchen in die Kultur der Gewalt, sein Anspruch, volle Freiheit gefunden zu haben, und sein völliger Mangel an Reue qualifizieren ihn für einen extremen Platz in der Galerie derer, die ›über alles hinaus‹ gingen.

Weiter können wir kaum gehen, als Leben und Tod selbst zu transzendieren, indem wir töten oder getötet werden: »Es gibt kein Gutes, es gibt kein Böses. [...] Du kannst den Tod nicht töten. [...] Wenn du bereit bist, getötet zu werden, solltest du bereit sein zu töten.« In solchen Äußerungen, von einem Mann, der wegen neun brutaler Morde verurteilt und wahrscheinlich für viele mehr verantwortlich ist, muß ein realer, wenn auch höchst spezifischer Sinn erkannt werden. Manson, der sozial Geächtete (namenloses uneheliches Kind, kleiner Dieb, abgebrühter Häftling), sammelte eine Bande von Anhängern um sich, zog sich in die Wüste zurück und formte mit Hilfe von Sex, ›power‹ und psychedelischen Drogen seine Clique nach seinem Willen – und fiel dann über die unheilige Stadt her, um ihre verderbten hippieschicken Bewohner zu terrorisieren. Das war tatsächlich eine Ausführung des vollen Horrorscripts der amerikanischen Kultur.

Wenn wir das ›Über-alles-Hinausgehen‹ als Elaboration oder Übertreibung der Selbstbewußtheit bezeichnen, stellen wir nicht die offenkundig absurde Behauptung auf, daß dieses oder jenes Extrem der Selbstbewußtheit schließlich zum Mord führen müsse. Die Sache ist die, daß das Verhältnis zwischen Identität und Gesellschaft bei einer bestimmten Konstellation psychischer und kultureller Kräfte nicht mehr in alltäglichen Formen zu regeln ist. Anpassung, Kompromisse und Reinvestition, wie wir sie schilderten, sind nicht mehr lebensfähig, und es folgt die Entscheidung, das Selbst buchstäblich der Gesellschaft zu entziehen, sich – letztlich bis hin zum Terror – zu weigern, die Existenz eines sozialen Selbst anzuerkennen, das in Rollen, Statusschranken, Karrieren und Zeitpläne eingebettet ist. (Ein eindeutig extremer Ausbruch, den wir in diesem Text nicht behandeln, ist der Selbstmord. In gewissem Sinn ist er eine Form des ›Fortgehens‹ – der Trip über *Edge City* hinaus –, doch andere Formen des Selbstmords gehören wohl zur Kategorie ›Über alles hinaus‹. Sich selbst zu töten wird, ähnlich wie das Töten anderer, zum Manifest, daß die persönliche Identität jegliche soziale Hemmung transzendiert: Die individuelle Autonomie ist absolut.)

Wir haben in diesem Kapitel über befremdliche, schreckliche

Trips gesprochen. Sie spiegeln unser Interesse für die Extreme, das uns bewegte, als wir dieses Buch begannen. Auch wenn wir andeuteten, daß diese extremen Phänomene in mancher Hinsicht Erweiterungen, Verlängerungen alltäglicher Ausbruchswege aus der beherrschenden Realität sind, wollen wir doch nicht den Irrtum wiederholen, von dem wir im Vorwort sprachen, nämlich menschliches Handeln in homogene Kategorien wie ›Abweichung‹ zu pressen. Diese Extreme lassen sich zwar unter Verwendung von Konzepten wie Selbstbewußtheit, Phantasie, Scripts, Freiräume analysieren; aber dies reduziert sie nicht auf den Maßstab des Gewöhnlichen – falls jemand dies überhaupt bei Charakteren wie Crowley, Lilly, dem Würfler, Manson wagen wollte...

Was wir zu diesen Trips auch sagen mögen, wir müssen ihnen den mißlichen Status des Besonderen, Einmaligen, Extremen einräumen. In einer wesentlichen Hinsicht allerdings bezeichnen sie ein Versagen. So dramatisch wie ihr Impetus ist auch ihr Ende. Diese Reisenden werden kulturell kooptiert oder – noch dramatischer – ihre Biographien holen sie ein: Sie werden physisch verbrannt oder schließlich von den Kräften der sozialen Kontrolle ereilt. ›Nach innen gehen‹ ist am sichersten – abgesehen vom Risiko der Psychose – und daher eher geeignet für die Kooption in akzeptierte Lebensstile. Jene, die fortgehen, mögen sich selbst verbrennen, eines langsamen Todes durch Alkohol, Drogen oder die Gefahren dauernden Unterwegsseins sterben. (Holmes berichtet über seine Gefühle beim Begräbnis seines Freundes Kerouac: »ein einsamer, enttäuschter Mann, der alle Straßen abgefahren war – die Drogen, die Fickereien, die Phantasien, die Highs, die Hoffnungen – und in seinen zerrütteten Nerven wußte, was am ›Ende der Nacht‹ übrigblieb.«[18]) ›Über alles hinausgehen‹ kann nur mit massiven sozialen Sanktionen enden, in der Gefängniszelle oder auf dem Schafott.

Am Ende triumphiert die beherrschende Realität noch über ihre entschlossensten Gegner. Zurück bleiben freilich die Zeichen und Schauplätze ihrer wenigen Niederlagen – Wegweiser für zukünftige Protagonisten.

9 Ein Fall von mißverstandener Identität

Dieses Buch beschreibt eine Welt fliehender Menschen. Periodisch oder permanent unzufrieden mit dem Bild der Alltagsrealität, die ihr Bewußtsein beherrscht, suchen sie emsig nach Wegen, diese Realität zu ignorieren, zu verzerren oder in Frage zu stellen. Manchmal halten sie sich bloß ruhig und verändern ihre Bewußtseinsweise, dann wieder geben sie Elemente ihrer gegenwärtigen Ordnung, Wohnung, Arbeit und Freizeit auf und wenden sich Substituten zu, in der Hoffnung, Autonomie zu erlangen und das Gefühl von Routine und Regelhaftigkeit abzuschütteln. Manchmal suchen sie innen, bei ihren Phantasien und Ideen Trost, dann wieder draußen Zuversicht und graben sich im Innern der beherrschenden Realität Enklaven des freien Selbstausdrucks. Und es gibt auch solche, die ihre Anpassung nicht als Mittel verstehen, um dem Leben gelegentlich Widerstand zu leisten oder die Identität marginal zusammenzufügen, sondern als ein einziges Reich der Freiheit – als alles umfassende alternative Realität. Alle diese Manöver sind prekär. Jeden Moment können sie von den wieder durchgesetzten Ansprüchen der beherrschenden Realität untergraben werden. Alle bedingen sie Risiken, von der Ächtung durch Freunde und Bekannte bis hin zur pauschalen Feindschaft der ganzen Gesellschaft.

Der Unzufriedenheiten, die diese Fluchtversuche auslösen, sind viele. In manchen Fällen sehen wir uns als von Plagen gepeinigt, von einem furchtbaren Gefühl der Entfremdung verzehrt, niedergedrückt von der widerwärtigen Langeweile des modernen Alltags. Im letzten Kapitel schilderten wir einige, die ihr menschliches Dilemma in eben diesem Sinn verstanden. Andere drücken die Unzufriedenheit weniger dramatisch aus und erleben sie minder intensiv. Für diese Leute ist es der immer wiederkehrende Eindruck von Vorhersagbarkeit, Routine, Wiederholung und Langeweile, der ihr Verlangen speist, einige Freiheit außerhalb oder jenseits des Alltagslebens zu finden.

Wir haben allerdings nicht erwogen, ob die Unzufriedenheit, die zum Ausbruchsversuch führt, nur periodisch aufplatzt oder durch eine kontinuierliche Ausbruchsideologie geprägt ist. Vielleicht haben wir den Eindruck erweckt, wir unterstellten allen, die irgendeine Weise des Ausbruchs versuchen, eine ähnliche Weltsicht. Dies ist mitnichten der Fall. Jeder der weniger extremen Wege, die wir beschrieben, kann von Menschen beschritten werden, die ganz unterschiedliche Weltbilder vertreten und nur eine sehr vage Vorstellung haben, daß ihre Handlungen durch so etwas wie eine kohärente Ideologie geprägt sind. Die Menschen reagieren unterschiedlich auf die Gebote der beherrschenden Realität, und wir schlagen drei – in der Alltagssprache übliche – Leitmetaphern vor, die diese Spielarten der Anpassung veranschaulichen.

So gibt es etwa Zeiten, da die meisten Menschen sich in der Welt *zu Hause* fühlen, da sie die Verhältnisse und Konventionen des Alltagslebens als Annehmlichkeit hinnehmen, das Gefühl haben, daß die Welt wirklich für Leute wie sie geschaffen ist und daß es nicht ohne beträchtliche Unannehmlichkeit anders sein könnte. Dies ist keine oberflächliche Schilderung einer bestimmten Gruppe von Menschen, die des Gefühls der sozialen Realität entbehren, sondern eine Charakterisierung all jener Aspekte unseres Lebens, die das Gefühl bewirken, daß ›ich hier und nirgends anders lebe‹. Wenn diese Einstellung überwiegt, dann wird die Realität angenommen, die Routinen werden als Rituale geadelt, Konventionen werden wie religiöse Gebote eingehalten, Scripts werden mit Lust und Zufriedenheit inszeniert. Selbst jene, die sich normalerweise am wenigsten in der Gesellschaft ›zu Hause‹ fühlen, haben bisweilen das Gefühl, daß die Dinge stimmen. Ja, in unserer Gesellschaft ist es üblich, Leute mit revolutionären Absichten zu verspotten, indem man auf Aspekte ihres Lebens verweist, in denen sie Anzeichen eines Heimatgefühls, einer unkritischen Hinnahme gebräuchlicher Verhältnisse bekunden. Es gibt kein bestimmtes Verhalten, das diese Einstellung zur Realität anzeigen würde; jede Aktivität tut's. Wir können uns in der Welt zu Hause fühlen, ob wir nun mit der roten Fahne durch die Straßen Londons marschieren oder abends in Pantoffeln vor dem Fernseher hocken.

Sich in der Realität ›zu Hause‹ fühlen heißt, sie als unproblematisch erleben, uns klaglos ihren Zeitplänen und Fahrplänen, ihren Lohn- und Strafsystemen anpassen, nicht aus Zwang, sondern weil ›man es so macht‹, weil ›man so schnell und reibungslos durchkommt‹. Was anderen als ›Ausbruchsweg‹ erscheinen mag – Ferien, Hobby, Großstadt bei Nacht –, sieht man mitnichten als Ausbruch. Diese Freiräume gehören einfach zum Dekor des sozialen Lebens. Vielleicht geben sie uns Raum, ein bißchen Identitätsarbeit zu verrichten, aber sie sind keine Sprungbretter, um ein Gefühl der Absonderung von der Gesellschaft herzustellen.

Doch gerade die Fähigkeit, die uns zu sagen erlaubt: ›Hier – und nirgendwo anders – findet das Leben wirklich statt‹, macht es unwahrscheinlich, daß viele von uns eine solche Metapher durch alle Windungen des Lebensplans durchhalten können. Nicht immer gibt sie uns Trost. Im Gegenteil, vielleicht erfahren wir die Welt als höchst bedrückend und repressiv. Dann sprechen wir metaphorisch von der Welt als *Bürde.* Wir sagen, die Dinge ›überwältigen uns‹, unsere Arbeit oder unsere Familie ›wächst uns über den Kopf‹, wir sehen unseren Alltag als eine Last, die wir loswerden müssen. Wiederum gibt es keine bestimmten Aktivitäten, die dieser Metapher entsprächen: Vielleicht beschwert uns die Arbeit nicht und geht uns leicht von der Hand, und gleichwohl empfinden wir eine sexuelle Beziehung als furchtbares Gewicht. Manchen von uns erscheinen nur einzelne Segmente, Aspekte des Lebens als Bürde; für andere sind allezeit alle Teile beschwerlich. Wie es von Tommy Wilhelm, dem Helden aus Bellows *Seize the Day* heißt:

»Der Geist, eine besondere Bürde seiner Existenz, lag auf ihm wie ein Auswuchs, eine Last, ein Buckel. In jedem ruhigen Augenblick, wenn schiere Erschöpfung ihn hinderte zu kämpfen, meinte er dieses geheimnisvolle Gewicht zu spüren, diese Wucherung oder Ansammlung namenloser Dinge, die mit sich zu schleppen sein Lebensgeschäft war. Dazu war der Mensch wohl geschaffen.«[1]

Was für die meisten ein flüchtiges Gefühl ist, wird hier zu einer totalen Erfahrung der menschlichen Kondition – »dazu war der Mensch wohl geschaffen«. Wenn es das ›Gesetz des Lebens‹ ist, eine Bürde zu schleppen, dann suchen wir auch nach Orten, wo wir sie absetzen können, wo wir Rast und Zuflucht finden.

Was aber, wenn man nirgendwo hingehen kann – wenn da ein Gefühl nicht nur von Fremdheit oder Bedrückung ist, sondern wenn alles, was wir um uns her sehen, sich in Mauern, Gatter und Wälle verwandelt? Dies ist unsere dritte Metapher (mit der dieses Buch hauptsächlich arbeitet): das *Leben als Gefängnis.* Wir sind in ein Gefängnis gesperrt, geschaffen von uns selbst oder von anderen, durch Routine oder Selbstbewußtheit. Wir sind gefangen und wollen hinaus. Wiederum mag der Gedanke an Ausbruch etwas sein, das die meisten Menschen lediglich dann und wann anwandelt und auf begrenzte Sektoren ihres Lebens beschränkt bleibt – oder aber er kann sich in eine Leitmetapher zur Kennzeichnung der beherrschenden Realität verwandeln. Als Beispiel einer solchen Verwandlung führen wir Aldous Huxleys klassische Schilderung an:

»Die meisten Männer und Frauen führen ein Leben, schlimmstenfalls so qualvoll, bestenfalls so monoton, armselig und beschränkt, daß der Drang zu fliehen, das Verlangen, sich selbst, wenn auch nur für Augenblicke, zu transzendieren, immer eines der wichtigsten Bedürfnisse der Seele ist und war.«[2]

Für Huxley war das Selbst das Gefängnis – für ihn hingen Unglück und Selbstbewußtheit zusammen; für andere ist das Gefängnis eher Sache des Verhaltens und der Umwelt als des Subjekts. In beiden Fällen jedoch wird der Lebensplan durch dieselbe Leitmetapher gesehen.

Meta-Nörgeleien erfinden

Die meisten Unzufriedenheiten mit dem Alltag setzen die beherrschende Realität als selbstverständlich voraus. Oft klagen wir, daß wir nicht genug Geld haben, daß unsere Aufstiegschancen gering sind. Vielleicht sind wir unglücklich, weil es uns nicht gelingt, einen Liebespartner zu finden oder ein erfolgreicher Vater zu sein. Obwohl diese Sorgen eine allgemeinere Unzufriedenheit auslösen können, reicht vielleicht keine für sich hin, um uns nach einem ›Ausbruch‹ suchen zu lassen. Das sind Nörgeleien über Aspekte des Lebensplans, nicht aber Anzeichen, daß wir den Anforderungen dieses Plans entfliehen wollen. Jene allgemeineren Unzufriedenheiten, die in Metaphern wie ›Leben als Bürde‹ oder ›Leben als Gefängnis‹ gekleidet werden, untergraben dagegen den Lebensplan selbst und schüren zumindest vorsichtige Zweifel, warum wir überhaupt arbeiten sollen, einen gewissen Zynismus hinsichtlich des Zustands der menschlichen Verhältnisse in der Welt, ein Gefühl, daß irgend etwas absurd daran ist, daß wir Vater von Kindern sind. In beunruhigenden kurzen Anwandlungen entwickelt sich eine belanglose Unzufriedenheit (wie die Wampe wächst!) vielleicht zu einem allgemeinen Gefühl der persönlichen Unzulänglichkeit, zu einer ausgreifenden Reflexion darüber, was in aller Welt uns dazu bringt, uns um unser Äußeres zu kümmern, wo es doch keinen wirklichen Sinn im Leben gibt. Oder der Ablauf ist umgekehrt: Wir erwachen sozusagen mit der Metapher, und dann beginnt sie jede banale Wendung des Tageslaufs zu vergiften. Ein persönliches Problem in sexuellen Beziehungen oder in häuslicher Routine kann uns ebenso leicht das Gefühl vermitteln, daß das Leben eine Bürde oder ein Gefängnis ist, wie die Nachmittagslektüre der Texte von Sartre oder Kierkegaard.

Welche Art der Unzufriedenheit auch zuerst kommt, die allgemeine oder die besondere – jene Identitätsarbeit, die getan werden muß, um das Selbst (was ich bin) von den Objekten zurückzuerobern, die Besitz von ihm ergriffen haben (was ich tue), kann nicht innerhalb des Lebensplans geschehen. Die Unzufriedenheiten werden durch einen Defekt ausgelöst, der anderswo liegt. Sie sind in Wirklichkeit Nörgeleien über den Grund unserer anderen Nörgeleien, kurz, um es mit Maslows Wort zu sagen, Meta-Nörgeleien.

Unsere Fähigkeit zu solcher Meta-Nörgelei ist nicht als selbstverständlich anzusehen; dies ist keine Frage der persönlichen Entscheidung, die von Mitgliedern jeder historischen oder modernen Gesellschaft frei getroffen werden könnte. Die im Lauf des letzten Jahrhunderts entstandene Vorstellung etwa vom romantischen Außenseiter – jemandem, der Mitglied der Gesellschaft sein, aber gleichzeitig gegen diese Gesellschaft sein kann – hat Ideen wie die der Rebellion, Flucht, Befreiung, des Ausbruchs glaubwürdig gemacht. Die bloße Möglichkeit (die der Primitive nicht hat), sein Leben total zu relativieren, es als eines unter vielen zu sehen, prämiiert die Selbstbewußtheit, macht eine Form der psychischen Manipulation wie die unreflektierte Anpassung nicht nur unhaltbar, sondern beinah zu einem Stigma. Meta-Nörgeleien sind nur möglich in Gesellschaften, die die Verherrlichung des einmaligen Selbst mit einem starken Gefühl der Relativität der Lebensbedingungen kombinieren.

So sind Meta-Nörgeleien über die Arbeit nur möglich, wenn ›Arbeit‹ als besonderer Teil des Lebens definiert wird, und zwar ein Teil, der einem anderen, als ›Nichtarbeit‹ gekennzeichneten, gegenübergestellt wird. In manchen traditionellen Gesellschaften ist Arbeit keine zeitlich, räumlich oder begrifflich von anderen Feldern der Existenz getrennte Aktivität; sie ist ein Lebensaspekt, nicht eine Lebensform. In solchen Gesellschaften wäre es wenig sinnvoll zu fordern, Arbeit solle mehr wie Freizeit werden, oder zynisch festzustellen, daß Freizeit immer mehr wie Arbeit werde.

Wenn die beiden Bereiche nicht als unterschiedene Formen existieren, kann keiner von beiden benutzt werden, um auf die Unzulänglichkeiten des anderen aufmerksam zu machen. Für uns aber ist die Anerkennung des Unterschieds zwischen Arbeit und Nichtarbeit ein geläufiges Merkmal des Lebensplans, ein möglicher Grund für Meta-Nörgelei.

Gerade die Abgegrenztheit der Arbeit ist es, die uns befähigt, Unzufriedenheit nicht nur über die konkreten Probleme, die bei der Arbeit auftreten, sondern über die ganze Art der Arbeit selbst auszudrücken. So erscheint die Arbeit uns vielleicht nicht als natürliche Aktivität, sondern als unbewegliches Objekt, dem wir regelmäßig dienen müssen, ein gigantischer Sandhaufen, den wir unablässig von einer Seite zur anderen schaufeln. Sie steht vor uns als ein Gesetz, dem wir uns periodisch unterwerfen, in dem wir aber nicht wirklich leben.

In unseren anderen Lebenswelten fühlen wir uns in unterschiedlichem Maß zu Hause. Während die Arbeit uns als fremde Aktivität erscheinen mag, bei der wir uns widerstrebend Regelhaftigkeiten und Routinen überlassen, erscheint unsere häusliche Existenz uns vielleicht als natürlicher Privatraum, als Bereich, in dem man leben kann und sich nicht sorgfältig auf Distanz halten muß. Und vielleicht empfinden wir eine Dichotomie zwischen diesen privaten und öffentlichen Sphären.[3] In der öffentlichen Sphäre kontrolliert der Einzelne seine Mitwirkung, aus Angst, in fremden und sinnlosen Routinen gefangen zu sein, während er in der Privatsphäre eine ›heimische Welt‹ aufzubauen und zu erhalten sucht, die ihm als sinnhafter »Mittelpunkt seines Lebens dient«. Aber die heimische Welt fällt gleichermaßen dem Relativitätsgefühl anheim und kann ebenso Ausbruchsversuche begünstigen. Unsere Bemühungen, sie als die einzige sinnvolle Lebenswelt einzurichten, werden durch den Einbruch anderer Welten bedroht. Vielleicht wollen Freunde wissen, warum wir verheiratet sind; zufrieden deuten sie auf ihre eigenen ›Beziehungen‹ und erklären unser monogames Engagement für absurd. ›Zu sehr wie Schwerarbeit‹, kommentieren sie und untergraben erfolgreich die Sinnhaftigkeit unserer Privatsphäre, indem sie sie mit der fremden öffentlichen vergleichen. Vielleicht mokieren unsere Kinder sich über die häusliche Privatsphäre und betrachten sie gar nicht als Zeichen einer sinnvollen Existenz, sondern vielmehr als klaustrophobisches Symptom der Enge unseres Daseins. Und wir werden bombardiert mit rhetorischen Verdammungen der bourgeoisen Familie als der letzten sterbenden Institution des Kapitalismus. Wir selbst suchen vielleicht Partner außerhalb der Ehe und erweitern unser ›Privatleben‹ zu einem Dutzend kleiner Lebenswelten, besuchen dabei dienstags unsere Geliebte in ihrem Apartment, gehen donnerstags auf einen Sprung in den Massagesalon um die Ecke, verbringen den Samstagabend über die alten Zeiten jammernd mit zwei geschiedenen Säufern im nächsten Pub. Welche davon ist dann unsere wirkliche Privatwelt?

Die Erfahrung der Pluralität sozialer Welten ist es also, die eine jede relativiert und wiederum die Bühne bereitet für Meta-Nörgeleien. All dies im Gegensatz zum Leben in traditionellen Gesellschaften:

»ob in der Familie oder bei der Arbeit oder am politischen Geschehen beteiligt oder an Festen und Zeremonien mitwirkend, war das Individuum stets in der gleichen ›Welt‹. Solange es nicht physisch seine Gesellschaft verließ, hatte es kaum, wenn überhaupt das Gefühl, daß eine bestimmte soziale Situation es aus seiner üblichen Lebenswelt herausstellte.«[4]

Doch die Pluralität der Lebenswelten bietet nicht nur die notwendige Voraussetzung für die Entstehung eines Relativitätsgefühls und mithin der Möglichkeit von Meta-Nörgeleien – sie bestimmt auch die Art der *Ziele*, die als Lösung für diese jeweiligen Nörgeleien angestrebt werden. Was eigentlich suchen die Ausbrecher, die wir auf diesen Seiten vorgestellt haben? Bislang befaßten wir uns mit den Nörgeleien selbst – dem Gefühl der Langeweile, Routine und Wiederholung, das den Menschen auf die Suche nach einer alternativen Realität schickt. Welches aber sind die lockenden Wegweiser, die die Verheißung der Fluchtzonen und der in ihnen feilgebotenen neuen Identitäten befördern? Welches sind die Reklamen im Schaufenster des Supermarkts der Ausbruchsversuche?

Das wahre Selbst

Die größte von allen ist die Einladung, einzutreten und das *wahre Selbst* zu finden. Kein anderes Konzept beherrscht derart nachdrücklich die Verzweiflungs- und Pessimismusliteratur unserer Gesellschaft; keine andere Prämie wird so oft in den Führern und Handbüchern zur alternativen Realität verheißen. Die Verbindung zwischen diesem Ziel und der Pluralisierung unserer Lebenswelten ist evident. Wir sehen unsere Existenz als zusammengesetzt aus verschiedenen Lebenswelten, verschiedenen phänomenalen Universen, in denen wir unterschiedliche Bewußtseinsweisen ausbilden. Gerade unser mangelndes Engagement für eine oder alle dieser Welten bewirkt in uns das Gefühl einer gewissen Entität, die in ihnen allen dargestellt, aber in keiner ganz realisiert wird – ein Gefühl des wahren Selbst. Paradoxerweise gewinnen wir dieses Selbstgefühl aus unserer Erkenntnis, wie unvollkommen es verwirklicht ist in den Welten, auf die wir abonniert sind.

»Durch die ganze Neuzeit geht das Suchen des Individuums nach sich selbst, nach einem Punkte der Festigkeit und Unzweideutigkeit, dessen es bei der unerhörten Erweiterung des theoretischen und praktischen Gesichtskreises und der Komplizierung des Lebens immer dringlicher bedarf und der eben deshalb in keiner der Seele äußeren Instanz mehr gefunden werden kann.«[5]

Im Alltagsleben ist dieses Selbstgefühl anscheinend verurteilt, eine partielle Konstruktion zu bleiben. Nie wird es in einer unserer Lebenswelten gänzlich artikuliert, denn unser Relativitätsgefühl sorgt dafür, daß wir uns jeder von ihnen mit weniger als dem vollen persönlichen Engagement überlassen. Unser Selbstgefühl vagabundiert in unserem Alltagsleben umher, es ist eine Rückversicherung, die wir zu Hilfe rufen, wenn man uns als Geschöpfe der Routine bezeichnet, wenn man sagt, wir seien nicht mehr als das, was wir tun. Es ist ein innerer Bezugspunkt, der uns hilft, uns gegen die beherrschende Realität zu verteidigen; aber wenn uns einfällt, es als besondere Entität, als Garant unserer Unabhängigkeit und Individualität anzusehen, ist es besonders illusorisch. Fast ist es so, als wäre uns unser wahres Selbst gestohlen, und wir behielten nur Spuren, Echos, Erinnerungen. Die Andeutungen eines Selbst, die wir haben, bilden keinen Zusammenhang; sie werfen zwar ein wenig Licht in unsere Existenz, konstituieren sie aber offenbar nicht.

Die Händler in Ausbruchsversuchen offerieren uns einen Platz, wo diese Andeutungen zu einer Entität verwoben werden könnten. Sie bieten ein Ende der Relativität an, die Verheißung von etwas Absolutem in unserem Leben. Die Parolen erklären, das wahre Selbst könne sich nur in besonderen Enklaven oder ganz außerhalb der pluralisierten Lebenswelten konstituieren, die die beherrschende Realität bilden. Dies seien die neuen Grundfesten, auf denen das Selbst errichtet werden könne. Die Händler sind ganz gewiß nicht verlegen, wenn es gilt, die Qualität ihrer Produkte anzupreisen.

»Die Untergrundkirche, die Gemeinschaft der Freaks, der Zodiak, Existenzpsychologie, Bewegungsgruppen und die Freie Universität sind bahnbrechende Taten, die neue Quellen des Selbst erschließen, und sollten als solche verstanden werden. Die Unterdrückung dieser Experimente bedeutet Unterdrückung des Selbst und ist eine größere Tragödie als Übervölkerung, Umweltzerstörung und gar der Krieg.«[6]

Traurigerweise sind die Aussichten, dieses Gefühl eines wahren Selbst durch Zuflucht zu jenen neuen ›Quellen‹ zu erlangen, durch die verschiedenen korrumpierenden Einflüsse angeschlagen, von denen wir sprachen. Bringen wir einmal weniger als volles Engagement für die neue ›Quelle‹ auf (und das Degagement tritt rasch ein, wenn wir die Kommerzialisierung, die Programmierung des Unternehmens wahrnehmen), dann sind wir auch schon wieder in der Tretmühle der Relativität. Unsere neue Suche nach einem wirklichen Selbst hat dann nicht viel mehr erbracht als eine weitere Selbstkonzeption in der Sammlung, die bereits aus unserem angeblich ›unwirklichen‹ Engagement in Arbeit, Ehe, Bürokratie und Freizeit erwachsen ist. Wir fügen unserer Kollektion noch eine Encountergruppen-, Kommune- oder Free-University-Identität hinzu; doch damit haben wir weder unser altes Repertoire an Rollen aufgelöst, noch diese Rollen zu einer neuen Identität verschmolzen.

Sinn

Mit der Suche nach dem wahren Selbst geht einher die Jagd nach dem *Sinn*. Wieder ist es die Pluralisierung der Lebenswelten, die das Gefühl der Sinnlosigkeit hervorruft und zugleich die Suche nach einem Korrektiv auslöst. Keine der Lebenswelten bietet an sich einen Sinn des Lebens – welchen höheren Sinn könnten wir auch aus der Fließbandhalle, vom Büropult oder vom Frühstückstisch beziehen?

Auch fügen sie sich nicht zusammen, um irgendeine Gesamtsicht vom Wesen oder Zweck des Lebens zu erlauben. Die Lebenswelten koexistieren, aber sie sind nicht kohärent. Die Prinzipien und Überzeugungen, die bei der Arbeit richtig zu sein scheinen, sind zu

Hause im Bett irrelevant; die Motive und Werte, die wir in Augenblicken der Muße als wichtig erachten, scheinen unvereinbar mit jenen, zu denen wir uns im politischen und religiösen Leben bekennen. »Die Existenz des modernen Menschen in vielen Welten verlangt häufiges Umschalten.«[7] Indem er von einer kleinen Welt in die andere wechselt, trifft er auf wenigstens marginal unterschiedliche Erwartungen, die verschiedene Rollenleistungen verlangen, im Zusammenwirken mit verschiedenen Arten von Leuten. Die kleinen Lebenswelten des modernen Menschen unterstehen verschiedenen ›Jurisdiktionen‹ und gehören verschiedenen Sinnbereichen an. Uns fehlt ein einziges symbolisches Vokabular, das die Elemente unserer verschiedenen Lebenswelten verbände, ein Vokabular, das uns erlaubte, das Spektrum unserer Aktivitäten vergleichend zu werten, das diesem oder jenem Sektor unseres Lebens moralische Priorität gäbe. Dies aber war nicht immer ein Problem.

»Während des größten Teils der empirisch zugänglichen Geschichte des Menschen spielte die Religion eine lebenswichtige Rolle, da sie das überspannende Gewölbe der Symbole für die sinnvolle Integration der Gesellschaft bot. Die verschiedenen, in der Gesellschaft wirksamen Sinngebungen, Werte und Überzeugungen waren letztlich ›zusammengehalten‹ in einer umfassenden Deutung der Realität, die das menschliche Leben zum ganzen Kosmos in Beziehung setzte.«[8]

Es war also die Religion, die uns Sinn vermittelte und uns befähigte, uns in der Gesellschaft zu Hause zu fühlen. Heute ist die Religion selbst eine unter anderen Lebenswelten geworden, ein partieller Aspekt der Existenz. Ihre Ausübung geschieht zu gewissen Zeiten, an gewissen Tagen und an gewissen Orten. Religiöse Programme stehen neben Programmen für Hobbies, Ferien, Sport und Politik. Man erwartet von ihnen, daß sie sich in ihren Grenzen halten, und jene, die zuweilen eine religiöse Einstellung bekunden, werden aufgefordert, den Unterschied zwischen solchen Haltungen und anderen, die ihrem Engagement in anderen Lebenswelten gemäß sind, zu wahren. Der Supermarkt der Ausbruchsversuche hält Sinn neben dem wahren Selbst feil. Unter Hinweis etwa auf solche Erfahrungen, die wir als ›momentane Flips aus der Realität‹ beschrieben, wird dem Menschen eingeredet, er könne sich dramatisch eines Mittels versichern, das alle Aspekte seiner Existenz integrieren würde. Alles würde ›an seinen Platz rücken‹ – die Ungereimtheiten, Paradoxien und Widersprüche würden sich zu einem Muster arrangieren. Ehe, Arbeit, Sexualität und Tod würden begreifbar durch eine einzige Formel. Wir müssen nur Abstand vom Leben nehmen, um seinen Sinn zu finden.

Es gibt viele symbolische Vokabularien, die einen roten Faden von Sinn durch unsere pluralisierten Lebenswelten zu ziehen versuchen. Jedes von ihnen beschränkt sich auf gewisse Merkmale unter Ausschluß anderer und erklärt einzig diese Merkmale für wichtig. Sinn, so suggerieren sie, liegt in der Natur, in der Weisheit unseres Körpers, in einem höheren Bewußtsein, im Wesen der ökonomischen Verhältnisse, in der Liebe, die wir zu anderen empfinden. Doch jedes Vokabular von Symbolen erfreut sich nur einer prekären und oft vergänglichen Transzendenz über die Welt, die es zu umgreifen sucht. Denn kaum daß ein neues Vokabular verkündet ist, so wird es auch schon nach bestimmten Elementen abgeklopft, die sich in die bestehenden Lebenswelten einpassen lassen. Statt unsere Welt zu verwandeln, wird das neue Symbolsystem in sie hineingezogen und verstümmelt. Ökonomistische Phrasen dekorieren die Poster in unserem Schlafzimmer, Sentenzen aus dem Vokabular der Mystik sind in die Rocksongs aus der Musikbox eingesponnen, Konzepte aus dem Vokabular des Pantheismus nutzt die Zigarettenwerbung, um uns zu reizen. Statt all die verschiedenen Welten zu integrieren, werden die neuen Vokabularien in die Grammatik des Alltagslebens aufgesaugt. Sinn erweist sich als ebenso illusorisch wie das wahre Selbst.

Fortschritt

Der dritte verlockende Wegweiser verspricht höhere Formen von Glück durch Fortschritt und Neuerung. Dies ist eine altvertraute Verheißung. All die Karrieren, die unseren Lebensplan ausmachen, enthalten Hoffnung auf Fortschritt: mehr Bezahlung, bessere Stellung bei der Arbeit, wachsende Zufriedenheit mit unserer Ehe, zunehmende Zufriedenheit mit unseren Kindern, verbesserte Fähigkeiten in unseren Freizeitinteressen. Und doch helfen diese Fortschrittsversprechungen wenig, das Gefühl eines Stillstands abzuwehren. Wir beobachten die Leere der Fortschritte, die andere erzielen, und wenn wir dies sehen, ist unser Wunsch nach Entwicklung in ähnlicher Richtung schon weniger bündig. Die Arbeit wird keineswegs besser, unsere Ehe bietet kein Mehr an Erfüllung, und unsere Kinder geben keinen Anlaß zu größerer Zufriedenheit. Entwicklung erscheint uns allmählich als bloße Bewegung durch die Zeit, nicht als Übergang zu einem besseren Zustand. Kaum ist die ersehnte Zukunft Gegenwart geworden, verliert sie ihre Attraktion: Diese heillose Unvollkommenheit des Zeitlichen hat Proust als »Irrtum der Seele« erkannt.

Und doch, trotz unserem heimlichen Wissen, wie unzuverlässig der Fortschritt ist, hegen wir die Vorstellung, daß das Glück vor uns liegt, daß wir, könnten wir nur die beherrschende Realität auf diese oder jene Weise ändern, einen Schritt näher beim Nirwana wären. Falls der Fortschritt zum Glück entlang anerkannter Karrierebahnen uns ungewiß erscheint, müssen neue Wege zum Glück gesucht werden. Die Ausbruchswege warten bereits. Die Verheißung von Neuheit durch Eskalation ist allgegenwärtig. Vom Urlaub zu Hause können wir zu Ferien in Europa, Amerika oder Afrika übergehen. Wir können von Alkohol und Marihuana lassen und von LSD über Kokain zu Heroin übergehen. Wir können von pornographischen Heften über Strip Shows und Blue Movies zum Exhibitionismus fortschreiten, unser Hobby vom Speicher aufs ganze Haus ausdehnen, Lottoschein und Wettlokal hinter uns lassen und Rennbahn und Spielkasino besuchen. Wiederholung muß abgelehnt, das Neue begrüßt werden. Nur wenn wir das Leben als Fortschritt erleben, als dauernden Wandel, können wir sicher sein, daß wir auf dem Weg zu persönlicher Befriedigung sind. Doch wiederum wird die Verheißung des Neuen beeinträchtigt durch das *déjà-vu*, durch das Gefühl, daß wir, wie sehr wir auch Schauplatz und Rollen und Requisiten verändern, dennoch von gewissen wiederkehrenden Merkmalen der Szene eingeholt werden, die unseren Versuch, ihre Neuheit zu erhalten, Lügen strafen. Die Scripts holen uns ein. Die Neuheit ist flüchtig.

Innen und Außen

Manche mögen bisweilen für ihre Unzufriedenheit, für ihre Meta-Nörgeleien im Rahmen des Alltagslebens Lösungen finden; das war ja die Bedeutung unseres Kapitels über die Ausbruchsfunktion verschiedener Formen der geistigen Manipulation. Und ähnlich mögen manche behaupten, daß sie ein Gefühl von wahrem

Selbst, von Sinn und von Neuheit in einer oder all ihren vielen Lebenswelten entdecken. Doch den meisten Ausbruchswegen, die wir schilderten, liegt die Vorstellung zugrunde, daß das Heil nur erlangt werden kann, indem man sich *außerhalb* der Gesellschaft stellt. Zu unserem Leben gehört das wiederkehrende Gefühl, daß die Gesellschaft nur teilweise für uns gemacht ist, daß eine Kluft besteht zwischen den von ihr ausgehenden Einladungen und unseren Erwartungen. Wir versuchen, unseren Platz *innerhalb* dieser Gesellschaft zu halten, um die traditionellen Vorteile zu nutzen, die sie bietet; gleichzeitig aber leisten wir ihr Widerstand und erklären, daß wir etwas anderes sind als das, was wir in ihr tun. Dieser paradoxe Insider/Outsider-Status, den die Menschen offenbar anstreben, läßt sich deutlich auf das historische Entstehen eines Individualitätsgefühls zurückverfolgen. Denn historisch ist Individualität als eine gegen die Gesellschaft gekehrte Haltung entstanden. Im 18. Jahrhundert richtete diese Haltung sich gegen die traditionellen Institutionen. Die Menschen sollten von diesen Institutionen befreit werden, damit ihre gemeinsame Individualität – ihre Gleichheit – zum Vorschein käme. Im 19. Jahrhundert richtete diese Haltung sich nicht mehr gegen historische Institutionen, sondern gegen die anderen Menschen. Man differenzierte sich gegen andere Mitglieder der sozialen Gruppe.

So extrem ist diese Individualität geworden, daß die Vorstellung, ›etwas Eigenes zu machen‹ – einstmals das sträflich antisoziale der Ideale –, heute zu einem positiven ethischen Prinzip erhoben werden konnte. Das Selbstsüchtige an diesem Prinzip ist die Selbstsucht nach dem Selbst. Die Gesellschaft – soziale Institutionen, Objekte, Beziehungen – hat uns unser Selbst genommen, und wir haben jedes Recht, es uns wieder anzueignen. Das Ethos des possessiven Individualismus (›bürgerlicher Individualismus‹, wie er mitunter genannt wird) nimmt für viele von uns die Stelle des possessiven Materialismus ein: Die kollektiven und individuellen Ausbruchswege, die wir hier schilderten, sind für jene, denen das Selbst das einzige ist, was wirklich zählt, wahre Expeditionsschienen der Repossession.

»Daß das Leben in einem weiteren Kreise und die Wechselwirkung mit ihm an und für sich mehr Persönlichkeitsbewußtsein entwickelt, als es in einem engeren Kreise wächst, liegt vor allem daran, daß die Persönlichkeit sich gerade durch den *Wechsel* der einzelnen Gefühle, Gedanken, Betätigungen dokumentiert.«[9]

Die moderne Individualität gilt uns als etwas, das wir in zahllosen Kontakten unserem Alltagsleben abringen. Es ist ein Besitz, den wir langsam aufbauen, indem wir die Unterschiede zwischen uns und anderen Menschen betonen und uns bewußt vom Engagement in bestimmten Interaktionen und Aktivitäten zurückhalten. Wir sind Mitglieder der sozialen Welt, doch unsere Individualität konstruieren wir allein aus Zeichen, die uns bedeuten, inwiefern wir anders sind als die anderen.

Das Wesen unserer Unzufriedenheit mit der Welt und den Zielen, die wir anstreben, um solcher Unzufriedenheit zu entgehen, ist bestimmt durch diese moderne Konzeption von Individualität. Routine und Repetition werden zu Hauptfeinden, denn »je gleichmäßiger und unbewegter das Leben fortschreitet, je weniger sich die Extreme des Empfindungslebens von seinem Durchschnittsniveau entfernen, desto weniger stark tritt das Gefühl der Persönlichkeit auf.«[10] Wahres Selbst, Sinn und Fortschritt werden uns Ziele, weil das Erreichen eines jeden von ihnen unsere individuelle Transzendenz über den sinnlosen, repetitiven, seelenlosen Charakter der vielen Lebenswelten, die wir bewohnen, reflektiert. Indem wir uns emsig auf Ausbruchsrouten tummeln, suchen wir uns in Gedanken zu konstruieren, was uns in der Welt nicht sichtbar wird. Wir versuchen, Freiräume zu schaffen, in denen unsere Individualität, nachdem wir sie der Gesellschaft abgerungen, nun eine gewisse Immunität genießen kann.

Die Fähigkeit der Gesellschaft, gerade jene Bereiche zu kooptieren, zu infiltrieren und zu sabotieren, die wir heilig zu halten gedachten, um in ihnen Sinn, Fortschritt und Selbst zu entdecken, hat in diesem Jahrhundert zugenommen. Kaum ist ein neuer Weg zum wahren Selbst ausgemacht, da wird er schon im Supermarkt der Ausbruchsversuche abgepackt und feilgeboten; kaum artikuliert sich ein neues Sinn-Vokabular, so wird es von Kalendermachern und Schallplattenproduzenten nach Konzepten und Parolen geplündert; kaum haben wir angefangen, in gänzlich neuer Weise zu handeln, da sehen wir schon am Horizont die Massen der anderen, die jede unserer Taten nachahmen.

Nie zuvor hat das Leben uns so viele Möglichkeiten geboten, unsere frischgewonnene Individualität zu artikulieren. Paradoxerweise jedoch dient die Nutzung einer oder aller dieser Chancen vielleicht nur dazu, das Gefühl der Sinnlosigkeit, Routine und Repetition wieder einzuführen, gegen das wir ursprünglich unsere

Individualität etablierten. Unter diesen Umständen meinen manche, daß nur extreme Ausbruchsversuche Erfolg haben werden. Nur die heftigsten, surrealsten Bestrebungen könnten der Kooptierung widerstehen.

Es ist wohl nicht zu weit hergeholt, wenn wir solch kausale Beziehungen zwischen den Paradoxien des Individualismus und der Zunahme gewisser extremer Formen des Verbrechens und der Abweichung annehmen. Das Ethos des possessiven Individualismus feiert den Wert der individuellen Identität; aber die Marktwirtschaft des fortgeschrittenen Kapitalismus kann nicht jedermann mit der Ware versorgen. Der Kampf um Identität kann noch erbitterter geführt werden als der Kampf um materielle Güter, weil jeder Sieg so kurzlebig ist und uns gescheitert, durch das Warenspektakel kooptiert zurückläßt. Nur die ungemein Starken, Begabten oder Reichen können mithalten; die Ärmeren unterliegen im darwinistischen Kampf um Identität, und ihre Bedürfnisse werden in ganz realem Sinn frustriert. Dies sind Maslows Metabedürfnisse: Wenn das Bedürfnis nach Nahrung, Sicherheit und materiellem Wohl befriedigt ist, folgen sexuelle ›Bedürfnisse‹, die wiederum abgelöst werden vom Bedürfnis nach Selbstachtung und sozialer Anerkennung und schließlich nach Einmaligkeit.

Eine wachsende Zahl von Individuen sieht diese ihre Metabedürfnisse unbefriedigt; sie werden zu Außenseitern und Kriminellen, zu Heimatlosen unserer Gesellschaft.[11] Sie sind zu intelligent und haben zu viel von der Ideologie des Individualismus angenommen, um sich als wertlose Nichtentitäten zu akzeptieren, dazu bestimmt, in trostlosen Jobs und betäubender Häuslichkeit begraben zu sein. Aber sie sind nicht fähig, sich durch irgendeine sozial akzeptierte Form der Identitätsarbeit zu bestätigen. Wie Raskolnikow, wie Barbusses Held, wie all die anonymen Undergroundtypen, die die Helden der existentialistischen Schreckensliteratur sind, haben sie keinen besonderen Genius, keine besonderen Talente, vielleicht nicht einmal viel Phantasie.

Aus diesem Reservoir kommen womöglich die Täter der sogenannten sinnlosen Morde in diesem Jahrhundert. Während ältere Motive wie Habgier und sexuelle Passion immer noch dominieren, steigt die Zahl der Außenseitermorde – symbolische magische Akte, die kurzschlüssige Abkürzungen zu kulturellen Lösungen der Individualität sein wollen. Dies sind, wie Colin Wilson sagt, Morde aus Ressentiment: eine Wut gegen die Gesellschaft, die sich im grundlosen Akt der Grausamkeit ausdrückt. Leute wie Manson und Brady, vor allem wohl der einsame Heckenschütze, der auf einen Turm steigt, um aufs Geratewohl in die Gegend zu feuern (man erinnere sich an den puren surrealistischen Akt), sind die Symbole unserer Zeit. Sie bringen Dostojewskijs literarische Mörder zu neuem Leben. Was Raskolnikow und Stawrogin erlitten, war Überdruß. Dostojewskij hatte die Möglichkeit eines Verbrechens nicht aus Zwang, sondern aus Leere begriffen, und er ahnte auch die Verbindung zwischen Überdruß – der Stagnation verschwendeter Tage, Öde und rasendem Ekel vor sich selbst – und dem Problem der Individualität. In seinen *Aufzeichnungen aus einem Totenhaus* erklärt er einen unvorhersehbaren Akt der Gewalt: »[...] vielleicht der einzige Grund für diesen plötzlichen Ausbruch eines Mannes, von dem wir es am wenigsten erwarteten, ist ein gepeinigter, fiebernder Ausdruck seiner eigenen Individualität.« Wir können nur spekulieren, daß die Kombination von weiterer Ausbreitung der Ideologie des possessiven Individualismus mit zunehmender Institutionalisierung der Ausbruchswege für immer mehr Menschen unerträglich werden wird.[12] Diese Ausbrüche werden immer extremer sein müssen.

Eine komische Lösung

Es geht wohl nicht an, daß wir zum Schluß unserer Führung durch die Galerie der Ausbruchsversuche eine Übernahme so extremer Lösungen empfehlen. Die Lichtstrahlen, die sie vielleicht aussenden, werden allzu rasch von den Schatten der Irrenstation, der Gefängniszelle, des Hinrichtungsschuppens ausgelöscht. Als Alternative wollen wir ein Comic-Szenario entwerfen, das auf den weniger extremen Ausbruchsversuchen beruht, wie wir sie auf diesen Seiten schilderten, ein Szenario, das gleichwohl unsere Feststellungen über Routine, Repetition, Phantasie und Freiräume ernst nimmt, das aber doch nicht jene, die danach handeln, gänzlich außerhalb der Gesellschaft stellt. Zu diesem Modell gehören die kalkulierte Unterbrechung, Erweiterung und sogar Abschaffung vieler Lebensformen, vieler Erfahrungskategorien, die wir auf diesen Seiten dargestellt haben. Natürlich geben wir es nicht als buchstäbliches Lebensmodell aus, sondern eher als Erinnerung an die Strukturiertheit der beherrschenden Realität. Gleichzeitig mag es all die verschiedenen Arten, mit den Problemen der Identität und Realität fertig zu werden, die wie ein Refrain unsere Diskussion begleiteten, zu einem kollektiven Comicstrip zusammenbinden.

Der fiktive Held dieses Comicstrip widmet sich vor allem den Problemen der Routine. Was kann man da machen? Glücklicherweise gibt es bereits ein Handlungsmodell, das auf ihn wartet. Luke Rhineharts nationale ›Gewohnheitsbrechwoche‹ läßt sich noch ausbauen. Getreulich nach dessen Regieanweisungen steht er also des Morgens auf, trinkt eine Tasse Ovomaltine, ißt ein herzhaftes Frühstück aus Speckpfannkuchen und klettert dann aus dem Schlafzimmerfenster, um auf Rollschuhen auf einem bisher unbekannten Weg zur Arbeit zu laufen. Den Tag über wird jede Albernheit aktiv begrüßt, da sie hilft, die Routine zu bekämpfen. Vorwürfe wegen ›Kinderei‹ sind besonders willkommen als Anzeichen des Erfolgs, ebenso die Empörung der Kollegen über derlei unerhörte Attacken auf selbstverständliche Routinen.

Aber Gewohnheitbrechen allein ist nicht genug. Die konventionellen Formen der geistigen Manipulation müssen ebenso ungeniert eingehalten werden wie die Routinen selbst. Wenn also Routine regiert, demonstriert unser Saboteur Selbstbewußtheit. Entdeckt er Kollegen gedankenlos beim Waschbecken, läßt er sich lang und breit über die Relativität unserer Hygienebräuche aus. Begegnet er anderen Kollegen, die dabei sind, sich von ihrer Arbeit zu distanzieren, beweist er totales Engagement für die Aufgabe und erklärt, daß es sein wirkliches Lebensziel sei, als Kontokorrentbuchhalter erfolgreich zu sein. Nur hinter dem Schreibtisch ist er voll bei der Sache. Falls seine Partnerin bei der Liebe den leisesten Anflug von Selbstbewußtheit oder Aktivität zeigt, verweigert er die Introspektion, macht die Eskalation der Metabewußtheit nicht mit und tut so, als sei Reflexion in dieser Situation völlig fehl am Platz, indem er sich ohne jede Selbstbeobachtung für die Sache engagiert. Liebe macht er so sorglos, wie er sich rasiert. Das Streben nach Neuheit und Fortschritt muß natürlich aufgegeben werden. Nie erwartet er, daß das Leben besser wird, das Glück zunimmt oder Beziehungen sich entfalten. Er begrüßt die Wiederholung, freut sich daran, wie sein Leben den herrschenden gesellschaftlichen Scripts nahekommt, schwelgt darin, wie Fernsehprogramm und Reklame Merkmale seines Lebens reproduzieren. Statt sich zum Beispiel vom ›Erfolgreich-Verlieben‹-Script zu distanzieren, hängt er sich aktiv immer und immer wieder in die gleichen

Verhaltensweisen. Statt das Gefühl des *déjà-vu* zu verdrängen, wenn Beziehungen degenerieren, begeistert er sich an der Wiederkehr des Altvertrauten. Im Kreis herum zu laufen, ist seine größte Lust.

Und sobald eine Phantasie sein Denken beherrscht, sucht er sich sofort Leute, um sie mit ihnen zu diskutieren. Beharrlich erzählt er den Nachbarn seine bizarren Einfälle und fordert, sie sollten dasselbe tun, und zwar in jeder Situation, sei es eine Aufsichtssratsitzung oder ein Bewerbungsgespräch. Die Innenwelt muß für ihn so öffentlich sein wie die äußere. Auch läßt er nicht zu, daß seine Phantasien bloße Begleitmusik seines Lebens sind, Stopper, Starter oder Erhalter. Sie werden zwanghaft um ihrer selbst willen gepflegt; besondere Zeiten sind ihrem positiven Kult vorbehalten. In der Kaffeepause schildert er regelmäßig seine Masturbationsphantasien.

Jeglicher Enklavierung von Freiräumen leistet er Widerstand. Er sieht die Arbeit als Hobby und sein Hobby als Arbeit an, schwärmt dauernd von seinen Leistungen im Büro, aber beklagt sich bitter über den Zwang, nach Hause zu gehen und an seinem Modellflugzeug weiterzubasteln. Urlaub läßt er ausfallen oder er nimmt ihn zu ungewöhnlichen Zeiten, in Pensionen im Herzen des Kohlereviers. Macht er einmal einen Ausflug, dann wandert er von Didcot nach Slough oder von Wuppertal nach Gelsenkirchen, immer die Hauptverkehrsstraßen entlang, und eine Autopartie mit ihm führt stets in Kreisen rund um die Stadt auf der Ringautobahn. Durch solche Hilfsmittel wird immer wieder und vorsätzlich ein Zustand totaler Langeweile erzeugt.

Sein Alter ist unbestimmt. Bei der Arbeit hopst und springt er zu den Rhythmen der Rolling Stones, und zu Hause lauscht er Vera Lynns melodischen Weisen aus dem Stereo. Zur Arbeit wirft er sich in verschlissene Jeans und Hippieketten, zu Hause jedoch trägt er einen stilvollen Smoking, mit scharlachner Schärpe. Er hat viele Namen; heißt Douglas bei seiner Frau, Luigi bei seiner Geliebten, aber Vince bei den Kollegen im Werk und Prof für die Zufallsbekanntschaften in der Bar.

Das Wort ›wirklich‹ existiert nicht in seinem Wortschatz. Niemals ist er ›wirklich verliebt‹, ›wirklich glücklich‹, ›wirklich deprimiert‹. Jede Lebenswelt wird strikt separat gehalten – eine ist ihm so wichtig wie die andere. Es gibt keine Übergänge von einer zur anderen, keine Erwähnung der einen in einer anderen, keine

Übertragung von Gefühlen von Situation zu Situation. Er hat kein Interesse, irgend etwas zusammenzufügen; es ist seine Lust, die Dinge auseinanderzureißen. Statt Erklärungen und Zusammenhängen bevorzugt er Differenzierung und Dissonanz, nicht eine Identität, sondern viele, nicht ein Sinnsystem für alle Lebensaspekte, sondern für jeden Aspekt eines.

Zu alledem nimmt er Drogen und Würfel zu Hilfe. Der Würfel rollt, um zwischen Alternativen zu entscheiden, um Handlungsabläufe zu unterbrechen, um die Idee der biographischen Determiniertheit Lügen zu strafen, um in Identität, Alter und Verhalten Unberechenbarkeit einzubringen. Drogen nimmt er, um unangemessene Stimmungen und Gefühle auszulösen – schwere Depressionen bei der Liebe, transzendentale Halluzinationen von ozeanischer Wonne beim Kontenaddieren.

Unser Comic-Held gleicht manchen Typen des wirklichen Lebens in seiner unbekümmerten Entschlossenheit, aus Aspekten der beherrschenden Realität auszubrechen, in seiner Weigerung, nach Neuheit, Fortschritt und Sinn zu suchen, in seiner glücklichen Hinnahme multiplen Selbstseins in pluralisierten Lebenswelten. Manchmal scheint er ein Kind zu sein. Das schickt sich gut für jemand, der Phantasien explizit lebt, für den jeder Aspekt des Lebens gleiche Bedeutung hat, dem ein einheitliches Konzept von Identität fehlt. Dann wieder erinnert er uns an einen Verrückten. Auch dies schickt sich für einen, dessen Stimmungen nicht den Situationen entsprechen, der in Brüchen und Trennungen schwelgt, für den die Realität Illusion ist. Und wenn wir andere Bestandteile seines Verhaltens betrachten, seinen Glauben an den Zufall, seine exzentrischen Ferien, das Vermischen der Kategorien, dann erinnert es uns an die wilderen Possen mancher Surrealisten. Wie könnte es auch anders sein? Denn wie jene steht er im Aufstand gegen die als selbstverständlich geltenden Elemente des Alltags. In ihnen erblickt er den Grund der Unterdrückung, den Ursprung der modernen Unzufriedenheit.

Doch trotz aller Verwandtschaft in Temperament und Verhalten kann er schwerlich ein Vorbild für andere Menschen abgeben, die sich vielleicht durch den mangelnden Zusammenhalt zwischen ihren Idealen von Sinn und Identität und der Beschaffenheit des Alltags gefangen fühlen. Jeder, außer vielleicht einem Kind oder einem Verrückten, der auch nur einen kleinen Teil seiner Mittel zur Störung der beherrschenden Realität, zur Vernachlässigung der

Lebenspläne übernähme, würde rasch jener sozialen Ächtung verfallen, die andere extreme Ausbrecher erfahren haben. Und sollte die Zahl solcher Menschen so zunehmen, daß ihre Abweichung weniger evident und ihre Ächtung weniger unvermeidlich wäre, dann hätten wir damit lediglich eine neue beherrschende Realität geschaffen, ein neues Gefüge von Regelhaftigkeiten, ein neues Ensemble von Enklaven – jede mit der ihr angemessenen emotionalen Tönung und dem entsprechenden Stil der geistigen Manipulation.

Gleichwohl wäre vielleicht ein kleiner Sieg errungen. Dergleichen Reorientierung in unserer Haltung zum Leben würde uns immerhin zwingen, illusorische Ziele wie ›wirkliche Identität‹, ›wahrer Fortschritt‹, ›höherer Sinn‹ und ›echte Neuheit‹ aufzugeben. Sie würde ein pluralisiertes Bewußtsein erzeugen, das unserer zwangsläufigen Erfahrung der Welt entspräche. Wir würden dann weniger vom Gefühl befallen, daß das Leben eine Bürde oder ein Gefängnis ist. Wir würden uns zu Hause fühlen in einer Welt des Widerspruchs und der Zweideutigkeit, der Monotonie und der Wiederholung. Wir würden nicht mehr getäuscht durch Versprechungen der Selbstverwirklichung in der Welt, wie sie heute beschaffen ist, wir würden dann klarer erkennen, daß die fundamentale Armut des menschlichen Lebens in der modernen Realität endemisch und mit den von dieser Realität gebotenen Mitteln nicht abzuschaffen ist.

Revolution?

Irgendwo in den soziologischen und politischen Texten, die wir zu Rate zogen, bevor wir dies Buch schrieben, sind die Anfänge einer emanzipatorischen Theorie für die bewußte Transformation des Alltagslebens in der modernen kapitalistischen Gesellschaft versteckt. Es gibt viele Gründe, warum wir Theorien, Rhetorik und Manifeste dieser Art vermeiden wollten: eine Vorliebe für das Konkrete statt für das Abstrakte, die größere Leichtigkeit, über Individuen statt über Gesellschaften zu reden, der Wunsch, zu klassifizieren und zu beschreiben statt noch eine weitere umfassende Theorie zu produzieren, der Entschluß, endlose Exegesen über diese oder jene Spielart des Marxismus zu umgehen. Vor allem aber aus Respekt vor den Alltagskämpfen, die diese Theorien kühn ignorieren, indem sie auf das falsche Bewußtsein der Massen hinweisen. Jetzt aber müssen wir wenigstens jene Theorien zur Kenntnis nehmen, die solche Alltagskämpfe nicht aufgrund der Probleme ›mißverstandener Identität‹ für verloren halten, sondern weil sie nicht Bestandteil jener Revolutionierung des Bewußtseins sind, die Marx vorschwebte.

Diese Theorien gründen auf den Schriften von Reich, Marcuse, den Surrealisten, den Internationalen Situationisten: auf Versuchen, den Marxismus als Kritik des Alltagslebens zu rekonstituieren. Sie gehen von der Einsicht aus, daß mit dem Kampf gegen ökonomische und politische Ausbeutung eine gleichzeitige Bewegung der Bewußtseinsveränderung einhergehen muß. Die Menschen sind in der Verdinglichung befangen: Solange eine Anschauung herrscht, die die institutionellen Determinanten der Ausbeutung und Unterdrückung als gegeben und natürlich hinnimmt, kann keine Alternativrealität vorgestellt werden. Der klassische Marxismus versäumte es, diese subjektiven Barrieren der revolutionären Veränderung in seine Kritik einzubeziehen, ein Versäumnis, das noch deutlicher wird durch den Quietismus der organisierten Arbeiterpolitik und die spektakulären Bewegungen der kulturellen Erneuerung (die Eupsychien der gegenkulturellen und Identitätsbefreiungs-Gruppen).

Es war Freuds ursprüngliche Intention einer Befreiung durch Selbstbewußtheit, die Marcuse, Reich, die Frankfurter Schule – und, in anderer Weise, die Surrealisten – auf die Verbindung zu Marx' Ziel der gesellschaftlichen Befreiung durch totale Bewußtmachung von Gesellschaft und Geschichte hinwies. Reich zum Beispiel wollte eine Bewegung, die Sexualpolitik in die konventionelle revolutionäre Politik einbezog, die den Angriff auf die autoritäre Familienstruktur und Sexualmoral mit der Attacke auf das ökonomische System kombinierte. Marcuse ging über Reichs simple Sexpol-Bewegung hinaus und wies nach, daß die bloße Erweiterung sexueller Freiheit keine revolutionären Konsequenzen hätte und in Kommerz, Unterhaltung, Reklame und politische Propaganda integriert werden könne.

Wie lebensfähig sind solche Versuche einer revolutionären Erneuerung des Alltagslebens? Ihr Hauptproblem ist, daß sie von Annahmen über die Identität im Sinn des ›wahren Selbst‹ ausgehen, besonders wenn sie die Existenz ›realer‹ Bedürfnisse postulieren, die unter dem Kapitalismus unerkannt oder unterdrückt bleiben. Gewiß muß schon etwas Außerordentliches geschehen, um solche nichtrepressiven Bedürfnisse zu Bewußtsein zu bringen und neue Bedürfnisse zu emanzipieren. Diese Literatur redet von der Notwendigkeit, die menschliche Psyche zu entwickeln und zu verbessern: »Im Wesen der menschlichen Bedürfnisse muß eine qualitative Veränderung eintreten, die bis in die Tiefen der biologischen Binnenstruktur und der Persönlichkeit reicht und eine Veränderung bestehender Formen und Inhalte menschlichen Lebens in qualitativ neue Lebensformen verlangt.«[13]

Doch wie sollen diese radikalen Veränderungen eintreten? Parolen gibt es viele: durch eine ›kritisch-revolutionäre Wissenschaft‹, eine ›multidimensionale revolutionäre Planung‹, eine ›neue kulturelle Praxis‹, eine ›Praxis, die die Selbsttransformation der Individuen ermöglicht‹. Da sind wir wieder auf dem Supermarkt des Selbst: In revolutionären Jargon und obligatorische Zitate ist dieselbe Verheißung verpackt, die hinter unseren anderen Ausbruchsversuchen stand: »die Entstehung des embryonalen sozialen Selbst, das unter den Abwehrmechanismen begraben liegt, [...] die das Individuum entwickeln mußte, um in einer atomisierten Gesellschaft zu überleben.«[14] Und all dies soll erreicht werden durch die neuen Kleingruppenerfahrungen: Affinitätsgruppen, Kommunen, Consciousnessraisinggruppen. Diese sollen mikropolitische Grundlagen für die Bildung neuer revolutionärer Kultur, neuen Bewußtseins schaffen. Doch selbst die engagiertesten Befürworter dieser Umwälzung sind sich ihrer Grenzen bewußt. Brown stellt dies in den unseren verwandten Begriffen, wenn nicht in ähnlicher Sprache fest:

> »Angesichts der quasi-imperialistischen Logik, nach der das bürokratische System des kontrollierten Konsums sich ausgebreitet hat – nicht nur räumlich, durch die Vereinheitlichung des Weltmarktes, sondern auch durch die Kolonisierung aller Sphären des täglichen Lebens –, läßt sich der Versuch, die neuen Affinitätsgruppen in ›befreite Gebiete‹ oder Gegengesellschaften zu verwandeln [...], die eine partielle oder lokale Überwindung der Entfremdung und Verdinglichung anstreben, ebenso leicht durch die größere Sozialordnung bändigen oder vereinnahmen wie die individuellen Ausbruchsversuche.«[15]

Richtig. Doch angesichts solcher Kritiken ist es ein Akt energischer, ja fast verzweifelter Hoffnung, hinsichtlich der Chancen einer Kulturrevolution optimistisch zu bleiben. Vielleicht trifft es zu, daß die Revolution »sich durch eine neue Praxis, die nicht nur auf die *Vermeidung* des Alltagslebens, sondern auf seine Veränderung zielt, aktualisieren muß«. Aber wie soll dies geschehen? Für die ›Massen‹ ist das ›befreite Gebiet‹ oder die Kommune nicht einmal eine Möglichkeit, und gewiß wird es sie nicht über die Armut, Entfremdung und Langeweile ihres Alltagslebens hinwegtrösten, wenn man ihnen sagt, daß es zu dessen Verwandlung einer neuen Praxis bedarf. Derlei haben sie schon einmal gehört – und sie werden sich davon schwerlich mehr beeindrucken lassen als durch die Parolen jedes anderen Aufbruchs.

Zwei Schlüsse

Und so schließen wir dieses Buch mit tieferem Nihilismus und Pessimismus als jener milden Skepsis, mit der wir die individuellen Ausbruchsversuche betrachteten. Welche Hoffnung gibt es auf Ausbruch? Die Parole, ›die Dinge zusammenzufügen‹, vorgebracht von den Kommunen der Kulturrevolution, ist illusorisch; die extremen Exponenten des individuellen Außenseiter-Ausbruchs enden zerstört und geschlagen; ein Ausbruchsszenario, beruhend auf unseren Ideen über Phantasie, geistige Manipulation und Freiräume erscheint ebenso lächerlich und ist für die meisten unhaltbar; die revolutionärsten Theorien über das Alltagsleben zeigen alles andere als einen Weg, heute das Alltagsleben zu bewältigen – ohnehin beruhen alle diese Ausbrüche auf Hypothesen über unsere wirklichen Bedürfnisse. Die Realität bietet uns nichts, was hülfe, sie zu bestehen.

Ein solcher Schluß – und wir haben jahrelang versucht, ein gutes Ende für dieses Buch zu finden – verweist unausweichlich auf den grundsätzlichen Pessimismus der soziologischen Tradition zurück. Schicksal ist soziales Schicksal, es gibt keine andere Realität außer der, die wir in der Dichte des sozialen Lebens finden. Es ist der gleiche Pessimismus, wie Freud ihn hegte: Der Wunsch, dem Selbst zu entgehen, ist Teil der Krankheit. Es gibt kein Irgendwohin, weder in der Gesellschaft noch in Gedanken. Und doch...

Unser Buch kann genauso ganz anders enden: mit einer Hommage an das Selbst, einem Lobpreis des Kampfes, sich über das soziale Geschick zu erheben. Aller Skeptizismus und Pessimismus sollten nicht unsere stete Verwunderung und Freude darüber verbergen, wie die Leute sich in diesem Kampf halten, wie sie dauernd versuchen, ihr Selbst der Gesellschaft zu entwinden – nicht spektakulär, meist in der unendlichen Zahl gewöhnlicher, kurzlebiger Formen, über die wir berichteten. Ein enthusiastischer Schluß wie dieser stünde eher in der russischen oder amerikanischen als in der englischen oder europäischen Tradition. Im europäischen Roman ist die Gesellschaft der einzige Raum, wo das Leben errungen wird. In der russischen Tradition und in den großen amerikanischen Romanen gibt es die Ahnung von einem humanen Geist, der eine ganze Gesellschaft im Namen von Individualität, Freiheit, Identität, Integrität, Unabhängigkeit und Authentizität erfassen kann. Dort gibt es stets die Konfrontation: »Der menschliche Geist ist da als ungeheuer faßbare Realität, die jede Behauptung, die materielle Welt sei die letzte Realität, zu erschüttern und zu übertreffen vermag.«[16]

Solche Konfrontation und Ungeduld ist nicht bloß ein beiläufiges Merkmal des modernen amerikanischen Romans (einer der höchstentwickelten Formen von Selbstbewußtheit, die uns interessieren), sondern ist, wie Tanner ausführt, seine zentrale Obsession. Seine Untersuchung der amerikanischen Literatur der letzten zwei Jahrzehnte[17] zeigt immer wieder die gleichen Themen, auf die wir von unserem soziologischen Ausgangspunkt stießen. Da ist der anhaltende Traum, daß das unstrukturierte, unkonditionierte Leben möglich *ist*, doch auch der Alptraum, daß das Leben eben doch strukturiert ist, und in der Welt von Burroughs *Soft Machine* und Hellers *Catch 22* sind diese Strukturen weitaus komplexer und schrecklicher als die simplen sozialen Scripts unseres dritten Kapitels. Die Helden so unterschiedlicher Romanciers wie Bellow, Updike, Burroughs, Barth, Vonnegut, Heller, Roth und Mailer sind in einer beherrschenden Realität gefangen, die sie als Folge von manifest falschen Scripts, Filmen und Fiktionen sehen. Doch der Wunsch, sie zu verlassen und in einen Freiraum einzutreten, wird kontrolliert durch die Furcht vor dem, was in einer derart formlosen Welt, einer Welt ohne die Sicherheit sozialer Konventionen, geschehen könnte:

> »[...] die Furcht vor äußerster Formlosigkeit, davor, ein weiches, verletzliches, endlos manipulierbares Klümpchen zu sein, kein unterschiedenes Selbst zu sein. Der Alptraum der Nichtidentität, der Nichtform kehrt immer wieder. Andererseits wird jedes Gerüst, das dem Gallert oder dem Ton Form und Definition geben könnte, gleichzeitig als einkerkernde tödliche Beengung empfunden.«[18]

Tanner beschreibt, wie Hawthorne – ein Romancier aus viel früherer Zeit – die wahre Geschichte eines Mannes namens Wakefield interpretierte, der eines Tages aus keinem ersichtlichen Grund einen plötzlichen Ausbruchsversuch unternahm. Er ging aus dem Haus, gab seiner Frau keine Erklärung und lebte die nächsten zwanzig Jahre verborgen in einer benachbarten Straße. Dann kehrte er eines Tages in sein altes Haus zurück, als wäre er nur ein paar Stunden fortgewesen. Hawthornes Moral lautet:

»Inmitten der scheinbaren Wirrnis unserer materiellen Welt sind die einzelnen so glatt in ein System und diese Systeme ineinander und in ein Ganzes eingepaßt, daß ein Mann, indem er für einen Moment beiseite tritt, sich dem furchtbaren Risiko aussetzt, seinen Platz für immer zu verlieren. Wie Wakefield kann er gewissermaßen der Geächtete des Universums werden.«

Die jüngeren Helden der amerikanischen Literatur – wie die Helden unseres Buches – sind sich dieser Gefahr nur zu bewußt. Auf das Gefühl, daß die Gesellschaft ein willkürliches System ist – in Updikes Worten: eine »kompromittierte Umwelt« –, aus dem man einfach auszubrechen versucht, folgt immer die Erkenntnis, daß man, »für einen Moment beiseite tretend«, vor dem Nichts steht. Die Enklaven, Freiräume, Ausbruchsvisionen könnten sich zu Gallert auflösen – doch die zurückgelassene Identität ist ein Gefängnis. Und so schwanken diese Helden zwischen völliger Untätigkeit und sinnlosem Rollenspiel. Sie versuchen, sich zu befreien; aber dann sind sie in neuen Engagements gefangen und mühen sich, wieder in die Welt einzutreten. Manchmal finden sie Öffnungen, verborgene Lücken in der sozialen Struktur; öfter suchen sie in der Phantasie Zuflucht. Aber sie glauben immerhin – und hier bekennen auch wir uns zu dem optimistischen Thema, das Tanner entdeckt –, daß es zwischen Untätigkeit und Engagement einen Raum persönlicher Freiheit gibt. Und wieder sehen wir, wie diese Helden das Gefühl der Bewegung feiern:

»Wie Conrads Axel Heyst streben sie danach, ›unverletzlich, weil flüchtig‹ zu sein. Der Tanz an der Peripherie führt vielleicht nirgendwo hin, doch wenigstens zelebriert er eine Weigerung gegen den Schlaf, einen Widerstand gegen den Stillstand; eine Bewegungsform erweist sich als Weg, vielleicht als einziger Weg des Lebens.«[19]

Einen Schluß, der sich zu diesen literarischen Möglichkeiten bekennt, finden wir tröstlicher als unseren nihilistischen – selbst wenn er vielleicht auf einem Mißverständnis von Identität beruht.

Wir ziehen es vor, das Selbst als Konstrukt aufzufassen, das nur lebendig wird, indem es wachsam, flüchtig, mobil bleibt und Distanz zur sozialen Realität hält. »Ich breche aus, darum bin ich« ist letztlich die einzige Botschaft, die wir anbieten können. Gewiß eine Ideologie des Individualismus, und es wäre absurd zu behaupten, daß wir nicht selbst ihr anhingen und daß sie nicht der gleichen rücksichtslosen Relativierung zu unterziehen wäre, der wir andere Ideologien ausgesetzt haben. Dieser Individualismus – das hartnäckige Festhalten an der Idee eines separaten Selbst – ist dekadent und reaktionär; seine Radikalität ist nicht instrumentell, sondern expressiv, und soweit er politisch ist, zielt er nicht auf strukturelle, sondern auf kulturelle Veränderung.

Die Suche nach Identität, die wir schilderten, drückt ein Bedürfnis aus, die Zeit zu verleugnen, das Gesetz der Geschichte zu ignorieren. Sie muß als Ideologie beschränkt sein, weil die Faktizität der äußeren Welt nicht zu leugnen ist. Wir sind eben nicht in einem freischwebenden Ballon der Identität geboren, sondern in einer bestimmten Zeit und an einen bestimmten Ort. Der Versuch, den Widerstand gegen das Alltagsleben auf die Unverletzlichkeit des individuellen Selbst zu gründen, muß scheitern, weil dieses Selbst in Zeit und Geschichte lokalisiert und in spezifischen sozialen Zusammenhängen verwurzelt ist.

Eine solche Ideologie ist nicht nur politisch beschränkt, sie gewährt auch keinerlei existentiellen Trost. Wir haben die ruinösen Geschäfte einer Gesellschaft eher beschrieben als transzendiert, die den Wert der einmaligen individuellen Identität feiert, ein Selbstbewußtsein, das unsere Gesellschaft nahezu bis zum Pathologischen entwickelt hat. Aber anscheinend ist dies die einzige Welt, die wir kennen.

Anmerkungen

Kapitel 1

1 Saul Bellow, *Deep Readers of the World, Beware!*, in: *New York Times Book Review*, 15. Febr. 1959.

2 Stanley Cohen und Laurie Taylor, *Psychological Survival*, London 1972.

3 Philip Larkin, *Reference Back*, in: *The Whitsun Weddings*, London 1964.

4 Peter L. Berger, Brigitte Berger und Hansfried Kellner, *The Homeless Mind*, London 1974, S. 69f.

5 Peter L. Berger und Thomas Luckmann, *Die gesellschaftliche Konstruktion der Wirklichkeit*, Frankfurt/Main 1969, S. 35.

6 Ibd.

7 Theodore Roszak, *Where the Wasteland Ends*, London 1973, S. 101.

Kapitel 2

1 Zitiert nach Richard Mills, *Young Outsiders*, London 1973, S. 10.

2 Bertrand Russell, *Portraits from Memory and Other Essays*, London 1956, S. 198ff.

3 Winston White, *Beyond Conformity*, Glencoe 1961, S. 154f.

4 William James, *Principles of Psychology*, London 1890.

5 Goffmans klassische Analyse der Rollendistanz zeigt natürlich klar, daß die Versuche des einzelnen, sich von seiner Rolle zu distanzieren (ich bin nicht das, was ich tue), eine tatsächliche Bindung an die Rolle zeigen können. Erving Goffman, *Role Distance*, in *Encounters: Two Studies in the Sociology of Interaction*, London 1972.

6 Georg Simmel, *Die Transzendenz des Lebens*, in: *Lebensanschauung*, München und Leipzig 1922.

7 Erving Goffman, *Asyle*, Frankfurt/M., 1972.

8 Simmel, op. cit.

9 Gregory Bateson, *Style, Grace and Information in Primitive Art*, in: *Steps to an Ecology of Mind*, 1973, S. 101f.

Kapitel 3

1 Sigmund Freud, *Jenseits des Lustprinzips*, *GW* XIII, S. 36.

2 Vgl. Norman O. Brown, *Zukunft im Zeichen des Eros*, Pfullingen 1962.

3 Doris Lessing, *A Proper Marriage*, London 1966.

4 John Gagnon und William Simon, *Sexual Conduct: The Social Sources of Human Sexuality*, 1974. Siehe auch: William Simon und John H. Gagnon, *Sexuelle Außenseiter. Kollektive Formen sexueller Abweichungen*, Reinbek b. Hamburg 1970.

5 Eric Berne, *Spiele der Erwachsenen. Psychologie der menschlichen Beziehungen*, Reinbek b. Hamburg 1967.

6 Gagnon und Simon, op. cit., S. 19.

7 Anthony Powell, *Tendenz: steigend*, in: *Tanz zur Zeitmusik*, Stuttgart 1966.

8 Kenneth Burke, *A Grammar of Motives*, Cleveland (Ohio) 1962.

9 Elizabeth Burns, *Theatricality*, London 1972, S. 11.

10 Eine Kritik besonders an der Vorstellung von ›Spontaneität‹ im Zusammenhang mit der Sexualität geben Gagnon und Simon, op. cit.

Kapitel 4

1 John Irwin, *The Felon,* New Jersey 1970, Kap. 4.

2 Jerome L. Singer, *Daydreaming: An Introduction to the Experimental Study of Inner Experience,* New York 1966, S. 4.

3 Ibd., S. 21.

4 Luke Rhinehart (d.i. George Cockroft), *Der Würfler,* Wien, München 1972.

5 Robert Freed Bales, *Personality and Interpersonal Behavior,* New York 1973, Kap. 7.

6 Singer, op. cit., S. 187.

7 Gore Vidal, *On Pornography,* in: *Sex, Death and Money,* New York 1968, S. 1.

8 Peter L. Berger und Thomas Luckmann, *Die gesellschaftliche Konstruktion der Wirklichkeit,* a.a.O.

9 Georg Simmel, *Das Abenteuer,* in: *Philosophie und Kultur. Gesammelte Essays,* Leipzig 1911.

10 John Gagnon und William Simon, *Sexual Conduct: The Social Sources of Human Sexuality,* a.a.O., Kap. 9.

11 Herbert A. Otto, *Fantasy Encounter Games,* New York 1972.

12 Barry Malzberg, *Screen,* New York 1970, S. 96.

Kapitel 5

1 Hier genügt ein Hinweis auf Goffmans großartige Schilderung, wie das Glücksspiel für Identitäts- und Charakterarbeit eingesetzt wird. Siehe Erving Goffman, *Where the Action is,* London 1969.

2 Georg Simmel, *Das Abenteuer,* in: *Philosophie und Kultur. Gesammelte Essays,* Leipzig 1911.

3 John Gagnon und William Simon, *Sexual Conduct: The Social Sources of Human Sexuality,* a.a.O., Kap. 2.

4 Peter L. Berger, Brigitte Berger und Hansfried Kellner, *The Homeless Mind.* London 1974, S. 181.

5 Gagnon und Simon, op. cit.

6 Dean MacCannell, *Staged Authenticity: Arrangements of Social Space in Tourist Settings,* in: *American Journal of Sociology,* Vol. 79, No. 3, 1973, S. 602.

7 Ibd., S. 596.

8 *A Bit of What You Fancy Does You Good* lautete der Titel von Carol Wrights Artikel in *High Life,* August 1973.

9 MacCannell, op. cit., S. 601.

10 Ibd., S. 602.

11 Wir danken David Bouchier, der uns seine unveröffentlichten soziologischen Beobachtungen als Planer und Expeditionsleiter bei solchen Urlaubsreisen zur Verfügung stellte.

12 Simmel, op. cit.

13 Guy Debord, *Society as Spectacle,* Paris 1967.

14 James MacBean, in: *Sight and Sound,* Sommer 1971.

15 Pauline Kael, *I Lost It at the Movies,* London 1966. Siehe auch Parker Tyler, *Magic and Myth of the Movies,* New York 1971.

16 Zitiert nach Hans Richter, *Dada – Kunst und Antikunst. Der Beitrag Dadas zur Kunst des zwanzigsten Jahrhunderts.* Nachw. Werner Haftmann, Köln 1964.

17 Bruce L. Maliver, *Encounter Groups Up Against the Wall,* in: *New York Times Magazine,* 3. Jan. 1971.

18 Eleanor Criswell, *Overcoming Our Metagrumbles,* in: *The Great Escape,* New

York 1974, S. 15.

19 Alan Watts, *Psychotherapy East and West,* New York 1973, S. 15.

20 Ibd., S. 14.

Kapitel 6

1 Norman O. Brown, *Zukunft im Zeichen des Eros,* 1968, a. a. O.

2 Erik Erikson, *Kindheit und Gesellschaft,* Stuttgart 1961.

3 Brown, op. cit.

4 Raoul Vaneigem, *Banalités de Base,* in: *International Situationiste,* No. 7, Paris 1962.

5 Richard Neville, *Play Power,* London 1970, S. 258.

6 Ibd., S. 263.

7 Peter L. Berger, Brigitte Berger und Hansfried Kellner, *The Homeless Mind,* a. a. O., S. 193f.

8 Andrew Rigby, *Alternative Realities,* London 1974, S. 305.

9 Die in diesem Abschnitt wiedergegebenen Beobachtungen verdanken wir Philip Abrams' und Andrew McCulloghs unveröffentlichter Untersuchung über Kommunen in England.

10 Dargestellt bei Rosabeth Moss Kanter, *Commitment and Community, Communes and Utopias in Sociological Perspective,* Cambridge, Mass. 1972, S. 18ff.

Kapitel 7

1 William James, *Die religiöse Erfahrung in ihrer Mannigfaltigkeit. Materialien und Studien zu einer Psychologie und Pathologie des religiösen Lebens,* Leipzig 1914.

2 John Lilly, *The Centre of the Cyclone: An Autobiography of Inner Space,* New York 1972.

3 James, op. cit.

4 Aldous Huxley, zitiert bei Sybille Bedford, *Aldous Huxley: A Biography,* London 1974, Bd. 2, S. 117.

5 Zitiert nach James, op. cit.

6 James, op. cit.

7 Allerdings geht es bei Debatten wie der klassischen zwischen Zaehner und Huxley darum, ob übernatürliche Erfahrungen, wie sie durch Drogen wie LSD und Mescalin ausgelöst werden, die ›selben‹ seien wie spezifisch religiöse Erfahrungen. Zaehner vertritt die Ansicht, daß Drogen zwar das Bewußtsein verändern und buchstäblich ekstatische Zustände herbeiführen können, daß diese Wirkungen aber religiöse Surrogate, profane Formen der Mystik sind. Siehe R. L. Zaehner, *Mystik – religiös und profan*, Stuttgart o. J.

8 Richard Mills, *Young Outsiders,* London 1973, Kap. 3.

9 Alan Watts, *This Is It and Other Essays on Zen and Spiritual Experience,* New York 1960, S. 17.

10 Roger Shattuck, Vorwort zu Maurice Nadeau, *Geschichte des Surrealismus,* Reinbek b. Hamburg 1965.

11 André Maurois, *Auf den Spuren von Proust,* Frankfurt/Main 1971.

12 James, op. cit.

13 Zaehner, op. cit., S. 81.

14 William Faulkner, *Sanctuary,* New York 1954, S. 13.

15 Lilly, op. cit.

16 Diesen Unterschied diskutiert z. B. Ralph Melzner, *Maps of Consciousness,* London 1971.

Kapitel 8

1 F. Scott Fitzgerald, *The Crack-Up*, London 1965, S. 53.

2 Robert Coover, *The Universal Baseball Association*, New York 1969.

3 Zitiert nach Maurice Nadeau, *Geschichte des Surrealismus.*

4 Louis Aragon, *Traité du style*, Paris 1928.

5 Siehe Tom Wolfe, *The Electric Kool-Acid Test*, New York 1969; ebenso Tony Tanners Abhandlung über Edge City, in: *City of Words: American Fiction 1950-70*, London 1971.

6 Hunter Thompson, *Fear and Loathing in Las Vegas*, New York 1973, S. 19.

7 Ibd.

8 Georg Simmel, *Das Abenteuer*, in: *Philosophie und Kultur. Gesammelte Aufsätze*, a. a. O.

9 Luke Rhinehart, *Der Würfler*, a. a. O.

10 Ibd.

11 R. D. Laing, *Phänomenologie der Erfahrung*, Frankfurt/Main 1969, S. 152.

12 John Lilly, *Journey to the Centre of the Cyclone*, 1973.

13 John Symonds, *The Great Beast*, London 1971, S. 10.

14 Colin Wilson, *A Casebook of Murder*, London 1969, S. 201.

15 Colin Wilson, *Der Outsider. Eine Diagnose des Menschen unserer Zeit*, Stuttgart 1957.

16 Unsere Hauptquellen zum Fall Manson sind: Ed Sanders, *The Family*, 1972, R. C. Zaehner, *Our Savage God*, 1974, und Victor Bugliosi, *The Manson Murders*, 1974.

17 Zaehner, op. cit.

18 John Clellon Holmes, *Gone In October*, in: *Playboy*, Februar 1973, S. 162.

Kapitel 9

1 Saul Bellow, *Das Geschäft des Lebens*, Köln 1962.

2 Aldous Huxley, *Die Pforten der Wahrnehmung*, München 1970.

3 Peter L. Berger, Brigitte Berger und Hansfried Kellner, *The Homeless Mind*, a. a. O., Kapitel 1.

4 Ibd.

5 Georg Simmel, *Das Individuum und die Freiheit*, in: *Brücke und Tür*, Stuttgart 1952, S. 266.

6 T. R. Young, *New Sources of Self*, New York 1972, S. IX.

7 Benita Luckmann, *The Small Life-Worlds of Modern Man*, in: *Social Research*, Vol. 37, No. 4, 1970, S. 580-96.

8 Berger u. a., op. cit.

9 Georg Simmel, *Soziologie*, Kap. X, *Erweiterung der Gruppe und die Ausbildung der Individualität*, München, Leipzig 1923, S. 760.

11 Diese Argumentation stützt sich im wesentlichen auf Colin Wilsons Beschäftigung mit dem existentiellen Mord. Siehe sein Werk *Der Outsider* sowie die später erschienene *Murder Trilogy: An Encyclopaedia of Murder*, London 1964; *A Casebook of Murder*, London 1969; *Order of Assassins*, London 1972.

12 Unsere Auffassung dieser Form von Institutionalisierung ist eng verwandt mit Marcuses Bestimmung der ›repressiven Toleranz‹. Siehe besonders Herbert Marcuse, *Triebstruktur und Gesellschaft*, Frankfurt/Main 1965.

13 Bruce Brown, *Marx, Freud and the Critique of Everyday Life: Toward a Permanent Cultural Revolution*, New York 1973, S. 176.

14 Ibd., S. 180.

15 Ibd., S. 182.

16 Diese Unterscheidung übernehmen wir von Tony Tanner, *Saul Bellow*, Edinburgh 1965.

17 Tony Tanner, *City of Words: American Fiction 1950-70*, London 1971.

18 Ibd., S. 18f.

19 Ibd., S. 84. Es würde über den Rahmen unseres Buches hinausführen, auf Tanners Schilderung einzugehen, wie nämlich der Schriftsteller in der ›City of Words‹ selbst seinen Freiraum findet, z. B. durch die Schaffung ›lexikalischer Spielfelder‹, wo diese Spannungen verarbeitet werden können.

Alphabetisches Verzeichnis der edition suhrkamp